AF597862

MICHAEL CROISSANT

ZEICHNUNGEN UND COLLAGEN

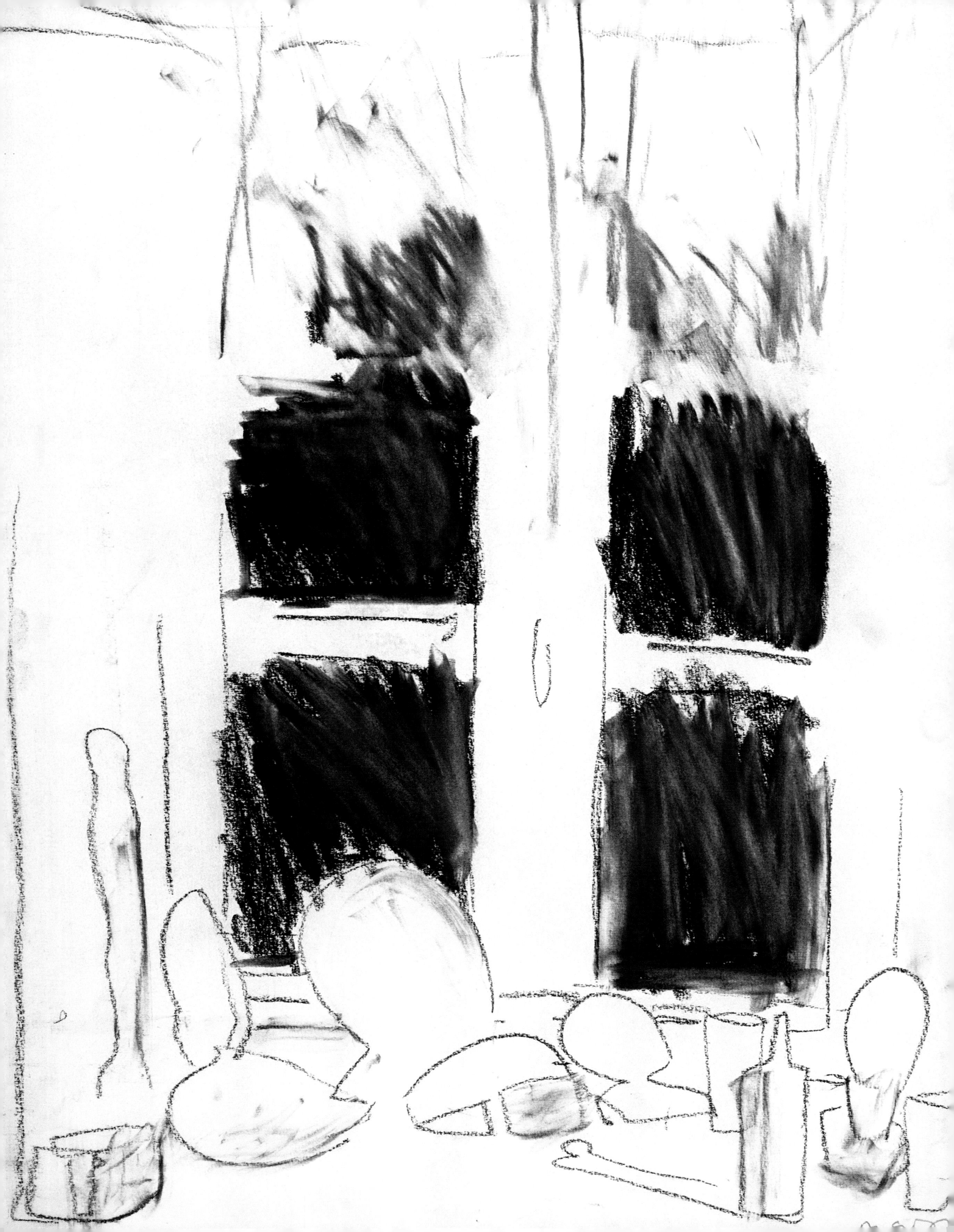

MICHAEL CROISSANT
ZEICHNUNGEN UND COLLAGEN

HERAUSGEGEBEN VON KLAUS WALDSCHMIDT
EINGELEITET UND AUSGEWÄHLT VON BIRK OHNESORGE
MIT EINEM VORWORT VON MICHAEL SEMFF

HIRMER

IMPRESSUM

Begleitbuch zur Ausstellung
Michael Croissant – Zeichnung und Plastik
Museum Moderner Kunst Wörlen, Passau

HERAUSGEBER Klaus Waldschmidt
KONZEPTION Birk Ohnesorge
GESTALTUNG, SATZ UND PRODUKTION Sophie Friederich
LITHOGRAPHIE Reproline Mediateam, München

SCHRIFT Symbol Book, BC Folio Bold Condensed
PAPIER Hello matt, 150 g/qm

DRUCK AZ Druck und Datentechnik GmbH, Kempten
BINDUNG Conzella, Pfarrkirchen
PRINTED AND BOUND IN GERMANY

UMSCHLAGABBILDUNG Figur und Kopf, um 1994, Collage und Wachskreide, 34 × 24 cm
FRONTISPIZ Atelierstilleben, 1978, Kreide, gewischt, 61 × 43 cm

Bibliografische Information der Deutschen Nationalbibliothek
Die Deutsche Nationalbibliothek verzeichnet diese Publikation in der Deutschen Nationalbibliografie; detaillierte bibliografische Daten sind im Internet über http://dnb.d-nb.de abrufbar.

ISBN 978-3-7774-3731-6

www.hirmerverlag.de

INHALT

VORWORT

Den Arbeiten auf Papier des Bildhauers Michael Croissant galt bisher noch nie eine eigene Publikation. Deshalb erfüllt der vorliegende Band mit der Veröffentlichung von mehr als einhundertundfünfzig, chronologisch das gesamte Schaffen des Künstlers umfassenden Blättern ein seit langem gehegtes Desiderat. Die hier gebotene Auswahl aus einem viel größeren Fundus an Zeichnungen, vornehmlich in Bleistift und farbiger Kreide, an Aquarellen und Collagen, die im Nachlass des Künstlers verwahrt werden, vermag Croissants Eigenständigkeit und Individualität in diesem Medium eindrucksvoll zu bezeugen.

Hinter allen formalen Erkundungen, welche die vorgestellten Arbeiten darbieten, steht die Frage nach dem Bild des Menschen in der zweiten Hälfte des 20. Jahrhunderts. Ihr hat sich Michael Croissant sein ganzes Leben als Künstler mit nicht nachlassender Insistenz ausgeliefert. Die klassischen bildnerischen Themen »Figur«, »Stele« und »Kopf« boten das ewig gleiche Repertoire, um welches dieses Werk kreist. Über mehr als vierzig Jahre hat sich Croissant einen Weg zur Verdichtung der menschlichen Figur erarbeitet, der über mannigfache Stufen der Reduktion, eine oftmals fast asketisch zu nennende Zurücknahme und Verknappung führte, um schließlich zur Essenz einer Form zu gelangen, die nie zur leeren Formel erstarren sollte. Croissants Formfindung war nicht von jenem extremen, puristisch-konstruktiven Kalkül gelenkt, das etwa den Griechen Joannis Avramidis zu seiner exemplarischen Figurenwelt führte. Sie konnte sich konstruktive und technisch-kombinatorische Gedanken zu eigen machen, ohne je die Spur der frei gestaltenden Hand zu verleugnen, so dass »aus dem Konstruieren« ein »Formen« wurde, »das viel mit Modellieren zu tun hat.« (P.A.Riedl)

Die in diesem Buch ausgebreitete Fülle von Papierarbeiten vermittelt eine gültige Vorstellung von den Möglichkeiten, die dem graphisch arbeitenden Künstler zu Gebote standen. Die Blätter zählen in keinem Fall zu jener Gattung der herkömmlichen Bildhauerzeichnung, die bestimmte Phasen des Werkprozesses auf dem Weg zur Realisierung einer Skulptur markieren. Vielmehr umkreisen oder paraphrasieren sie mit genuin graphischen Mitteln auf der Fläche des Papiers Formideen seines dreidimensionalen Schaffens, oftmals in Verbindung mit räumlichen Konstellationen.

Dem Klima des »Informel« nahe stehen Croissants expansive, oftmals nahezu »barock« ausufernde Liniengespinste, die seine graphische Sprache der sechziger Jahre charakterisieren. Im darauf folgenden Jahrzehnt wandelte sich der Zeichenduktus stärker in Richtung einer Objektivierung der bildhauerischen Form. Die existentielle Dimension des Ausgesetzt-Seins der Figur im Raum wurde damals – auch durch die Begegnung mit dem Werk Alberto Giacomettis – Croissants dringliches zeichnerisches Thema. Demgegenüber veränderte sich sein graphischer Stil in den achtziger und neunziger Jahren spürbar. Hier fand der Künstler nicht zuletzt durch die bevorzugte Verwendung der Collage zu einer Möglichkeit, die Intentionen seiner Skulpturen kongenial in die Dimension der nackten Fläche zu übersetzen. Formblöcke als ausgeschnittene Abbreviaturen, klare Schnitte und silhouettenhaft vor dem Grund stehende Figurenkonturen dominieren und schaffen auf dem Papier unmittelbar Äquivalente für seine dreidimensionalen Vorstellungen. Man glaubt, die Nähe zwischen dem Schneiden und Schweißen von Metallteilen und dem Ausschneiden und Kleben von Papier geradezu sinnlich zu spüren. Diese Blätter, in denen insbesondere seit den späten achtziger Jahren auch der Farbe eine entscheidende Rolle eignet, sind von einer überraschenden, wie unverbraucht wirkenden Frische. Die Farbe nimmt den Arbeiten alles Düstere und Erdenschwere, welches der Kunst Croissants nie ganz fremd war und schafft einen helleren Klang von vitaler Gegenwart. Die schattenlose Blankheit und Schmucklosigkeit der Form verdrängt jeden Anflug von Pathos. Es herrscht eine zuweilen fast dekorative Beweglichkeit und Eleganz, die in Linienkultur und farbigem Ausdruck einen kaum erwarteten französischen

Klang bewirkt. Bei manchen der späten farbigen »Shapes« von Michael Croissant darf man an die geklebten Papiere des späten Matisse denken und – über diesen vermittelt – von Ferne sogar an manches von Ellsworth Kelly. Vor diesem Hintergrund drängt sich die Erinnerung an Matisse, vor allem an seine Varianten von »Nu de Dos« rückblickend auch bei jener bemerkenswerten Gruppe von Croissants »Reliefs« vom Ende der siebziger Jahre auf, die 1982 mit seinem kühnen, aus dem lapidaren Kontext von Fläche und Linie entwickelten »Relief-Triptychon« kulminierte. Spätestens hier gründen die Wurzeln für Croissants letzte Werkphase. Besinnt man sich darüber hinaus noch der Formenvielfalt und Farbkultur der Collagen-Kunst des späten Henri Laurens, dann scheint sich ein Kreis zu schließen, der auch Croissants Rückbindung an seinen Münchner Lehrer Toni Stadler und dessen Bewunderung für diese französischen Meister in schönster Weise mitschwingen lässt.

Michael Semff

Liegende, Collage, Ende 1980er Jahre, 22,5 × 29,5 cm

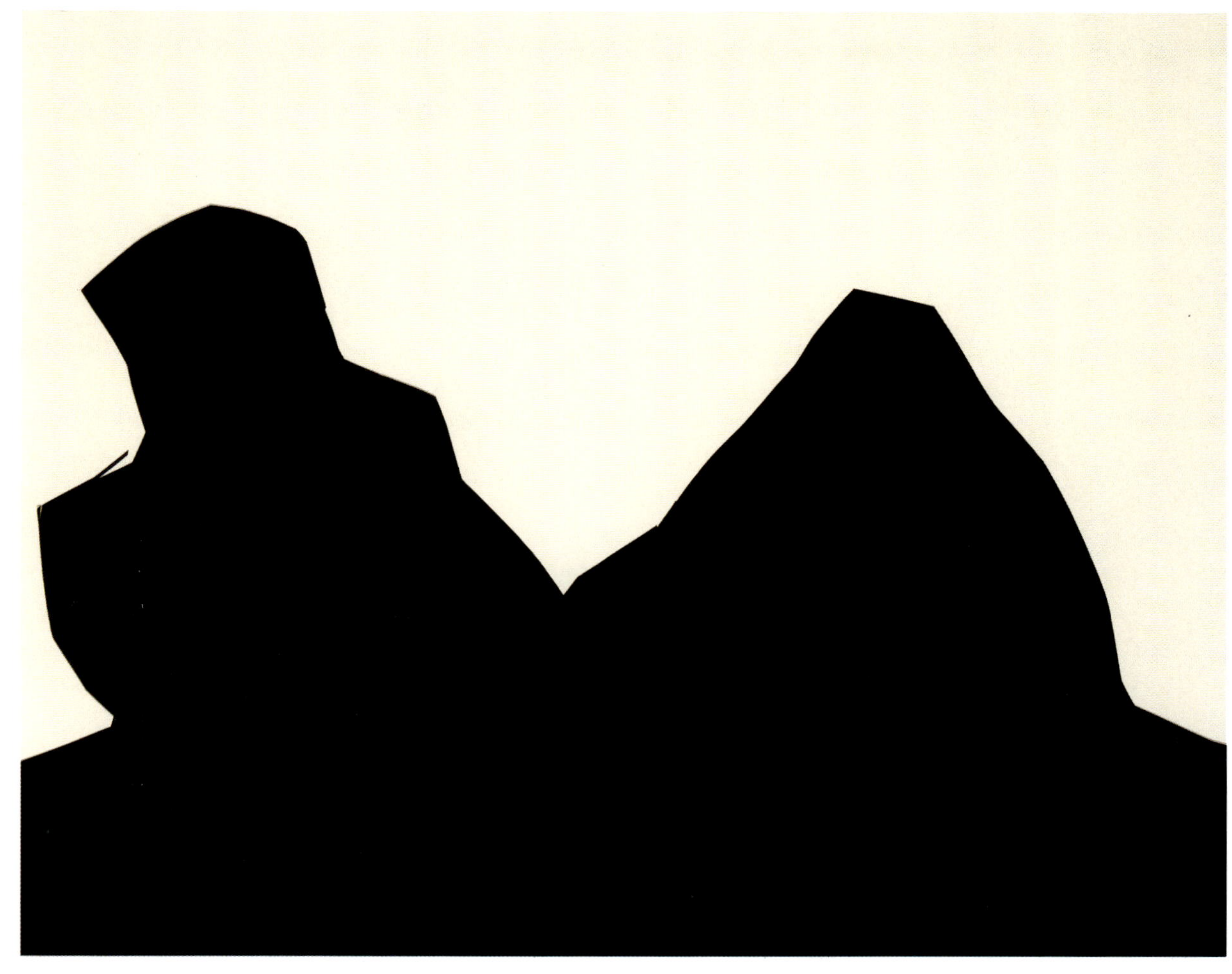

MICHAEL CROISSANT. ZEICHNUNGEN UND COLLAGEN – EINE EINFÜHRUNG

Michael Croissant ist ein bedeutender Bildhauer. Und auch seine Zeichnungen und Collagen verdienen Beachtung.[1] Sie stehen im engen Zusammenhang mit der bildhauerischen Arbeit, sind aber als Kunstwerke durchaus eigenständig. In der Anfangszeit halfen sie beim Erarbeiten einer individuellen künstlerischen Ausdrucksform. Im späten Schaffen sekundieren sie die unermüdlich betriebenen variantenreichen Formerkundungen des Bildhauers. Dem gereiften Künstler dienten die Zeichnungen und Collagen aber auch zur kreativen Entlastung von der körperlich anstrengenden Tätigkeit im Atelier ebenso, wie sie Ventil des verhinderten Arbeitens waren, wenn beispielsweise das Zeitvolumen manchmal zu knapp war für die aufwendige und körperlich anstrengende Schneide-, Form- und Schweißarbeit an den oft relativ großen Figuren und Köpfen.

Eine Durchsicht der im Nachlass erhaltenen, in einigen bedeutenden Sammlungen befindlichen und in Katalogen publizierten Arbeiten auf Papier macht deutlich, dass aus frühen Jahren nichts erhalten ist.[2] Es sind anscheinend auch keine Anatomie- und Aktstudien aus der Zeit an der privaten Münchner Kunstschule erhalten. Hier war er 1946/47 Schüler des von Aristide Maillol beeinflussten Lothar Otto (1893–1970), der seine Kunstjünger mit Aktzeichnen traktierte.[3] Das Fehlen früher Arbeiten verwundert, zumal Croissant aus einer pfälzischen Kunstmalerfamilie stammte und sicher schon als Kind bzw. Jugendlicher mit den Mal- und Zeichenutensilien des Vaters »geübt« hatte. Es ist möglich, dass Croissant seine frühen Artefakte zerstört hat. Erst das während des Studiums an der Münchner Akademie in der Klasse von Toni Stadler Entstandene hat im Nachlass des Künstlers bzw. im Besitz der Familie überdauert. Aber auch hierunter befinden sich keine Papierarbeiten. Älteste erhaltene bzw. bekannte Zeichnungen von Michael Croissant datieren vom Beginn der sechziger Jahre. Dass Croissant frühe Arbeiten vernichtet hätte, passt in das Bild, das man sich von diesem zurückhaltenden, uneitlen Künstler machen muss, der sich am wohlsten im Atelier oder im Kreis weniger Vertrauter gefühlt hat. Während der Arbeit am Werkverzeichnis der Skulpturen und Plastiken bekamen die Verfasser wiederholt von Michael Croissant gesagt, dass sich der Aufwand doch nicht lohne, dass das, was er da vor Jahren »fabriziert« hätte, doch nun »wirklich nicht mehr wichtig« sei. Wie viele Künstler interessierte sich Croissant hauptsächlich für das, was er aktuell machte. Dies ist eine verständliche Haltung und Voraussetzung dafür, die künstlerische Tätigkeit fortzusetzen. Das Geschaffene bedeutet lediglich eine Station, die erreicht und verlassen wurde.

Croissants Arbeiten auf Papier tragen auch nur selten einen Titel oder eine Bezeichnung – bei den meisten in vorliegender Monographie verwendeten Titeln handelt es sich daher auch um Arbeitstitel, nicht um authentische Werkbezeichnungen des Künstlers. Croissant signierte und datierte viele Blätter oft erst für den Handel oder dann, wenn sie als Geschenk an Freunde, Sammler und Künstlerkollegen das Atelier verließen. Daher mussten einige Blätter vorliegender Dokumentation anhand von vergleichbaren und datierten Zeichnungen bzw. anhand der jeweils dargestellten Plastiken datiert werden.

In seinen ersten Ausstellungen zeigte Croissant nur bildhauerische Werke und keine Papierarbeiten. Erst seit den ausgehenden sechziger Jahren stellte Croissant seinen Plastiken bei Werkspräsentationen auch Kohlezeichnungen und Leinwandmalereien an die Seite. Damals hatte er sich bereits eine individuelle künstlerische Position erarbeitet, die wahrgenommen wurde und zunehmende Wertschätzung erfuhr. Fotos dieser Ausstellungen – der siebziger Jahre vor allem – zeigen, dass den malerischen bzw. zeichnerischen Darstellungen eine starke Bedeutung innerhalb der Ausstellung zukam. Die oft großformatigen, vor allem schwarz-weißen Arbeiten korrespondierten eng mit den im Raum stehenden und am Boden liegenden bildhauerischen Werken.[4] Von diesen großformatigen Leinwandmalereien, die damals oft ungerahmt an den Wänden befestigt waren, befinden sich nur wenige im Nachlass des Künstlers. Seit den achtziger

Jahren bevorzugte Michael Croissant für seine Zeichnungen und Collagen das kleinere DIN A-4 Format, der *Schwarze Kopf* von 1991 (Taf. 140) mit den Maßen 100 x 93 cm bildet eine beeindruckende Ausnahme. Den kleinformatigen, nun verstärkt auch farbigen Arbeiten auf Papier kommt in Ausstellungen nicht mehr jene den Gesamteindruck mittragende Bedeutung zu, die noch die großformatigen Kohlezeichnungen bzw. Tempera- und Acrylmalereien auf Leinwänden besaßen. Die seit 1980 in großer Zahl entstehenden Zeichnungen und Collagen bilden einen reizvollen, für die reife Kunst und für die künstlerische Haltung Michael Croissants charakteristischen Werkkomplex. Diese umfängliche Werkgruppe bestätigt noch einmal Croissants künstlerischen Rang innerhalb der Gruppe jener Bildhauer, die die traditionell geprägte figürliche Bildhauerei in Deutschland nach 1950 erneuert haben.

DIE ZEICHNUNGEN DER SECHZIGER JAHRE – DIE SUCHE NACH DEM INDIVIDUELLEN KÜNSTLERISCHEN AUSDRUCK

Der Werkabschnitt der ausgehenden fünfziger und der sechziger Jahre im Schaffen von Croissant wird gern als »informell« charakterisiert. Dies ist für dreidimensionales Arbeiten eine problematische Bezeichnung, da hier ein aus der Malerei stammender und durch diese begründeter Begriff leichtfertig übertragen wird. Dennoch hat er sich inzwischen für die Bezeichnung der Epoche und des Zeitstils abstrakter Malerei der fünfziger Jahre durchgesetzt.[5] Nach 1955 gelang es dem jungen Croissant, mit seinen Tierplastiken ein stärkeres Interesse zu erwecken. Sie wurden in frühen Rezensionen immer an erster Stelle erwähnt und auch als erste Werke für Museumssammlungen erworben. Die Tierdarstellungen erregten Aufsehen, weil sie innerhalb dieser populären Kunstgattung Neues brachten. Im Kontrast zu den beliebten Tierchen von August Gaul, Renée Sintenis und Ewald Mataré oder – um auch einige Vertreter der jüngeren Generation zu nennen – von Priska von Martin, Heinrich Kirchner und Philipp Harth, waren viele von Croissants Tierdarstellungen formal und inhaltlich radikaler als das, was man bis dahin gewohnt war.[6] Croissants plastische Darstellungen von Meerestieren, Insekten und Tierschädeln wurden in der Presse ausführlich besprochen (Abb. 1).

Die Zeichnungen, die er zu seinen Pferdeschädel-Plastiken anfertigt, illustrieren beispielhaft, wie unter-

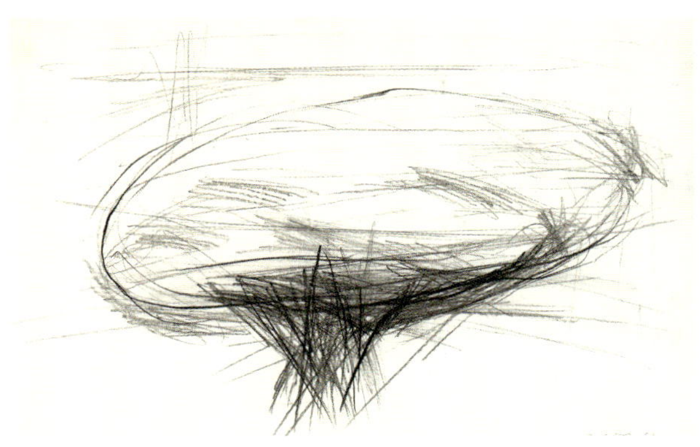

Abb. 1 **Nautis**, 1964, Bleistift, 43 x 61 cm

schiedlich die künstlerischen Mittel sein können, die Croissant anwendet (Taf. 10–12). Dies gilt gleichermaßen auch für die anderen Motive in dieser künstlerischen Entwicklungsphase, für die Köpfe und Torso-Darstellungen. Der Künstler nutzt unterschiedliche graphische Techniken und Mittel, so wie er in der Bildhauerei verschiedene Materialien anwendet, häufig Ton, gelegentlich Gips oder Stein, manchmal collagiert mit Textilien, Holz oder was ihm sonst noch in die formenden Hände fällt. Auf den verschiedensten Papieren zeichnet er mit dem Bleistift oder mit Kohle. Er verwendet Wachsstifte, aquarelliert gelegentlich oder fertigt Tuschpinselzeichnungen an. Gern nutzt Croissant den weichen Zimmermannsbleistift mit seiner kräftigen Graphitspur. Seltener findet man Zeichenkohle oder Kugelschreiber eingesetzt. Viele der älteren Blätter haben ein mittelgroßes Format. Collagen scheint Croissant in dieser Zeit noch nicht angefertigt zu haben.

Ein Hauptwerk der »informellen Phase« im Schaffen von Michael Croissant ist der Torso *Sebastian II* von 1963, über dessen Verbleib leider nichts bekannt ist (WVZ 82).[7] In Zeichnungen hat Croissant sich intensiv mit dieser Plastik in verschiedenen Varianten beschäftigt (Taf. 1–4). Eine plastische Variante ist die Bronze *Gestalt* (WVZ 80, Abb. 4). Michael Croissants Torso-Varianten kann man als Entwicklung oder Ausformulierung einer plastischen Form betrachten, die Christa von Schnitzler 1960 geschaffen hat (Abb. 3). Von diesem Torso existiert eine Zeichnung Croissants (Abb. 2). Dies ist ein schönes Beispiel für die fruchtbaren, gewiss manchmal auch problembehafteten Korrespondenzen in der Entwicklung des Künstlerpaares, das einmal eine eigenständige Ausstellung verdiente, so wie dies 2011 vom Museum Lothar Fischer mit der Ausstellung »Toni Stadler und Priska von Martin« erfolgt ist. In beiden Fällen hatten es die Frauen sehr schwer, sich gegen ihre Männer zu behaupten, sich künstlerische Eigenständigkeit zu erarbeiten und zu be-

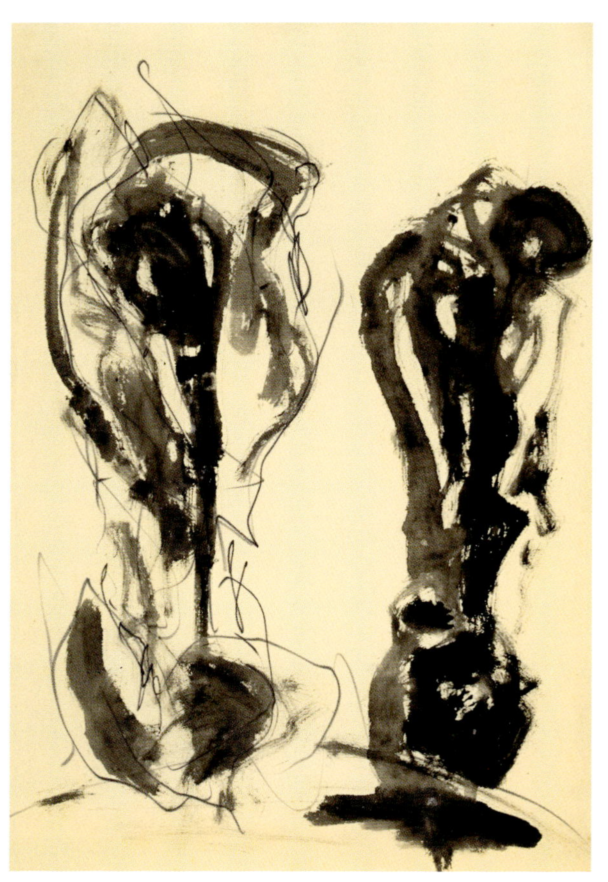

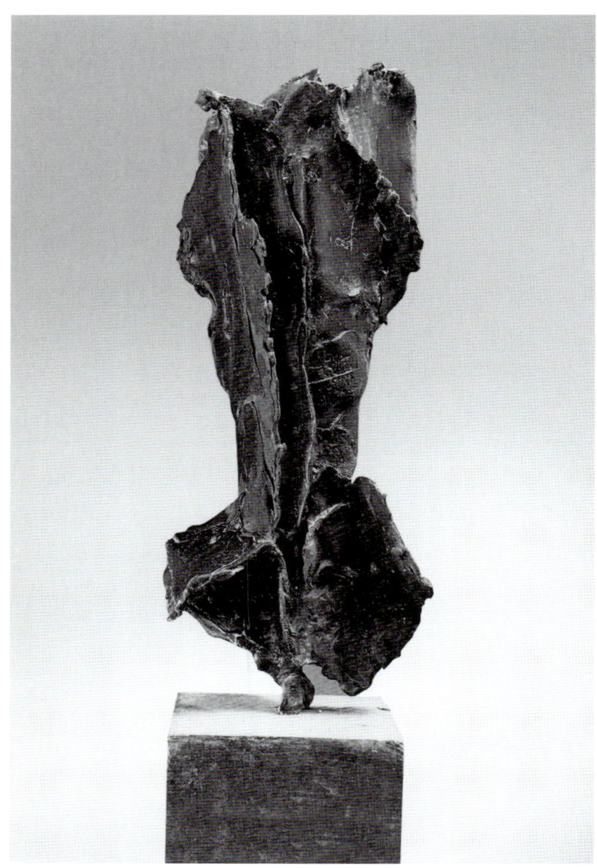

Abb. 2 **Sebastian**, um 1960, Tusche über Bleistift, 42 x 29,5 cm

Abb. 3 Christa v. Schnitzler, 1960, **Ohne Titel** (Torso), Bronze, Höhe 47 cm

Abb. 4 **Gestalt**, 1963, Bronze, Höhe 64,5 cm (WVZ 80)

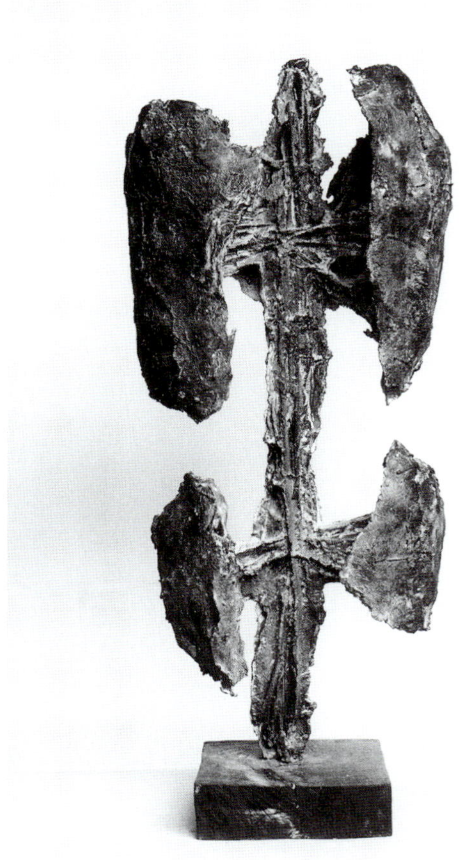

wahren. Beiden Künstlerinnen gelang dies. Priska von Martin leistete einen individuellen Beitrag zur Tierplastik des 20. Jahrhunderts – parallel zu Michael Croissant. Und auch Christa von Schnitzler erweist sich in ihren seit den 70er Jahren entstehenden schlanken Holzstelen als eigenständige Künstlerin von Rang.

Doch nicht nur die Partnerinnen der Künstler haben sich ihre Individualität schwer erkämpfen müssen. Auch die Männer mussten sie sich oft mühsam erarbeiten und sich gegenüber jenen behaupten, die an ähnlichen plastisch-formalen Problemstellungen arbeiteten. Der Kreis der figürlich orientierten jüngeren Bildhauergeneration ist überschaubar, die meisten Wege wurden seit den kreativen und künstlerisch revolutionären zwanziger Jahren begangen. Originalität gilt in der bildenden Kunst als Siegel des Künstlertums und ist Voraussetzung für das Wahrgenommenwerden im Kunstbetrieb. Michael Croissant erprobte in seinem künstlerischen Schaffen unterschiedlichste Ausdrucksformen, die auch andere Künstler für sich entdeckt hatten. Eine spannungsreiche, für die Sprache des Informel typische Bleistiftzeichnung von 1962 (Abb. 5) würde man ohne Signatur für eine Arbeit des niedersächsischen Künstlers Emil Cimiotti aus den

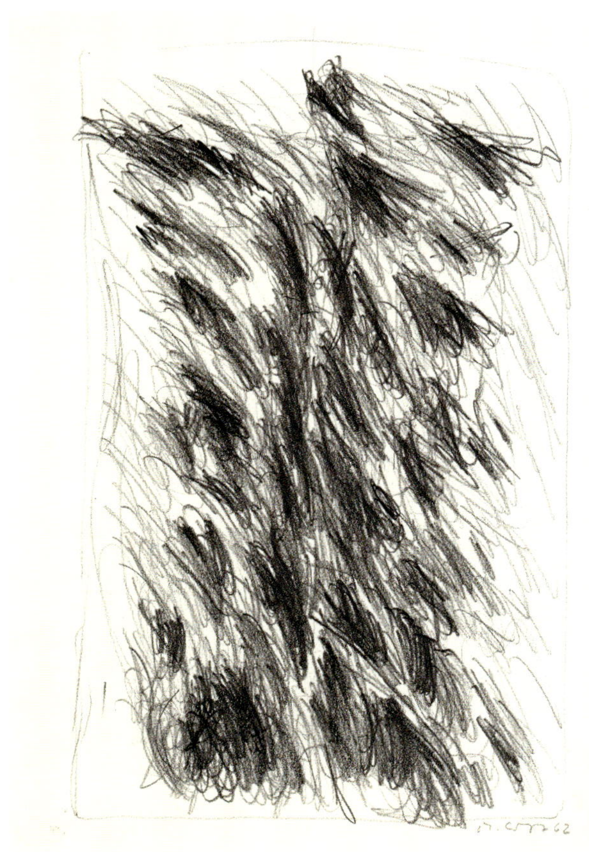

Abb. 5 **Torso**, 1962, Bleistift, 44,5 × 31 cm

Abb. 6 **Torso**, 1965, Bleistift, 62 × 45 cm

che Gestalt scheint dem Monster in die Augen zu blicken. Die rätselhafte Szene löst Erinnerungen an Höllendarstellungen von Hieronymus Bosch oder an gezeichnete Phantasien von Alfred Kubin aus. Szenisch wirken ebenfalls die gezeichneten Darstellungen des Beutevogelmotivs (Taf. 5–8). Sie gehen auf ein eindrucksvolles Erlebnis zurück, das Croissant auf einer Griechenlandreise hatte. Zusammen mit seiner Frau sah er auf dem Weg nach Delphi, wie Adler sich auf junge Lämmer stürzten und sie in die Lüfte entführten. Diese nachhaltig wirkende Beobachtung reflektierte Croissant in zahlreichen Zeichnungen und zwei Kleinplastiken (Abb. 9). Sie lebt fort in der intensiven Auseinandersetzung mit der Ganymedthematik am Beginn der achtziger Jahre[8] (Taf. 48–51). Die Beutevogelzeichnungen lassen sehr gut erkennen, was man im Kreis um Toni Stadler unter dem Einfluss der Zen-Kultur als absichtsloses, freies schöpferisches Handeln verstand.[9] Dies wurde später dann unter den Begriff »informel« subsummiert. »Absichtslose Gestaltung« galt als Ziel einer sich vom erkennbaren Gegenstand fortbewegenden künstlerischen Arbeitsweise. Dabei sollte keine vorher gefasste Bildvorstellung realisiert

späten fünfziger Jahren halten. Diese große Nähe muss Croissant erkannt haben. Obwohl sich die Zeichnung werkgenetisch aus seinem plastischen Schaffen ableiten lässt, findet sich keine vergleichbar gestaltete Zeichnung mehr unter Croissants Papierarbeiten. Ähnlich verhält es sich mit einer anderen Torso-Zeichnung (Abb. 6). Mit Parallelschraffuren baut Croissant ein blattfüllendes Formgerüst, das er an markanten Stellen akzentuiert. Hier kommt er der zeichnerischen Auffassung seines Kollegen und Mitschülers in der Stadler-Klasse, Herbert Peters, sehr nahe; und, obwohl sich auch dieses Blatt werkgenetisch ableiten lässt, wird die in dieser Darstellung gegenwärtige »Handschrift«, in der ein originärer, zeichnerischer Ansatz enthalten ist, nicht weiterentwickelt. Stattdessen entstanden zahlreiche Zeichnungen mit illustrativen, direkt auf das bildhauerisch-plastische Schaffen bezogenen Darstellungen. Ein Blatt zeigt den großen *Totenkopf* aus dem Jahr 1964 (Abb. 7–8). Der monströse Schädel, der an ein gewaltiges Insektenhaupt erinnert, ist auf der Zeichnung in einen szenischen Zusammenhang eingebunden: vor dem Maul lassen sich schemenhaft am Boden liegende menschliche Gestalten erkennen. Eine hell gehaltene, aufrecht stehende männli-

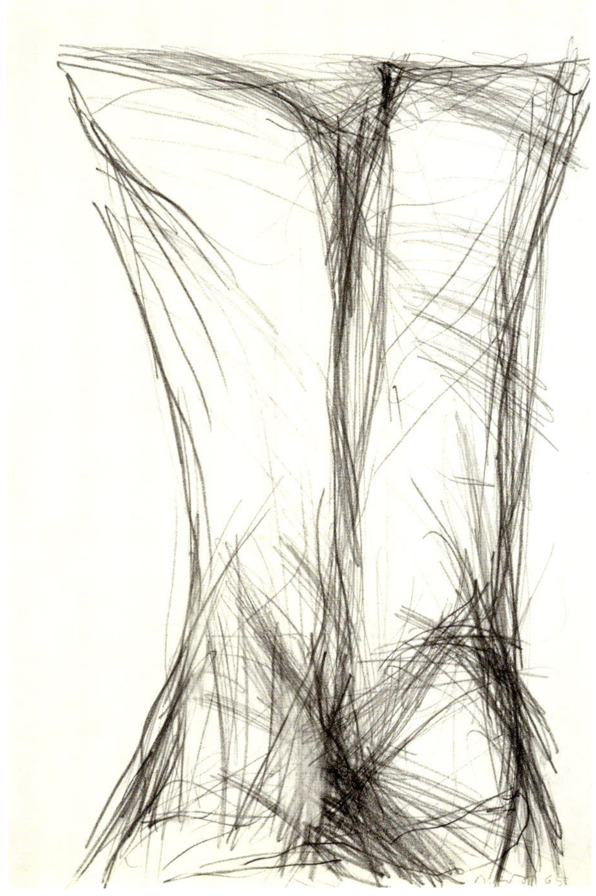

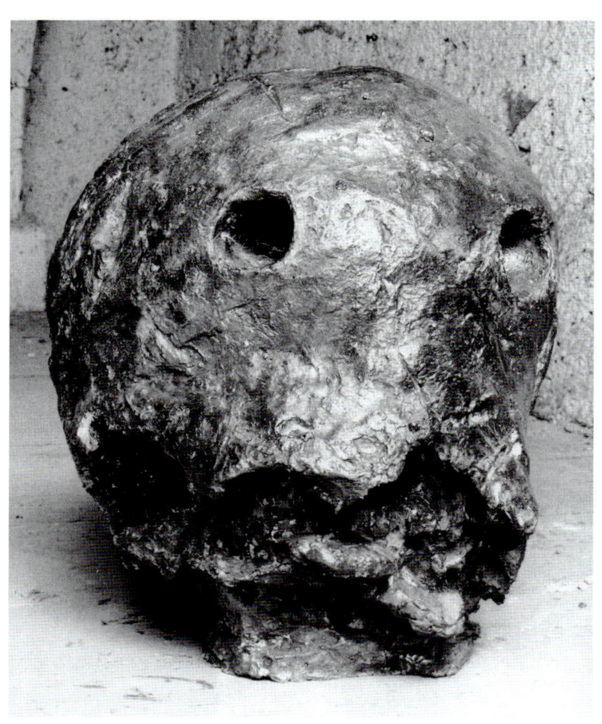

werden, sondern sich das entstehende Formgebilde frei entwickeln. Individuelles Wollen und erlernte handwerkliche Techniken wurden hierbei möglichst ausgeschaltet.[10] In diesen Kontext gehört das von Croissant zeitweise praktizierte Negativverfahren, bei dem »blind« mit der Hand im Inneren des Modelliertons geformt wird.[11] Beim Zeichnen hingegen entstehen aus dynamisch auf das Blatt geworfenen, sich partiell verdichtenden Linien chalbabstrakte Formengebilde. Dabei wird kein konkretes Abbildungsziel realisiert. Die eigentlich ungegenständlichen Gebilde können vage und vielfältige Assoziationen auslösen, die sich dann durch einen Titel in eine Deutungsrichtung lenken lassen. Dieses Verfahren setzt die meisten künstlerischen (akademischen) Techniken und Regeln außer Kraft. Das führte dann auch bei »ungeübten« Betrachtern zu Ablehnung, denen herkömmliche Kriterien nicht mehr halfen, das »Gekleckse« oder »Gekritzel« zu »verstehen«. Michael Croissant dagegen konnte mit einer dieser Zeichnungen seinem alten Lehrer Toni Stadler, dem er das Blatt einst gewidmet hatte, eine große Freude bereiten (Taf. 5). Das Mehrdeutige, das Vage in der Zeichnung *Vogelmotiv* aus dem Jahr 1962 lässt kaum noch ein Motiv erkennen (Taf. 8). Es kann sich um das Beutevogel-Motiv handeln, aber auch Vögel in einem Nest oder in einer Hand zeigen. Deutlicher wird Croissant wieder in der gezeichneten Hand-und-Vogel-Darstellung von 1964, die auf eine Plastik zurückgeht (Taf. 9).

Mit dem Motiv des Tierschädels und besonders des Pferdeschädels beschäftigte Croissant sich intensiv (Abb. 10; Taf. 10–12). Der Bildhauer hat es innerhalb von zehn Jahre wiederholt aufgegriffen und variiert. Croissant stellt den Pferdekopf nicht in der traditionellen Form als Bild des edlen Rosses dar wie etwa zeitgleich der Münchner Bildhauer Hans Wimmer. Croissant modelliert und zeichnet seine Pferdeschädel in einer organischen Verfallsstufe, als knöchernes Relikt, eine Art »Memento mori«. Toni Stadler, der eine Tierschädelplastik von Croissant besessen hatte, nannte sie »den Extrakt eines lebenden Wesens«.[12] Einige der expressiven Pferdeköpfe von Michael Croissant könnten als Illustration dienen in der Schilderung der als Aalfangköder genutzten Pferdeschädel, die Günter Grass in seinem Roman *Die Blechtrommel* beschreibt.

In der zweiten Hälfte der 1960er Jahre kommt es zu einer Formberuhigung in Croissants künstlerischer Sprache. Das Gestisch-Expressive, das noch einmal mit Wucht in plastischen Laokoon-Darstellungen und in gezeichneten und aquarellierten Bearbeitungen des Motivs gegenwärtig ist, verschwindet allmählich (Taf. 13–14). Die raumgreifende, fast barock anmutende Formensprache seiner Plastiken, die sich einem informellen Kunstbegriff ebenso verdankt wie einer zeitweiligen Bewunderung für das Werk des späten Jaques Lipchitz, strafft sich. Narrativ oder szenisch Gebundenes wird seltener dargestellt. Formale Reduktion wird zusehends zu einem charakteristischen Merkmal der künstlerischen Arbeit von Michael Croissant. Gleichwohl wird ein informeller Duktus als graphisches Mittel von Croissant noch weiter genutzt (Taf. 16). Charakteristisch ist dies auch für einige Radierungen, die er in jenen Jahren anfertigte und die bisher kaum Beachtung gefunden haben.

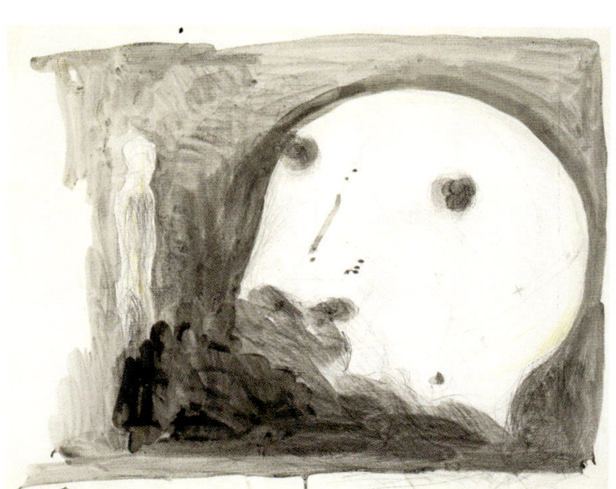

Abb. 7 **Großer Totenkopf**, 1964, Bronze, Höhe 51 cm (WVZ 104)

Abb. 8 **Figur und Schädel**, um 1964, Tusche über Bleistift, 50 × 65 cm

Abb. 9 **Beutevogel II**, 1963, Bronze, Höhe 52,5 cm (WVZ 88)

Abb. 10 **Pferdekopf I**, 1962, Bronze, Höhe 15 cm (WVZ 73)

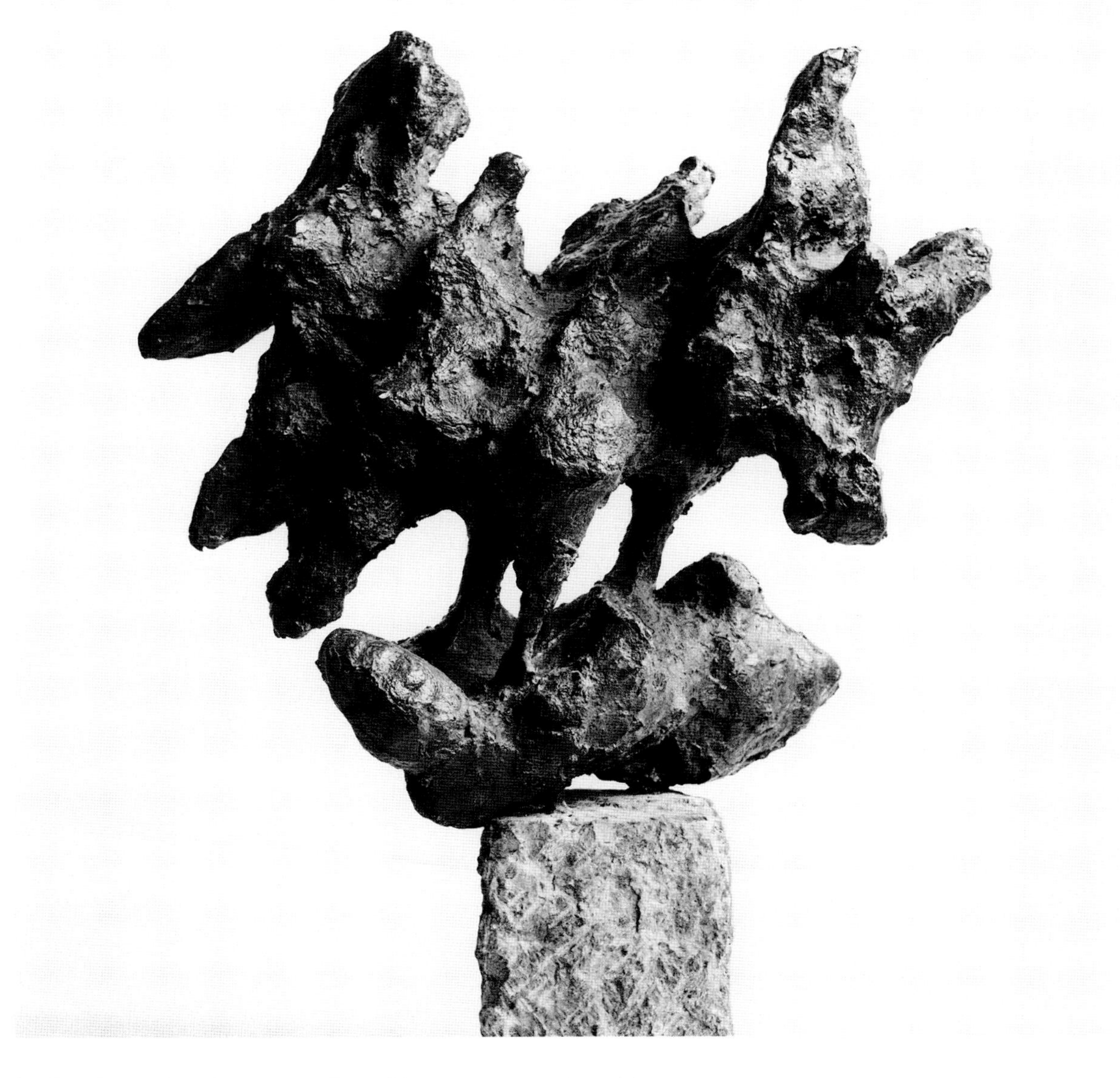

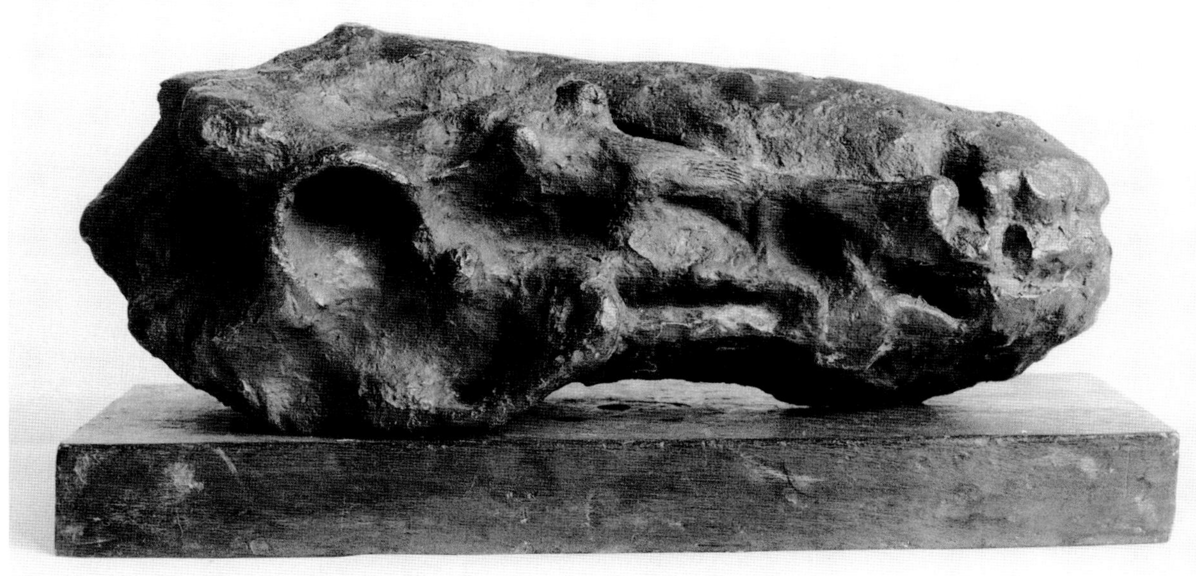

DAS REIFE WERK – DIE SUCHE NACH DER GÜLTIGEN FORM

Der Wandel, der sich in Croissants Kunst seit der beginnenden Lehrtätigkeit an der Frankfurter Städelschule vollzog, hat mehrere Ursachen. Eine dürfte die Begegnung mit der Kunst der Griechen (Abb. 12) und der alten Ägypter (Abb. 21) gewesen sein. »Geht man den vielfachen Spuren, die ägyptische Kunstwerke in Croissants Werk vor allem in den siebziger Jahren hinterlassen haben, nach, so kann es keinen Zweifel darüber geben, dass er gerade von der Spiritualität, versammelten Würde und Monumentalität ägyptischer Figurenplastik tief beeindruckt war. Hier muss er Anregungen empfangen haben, die sein Werk von Grund auf neu ausrichteten.«, schreibt Christa Lichtenstern zur Bedeutung ägyptischer Kunst für Michael Croissant.[13] Es entstehen verstärkt auf ein Figurenschema reduzierte, weitgehend vereinzelt im Raum stehende und liegende Figuren. Eine Paardarstellung wie *Der Tisch* (Abb. 11), bei der es sich um die exakte Wiedergabe einer farbig gefassten Bronzeplastik (WVZ 213) handelt oder die Bearbeitung des Ganymed-Motivs bilden Ausnahmen. Meist wird auf Zeichnungen die Einzelfigur in einer manchmal mehr, manchmal weniger stark charakterisierten räumlichen Situation dargestellt. Im Medium der Zeichnung ist dem Künstler stärker die Möglichkeit gegeben, Raum einzubeziehen und so zugleich auch eine Art »ideale« bzw. vom Künstler gewünschte Präsentation seines dreidimensionalen Kunstwerks festzuhalten. Versuche, innerhalb der Plastik durch gerüstartige Um- und Unterbauten Raum einzubeziehen, haben im Werk von Croissant eher experimentellen Charakter. Lediglich in seinem Wettbewerbsbeitrag für das »Mahnmal zur Erinnerung an die Opfer des Widerstandes gegen den Nationalsozialismus« an der Bayerischen Staatskanzlei aus der Mitte der neunziger Jahre kommt dem Raum im Bezug zur Plastik eine wichtige Rolle zu. Diese hatte der Künstler von Anfang an in seine Konzeption einbezogen.[14] Der ihm sehr am Herzen liegende Wettbewerbsbeitrag, aus dem sein Mitschüler in der Stadler-Klasse, Leo Kornbrust, als Sieger hervorging, ist in kleineren Modellen und in einer Vielzahl von (Entwurfs-) Zeichnungen festgehalten (Abb. 13).

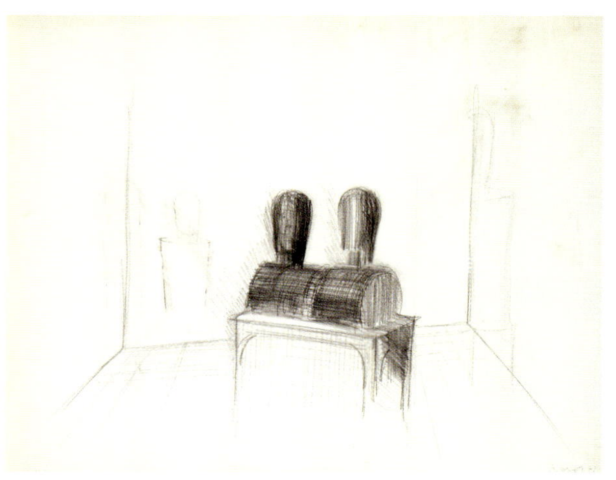

Abb. 11 **Tisch**, 1971, Bleistift, 50 × 65 cm

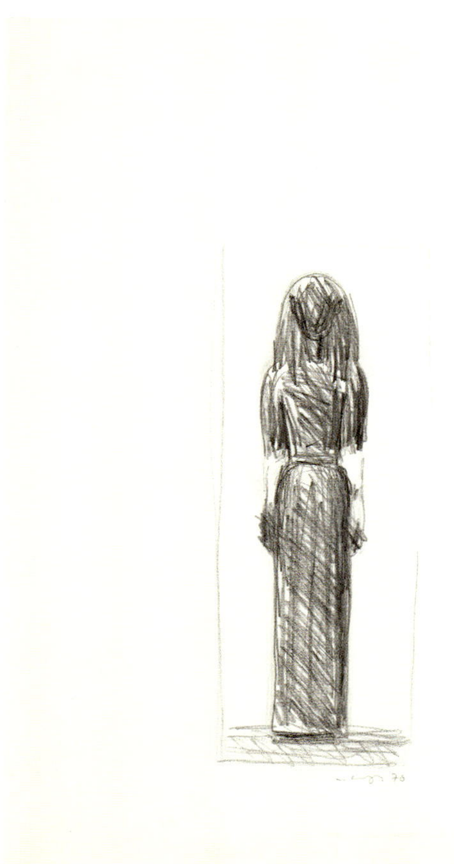

Abb. 12 **Zeichnung einer delischen Kore aus dem Nationalmuseum Athen**, 1970, Bleistift, 61 × 43 cm

Bemerkenswert ist eine Folge von Kohlezeichnungen, die Anfang der siebziger Jahre entstanden war (Taf. 18–20). Eine Gruppe von stark schematisierten Gestalten steht oder hockt vor starr ausgestreckt auf dem Boden Liegenden. Die an eine Science Fiction-Szenerie erinnernden Darstellungen, teils in einer angedeuteten Landschaft, teils in einen Raum situiert, wirken beklemmend auf den Betrachter. Dieser scheint aufgrund der Ausschnitthaftigkeit der Zeichnung und ihrer Perspektive in ein gespenstisches Ritual eingebunden zu sein. Er fühlt sich als Teilnehmer bei einem Totenkult. Selbst die schwarze Kopfdarstellung aus derselben Zeit, die von einer der Gestalten aus dieser Zeichnungsserie stammen könnte, hat trotz starker formaler Abstraktion etwas

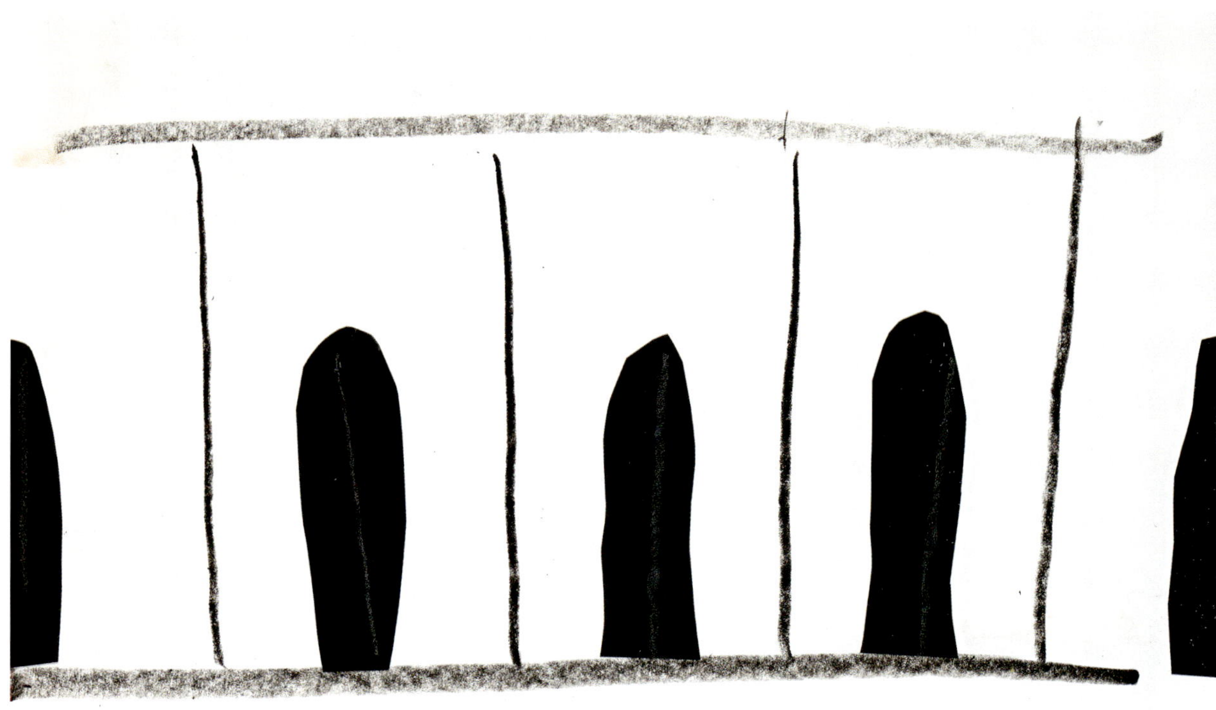

Abb. 13 **Denkmalsentwurf**, Collage und Wachskreide, 21 × 29,5 cm

Beunruhigendes (Taf. 21). Diese markante Kopfform findet sich in unterschiedlichen Varianten bei zahlreichen stehenden und liegenden Figuren ebenso wie als isoliertes Objekt in Croissants Bildhauerei und auf seinen Zeichnungen.

Der abstrahierte Kopf als plastisches Objekt ist bei Croissant seit Beginn der künstlerischen Tätigkeit ein wichtiges Motiv. Von frühen, noch porträthaften Darstellungen über den fleischlosen Schädel bis zur Kopfhülle der Helmplastiken bzw. bis zum Helmkopf erprobt er immer wieder Varianten des wichtigsten menschlichen Körperteils. In den siebziger Jahren dominieren aggressiv wirkende, kantige Formen, die unter Verwendung verschiedener Materialien entstanden waren (Abb. 14–15). Unter den Zeichnungen findet man zunächst keine Entwurfszeichnungen oder ein plastisches Werk vorbereitende Skizzen. Dies ändert sich erst 1975. Dann beginnt Michael Croissant, angeregt durch einen seiner Studenten, mit Industriestahlplatten zu arbeiten, die er zuschneidet, in Form biegt und verschweißt. Erst bei diesem Verfahren sind Vorzeichnungen und Entwurfsskizzen sinnvoll, um den Gestaltfindungsprozess zu vereinfachen.

Neben dem Kopf ist die schematisierte menschliche Gestalt Hauptmotiv der Zeichnungen von Michael Croissant. Die Bezeichnung »Figur« hat Croissant selbst gern für seine Plastiken benutzt. Dabei spielte für ihn keine Rolle, ob es sich um tatsächlich vom Menschenbild ausgehende Arbeiten oder etwa um abstrakte Stelen handelte. Croissants anthropomorphe Figuren sind meist stehend, selten sitzend, häufiger auch liegend dargestellt. Es handelt sich um Hüllen- bzw. Gewandfiguren. Die Extremitäten liegen meist eng am Körper an und sind als Einzelform nur selten sichtbar. Das Beinpaar bildet eine Säule, die zum Rumpf und Oberkörper hin zunimmt und sich dann naturgemäß im Kopfbereich verjüngt (Abb. 20). Oft wird das menschliche Gliederungsschema nur in leichten Schwüngen der Kontur angedeutet. Dabei verfährt Croissant jedoch nicht willkürlich, sondern hat die menschlichen Proportionen vor Augen und leitet daraus die Formgestalt ab (Taf. 25). Es wechseln strenge, fast geometrisch konstruierte Darstellungen mit malerischen Figuren, teilweise mit reicher Binnengliederung, die ihrer Form entsprechend zu unterschiedlichem Ausdruck gebracht sind (Taf. 22–32).

Die von Croissant als »Kopf-und-Schulter« bezeichneten Büsten bilden einen größeren zusammenhängenden Werkkomplex. Die aus verschweißtem Metallblech geformten Plastiken liegen weitgehend sockellos auf dem

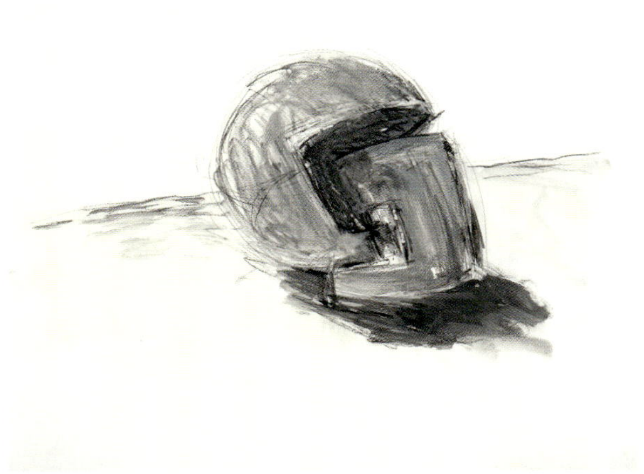

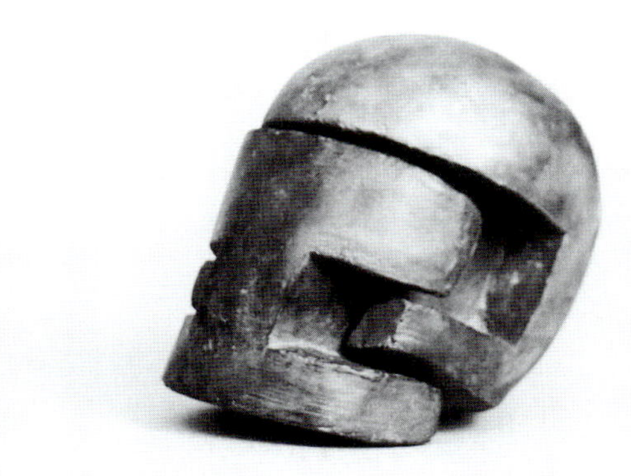

Abb. 14 **Helmkopf**, Gouache über Bleistift, 62 × 44 cm

Abb. 15 **Helmkopf (zweiteilig)**, 1970, Terrakotta, Höhe 32,5 cm (WVZ 193)

Abb. 16 **Kopf und Schulter**, 1975, Eisen, geschweißt, Höhe 76 cm (WVZ 264)

Boden (Abb. 16). Mit den liegenden Figuren, großen Köpfen und Kopf-Schulter-Plastiken leistet Croissant einen bedeutenden Beitrag zur erweiterten Objekt- und Raumkunst. Diese spielte unter dem Begriff »Bodenskulptur« seit den ausgehenden sechziger Jahren eine zunehmende Rolle im Kunst- und Ausstellungsbetrieb (Taf. 33–35, 61). Der Künstler verzichtet bei seinen Kopf-Schulter-Objekten weitgehend auf eine Binnengliederung. Das Einfügen physiognomischer Details wie bei der in der Zeichnung *Kopf und Schulter* von 1974 (Taf. 35) dargestellten Büste hat nur mehr experimentellen

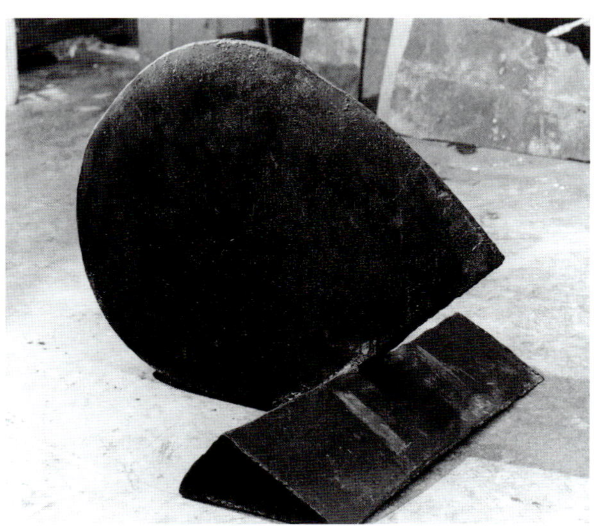

Charakter.[15] Hierzu gehört auch das gelegentliche Bemalen seiner Plastiken.

Croissants Zeichnungen und Collagen mit Liegenden sind aus verständlichen Gründen variantenreicher und vielfältiger als seine dreidimensionalen Gestaltungen dieses Motivs. Zu Beginn der siebziger Jahre spielen Totenbett- und Mumiendarstellungen eine wichtige Rolle in seinem Schaffen. Im Nachlass des Künstlers entdeckte der Verfasser eine Filzstiftübermalung, mit der sich Croissant das Formenschema einer Mumie verdeutlicht hat (Abb. 21). Es entstehen erste Collagen aus überarbeiteten und ausgeschnittenen Fotografien, die von einem gezeichneten Raum umgeben sind (Taf. 38). Liegende Figuren werden hier in durchsichtige Sarkophage oder auf Bettgestelle gelegt. Später überwiegt die Lagerung auf dem Boden (Taf. 39, 41–43, 45–46, 77–79). In den achtziger und neunziger Jahren findet man auffallend weniger plastische und gezeichnete Darstellungen liegender Figuren als in den siebziger Jahren. Eine markante Darstellungsform des Liegens, die Croissant in den siebziger und achtziger Jahren – auch in zahlreichen Zeichnungen – entwickelte, ist eine halbaufgerichtet liegende Figur aus verschweißtem Metallblech (Abb. 19). Sie ist eine Variante der Liegenden mit dem Beinamen *Etruskische* (WVZ 336) von 1978. Die Figur liegt auf einem kastenartigen Unterbau und gilt als wichtiges und

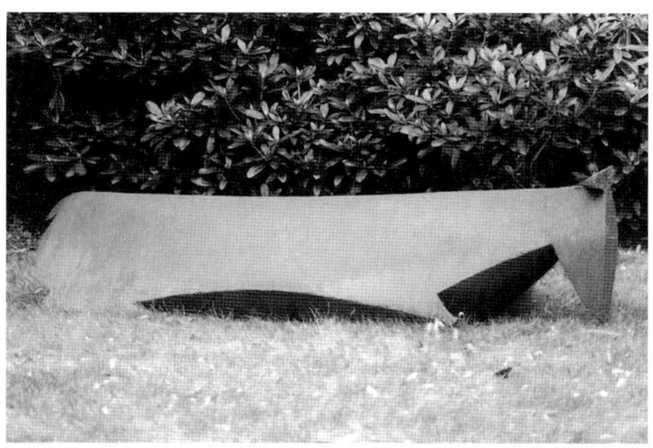

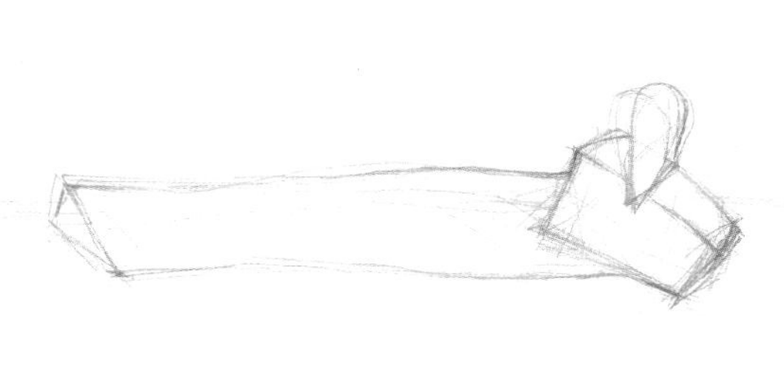

Abb. 17 **Liegende Kuh**, 1985, Eisen, geschweißt, Länge 201 cm (WVZ 572)

Abb. 18 **Liegende**, 1976, Bleistift, 28,5 × 42 cm

Abb. 19 **Liegende Figur**, 1981, Eisen, geschweißt, Länge 250 cm (WVZ 416)

schönes Beispiel für Croissants Antiken-Rezeption. Das Motiv der halbaufgerichtet Liegenden wird um 1988 in anderen Varianten weitergeführt, nun mit einem angezogenen Bein (Taf. 77–79).

Ebenfalls als Beispiel für Croissants Auseinandersetzungen mit antiker griechischer Kunst können die teilweise farbigen Zeichnungen seiner Apoll-Figuren aus der Mitte der achtziger Jahre gelten (Taf. 73–76). Sie wiederum gehören in das Umfeld einer Gruppe lebensgroßer anthropomorpher und abstrakter Bronzeplastiken, die in den achtziger und neunziger Jahren entstanden (Abb. 22). Die formale Vielfalt dieser Bronzefiguren ist in zahlreichen Zeichnungen und Collagen festgehalten (Taf. 92–122).

In den achtziger Jahren entstanden auch wieder bemerkenswerte Tierplastiken, allerdings waren sie nicht mehr modelliert, sondern sind jetzt aus gebogenen Metallblechen zusammengeschweißt. Da ist die witzige große *Liegende Kuh* (Abb. 17) und der radikale *Schwan* sowie einige Fisch-Darstellungen mit einer Körperlänge von dreißig Zentimetern bis zu beachtlichen drei Metern. Einige zu diesen Tierdarstellungen gehörenden Zeichnungen verraten, dass die *Liegende Kuh* ursprünglich eine Antilope werden sollte, aber die langen Hörner, die unplastisch in den Raum ragten, fügten sich anscheinend nicht in Croissants Formvorstellung und wären auch bei einer ungefähren Länge von knapp einem Meter abbruchgefährdet gewesen. So blieben sie weg, und es entstand eine sehr originelle Kuh-Darstellung, die ihresgleichen sucht im Bildhauerzoo (Taf. 80–85).

Neben den figürlichen finden sich unter den Zeichnungen auch zahlreiche abstrakte Farbkompositionen oder Farbstudien (Taf. 86–91). Die formale Struktur dieser Farbkompositionen erinnert an die abstrakten Stelen

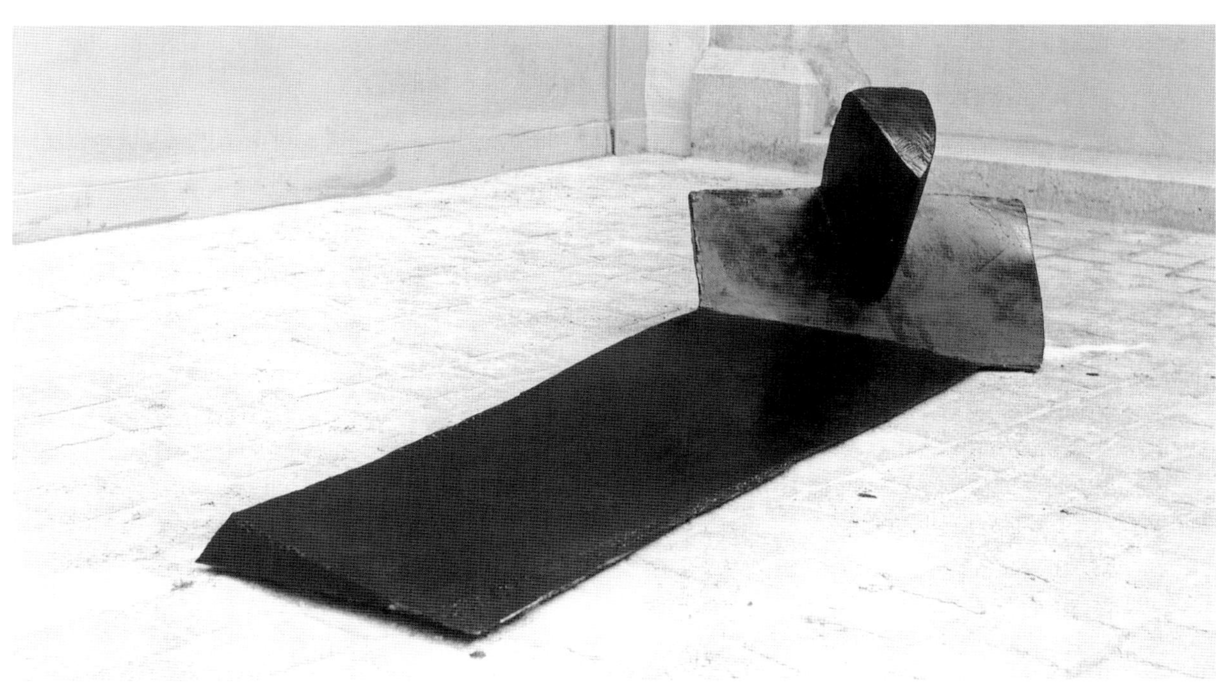

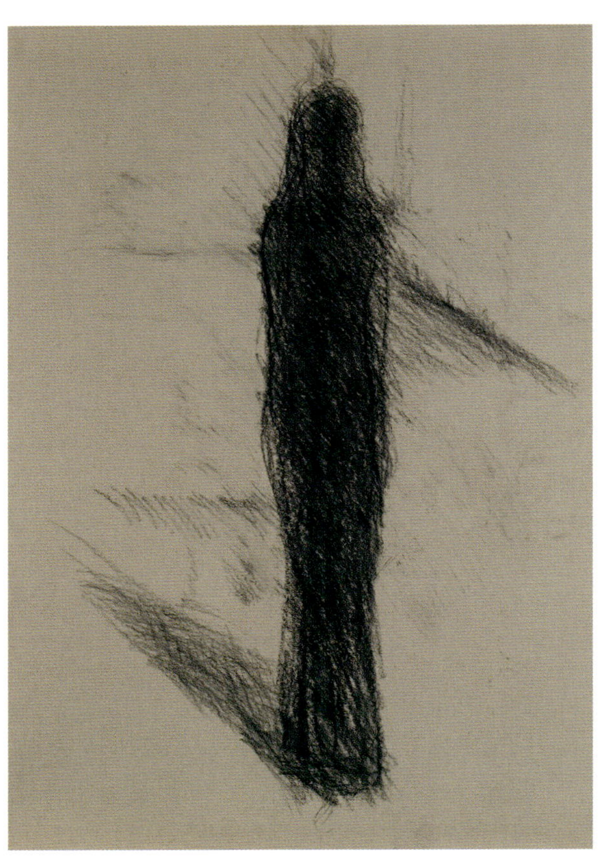

seitliche Ansicht des großen Kopfes im Foyer der Münchner Philharmonie von 1985 (WVZ 543; vgl. Abb. 24). Croissants gezeichnete und collagierte Kopfdarstellungen der achtziger und neunziger Jahre bilden zusammen mit den Bronzeköpfen einen umfangreichen Werkkomplex und würden in ihrer formalen Varianz und Vielfalt eine sehr reizvolle und bedeutsame Ausstellung ergeben (Taf. 53–72, 123–140).

Bei dem Versuch herauszufinden, wodurch sich die Zeichnungen und Collagen von Michael Croissant charakterisieren lassen, kommt man zu zwei verschiedenen Aspekten. Inhaltlich, motivisch stehen die Arbeiten auf Papier in engstem Bezug zum plastischen Schaffen des Künstlers. Sie entstehen vorwiegend als zweidimensionale Wiedergaben plastischer Werke. In der Regel geben sie die Plastiken in der von Croissant favorisierten und auch von ihm in charakteristischen Fotografien festgehaltenen Hauptansicht wieder.

Einige Zeichnungen dienen als vorbereitende Konstruktionszeichnung, zur Festlegung einer noch plastisch umzusetzenden Formidee. Manche Zeichnungen und Collagen werden im Entstehungsprozess eine Gestaltfindung überhaupt erst angeregt haben. Daher gilt für viele

Abb. 20 **Stehende Figur**, 1970er Jahre, Kohle, 70 × 50 cm

Abb. 21 Übermalung eines Ausrisses aus: C.H. Stratz, **Die Rassenschönheit des Weibes**, Stuttgart 1901

von Croissant. Allein aus der farbig gemalten Darstellung ist ein deutlicher Bezug zu diesen Plastiken nicht ablesbar. Dies gilt auch für einige Arbeiten auf Papier. Diese sind manchmal derart abstrakt, dass nur ein direkter Vergleich mit dem plastischen Vorbild erkennen lässt: hier handelt es sich um ein figürliches Motiv. Ein Beispiel dafür ist die farbige Wachskreidezeichnung *Kopf*, die Anfang der neunziger Jahre entstand (Abb. 25). Das unbezeichnete Blatt könnte im Hoch- wie im Querformat für eine abstrakte Farbkomposition gehalten werden. Tatsächlich handelt sich aber nicht um kontrastreich gegeneinander gestellte Farbflächen, sondern um die Darstellung eines abstrakten Kopfes in seitlicher Ansicht, wie der Vergleich mit einem Bronzekopf aus den späten achtziger Jahren, von dem es mehrerer Varianten gibt, zeigt (Abb. 26; Taf. 127–128). Die Kenntnis des bildhauerischen Werks kann oft helfen, bei Darstellungen vieler Zeichnungen und Collagen des Spätwerks einen gegenständlichen Ausgangspunkt zu finden. Betrachter, die nicht in das Werk und in die Formensprache von Michael Croissant eingesehen sind, würden beispielsweise die schwarze geometrische Fläche auf der Collage *Kopf* von 1984 (Abb. 23) nicht für einen liegenden abstrakten Kopf halten. Und doch handelt es sich um die

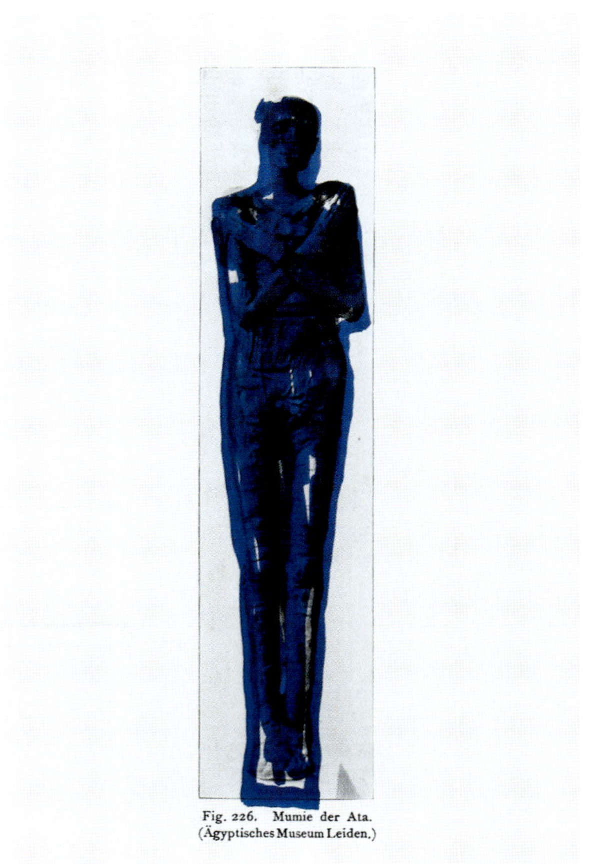

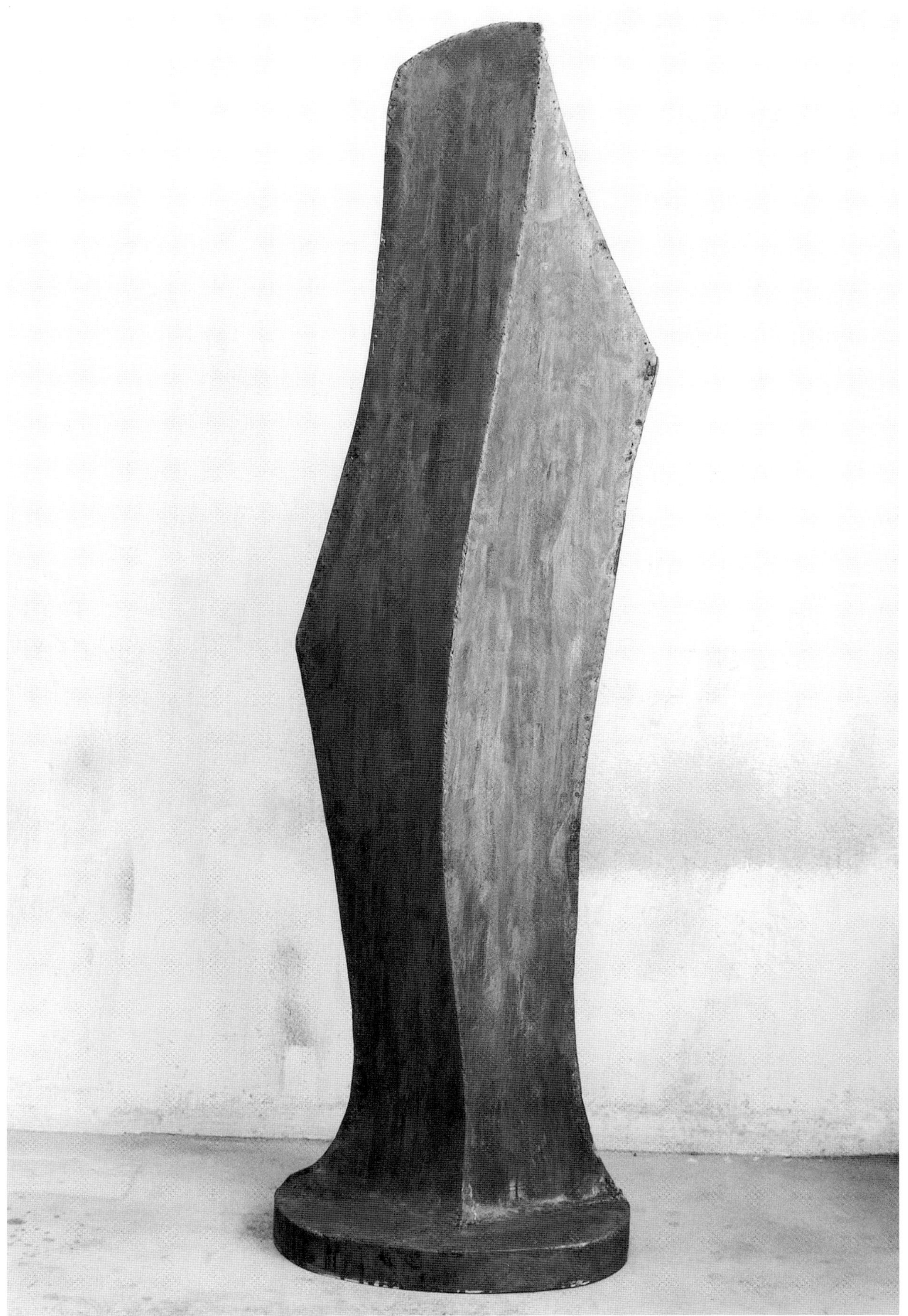

Abb. 22 **Figur**, 1997, Bronze, geschweißt, Höhe 202 cm (WVZ 1267)

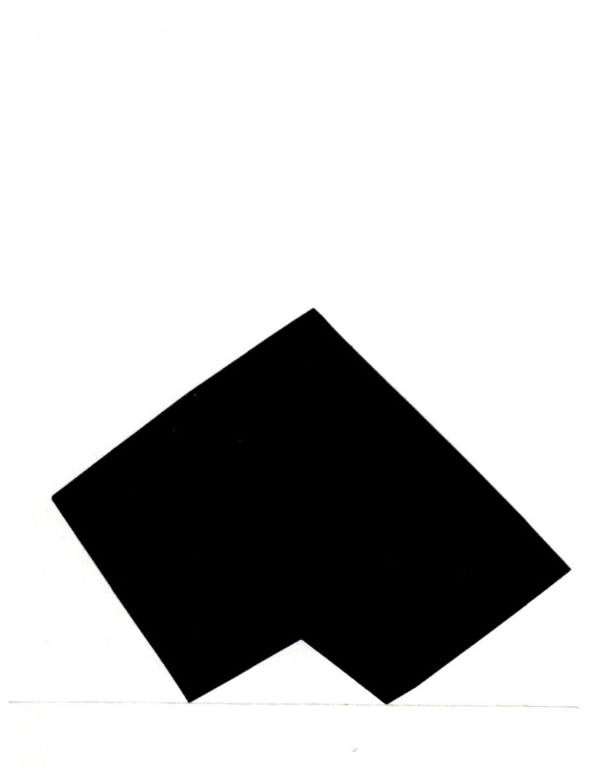

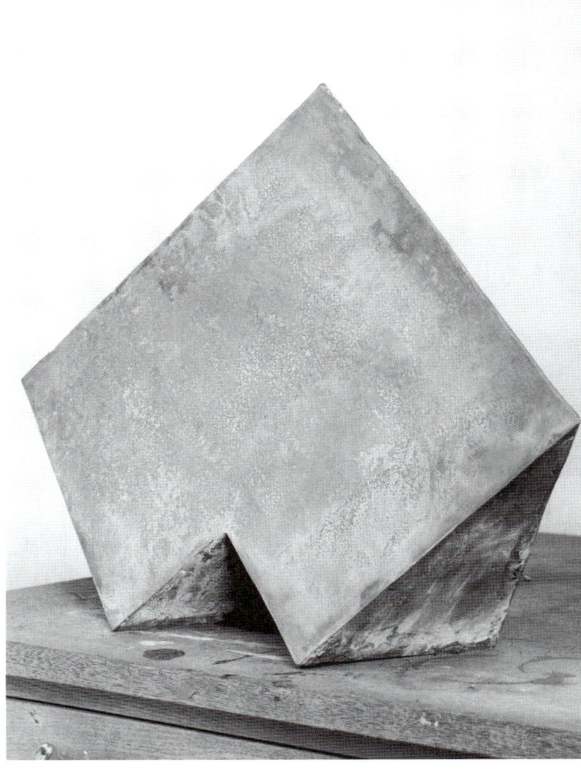

Abb. 23 **Kopf**, 1984, Collage, 29,5 × 21 cm

Abb. 24 **Kopf**, 1985, Eisen, geschweißt, Höhe 45 cm (WVZ 540)

Abb. 25 **Kopf**, Anfang 1990er Jahre, Wachskreiden, 29,5 × 21 cm

Abb. 26 **Kopf**, 1987, Bronze, Höhe 67 cm (WVZ 611a)

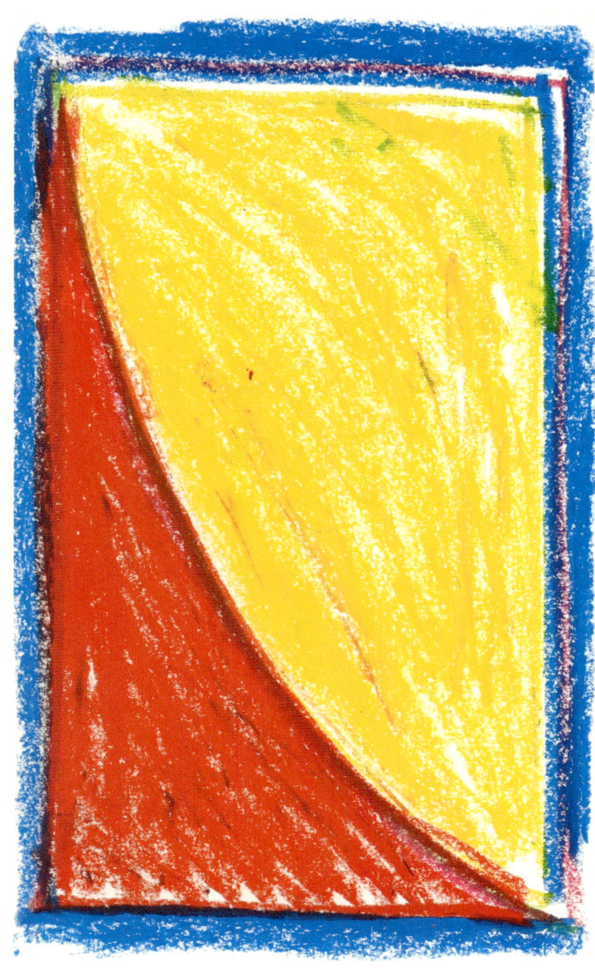

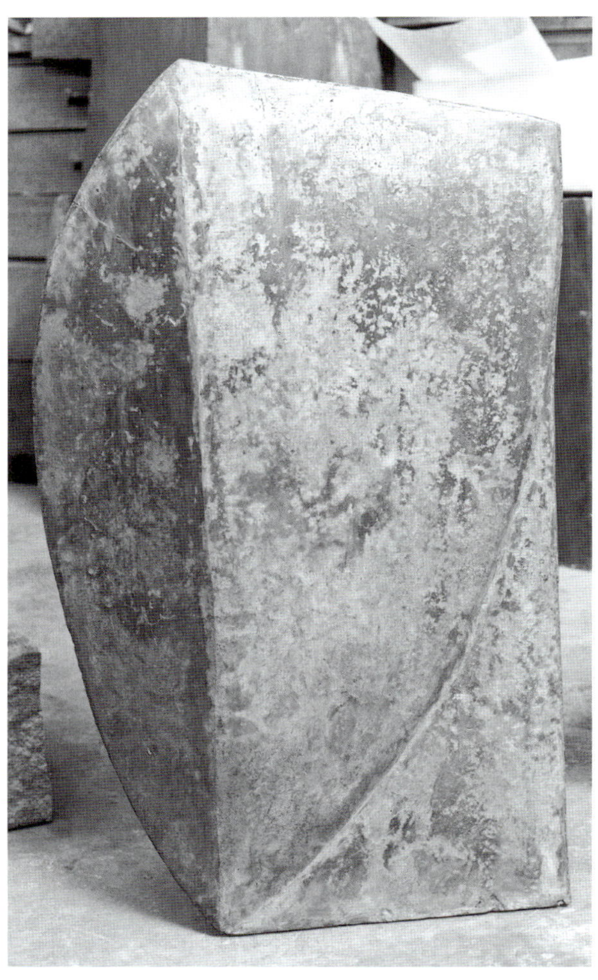

Arbeiten auf Papier: »Die Formerkundung selbst ist Thema dieser Zeichnungen.«[16] Und daher haben sie auch einen anderen Stellenwert, als es einfachen Werkskizzen zukäme. Im Prozess der Formfindung variiert Croissant das von ihm genutzte Figurenschema immer wieder von neuem. Er lässt sich hierbei von griechischer Plastik ebenso wie von afrikanischer Skulptur, von der Natur in Gestalt einer Kastanie und vom großen Künstler Zufall inspirieren.

In der technisch-formalen Ausführung fällt bei dem Gros der Arbeiten auf Papier eine gewisse Nachlässigkeit im Umgang mit den graphischen Techniken auf, die man als gewollt unkünstlerisch bezeichnen könnte. Dies ist ein Merkmal der Kunst von Michael Croissant. Perfektion bei der zweidimensionalen Wiedergabe, noch dazu geschickt ins Format des Blattes gesetzt oder die perfekt geschnittenen und sauber fixierten Papiere auf den Collagen wären ihm kunstgewerblich erschienen. Ein versehentlicher Einschnitt mit der Schere, der eine unregelmäßige Kontur bei einer collagierten Farbfläche erzeugt, wird deshalb nicht korrigiert. Mit dem Pinsel gemalte oder getuschte Farbbahnen oder Flächen werden zügig aufgetragen, Unsauberkeiten werden nicht bereinigt. Exaktheit, rein formale Kompositionskriterien und dergleichen gibt es nicht in der technischen Ausführung eines Motivs. Genauigkeit kommt als formaler Akzent lediglich dort ins Spiel, wo es um die Identifizierbarkeit der bildhauerischen Objekte geht. Präzise wird der Zeichner und Collagist Croissant auf dem Papier dort, wo mit einfachsten Mitteln im Flächigen Plastizität bzw. Räumlichkeit wiedergegeben werden soll. Und dann ist er sehr genau, auch wenn ansonsten die Handschrift des Zeichners Croissant als »lapidar« oder »lässig« charakterisiert werden kann. Dies ändert nichts daran, dass Croissant ein bedeutender Künstler ist, im Gegenteil: es macht ihn erst dazu. Einige seiner besten Zeichnungen und Collagen sind in ihrer Einfachheit, in ihrem unprätentiösen Duktus schlicht genial.

Birk Ohnesorge

1 Die Papierarbeiten von Michael Croissant wurden in ihrem Rang unterschiedlich wahrgenommen. Während Croissant auf zahlreichen Ausstellungen von Bildhauerzeichnungen in den 80er Jahren nicht mit einem Beitrag vertreten war, wird er in den Katalogbeiträgen zu einer der wichtigsten Ausstellungen von Bildhauerzeichnungen »Figura docet« (Saarland-Museum, 1984) ausdrücklich als bedeutender Bildhauer-Zeichner gewürdigt. Ein gesonderter Beitrag über Croissants Zeichnungen erschien zuerst im Katalog der Croissant-Retrospektive 1990/91. Im Werkverzeichnis der Bildhauerei widmete Inge Herold dem Zeichner und Collagisten erstmals einen ausführlichen, wissenschaftlichen Beitrag (Croissant 2003, S. 75–84).
2 Dies bezieht sich auch auf plastische Werke. Anfang der 40er Jahre begann er eine Steinmetzlehre. Von den hier und danach an der Handwerksschule in Kaiserslautern geschaffenen Skulpturen ist ebenfalls nichts, nicht einmal als Abbildung, überliefert.
3 Zu Croissants erstem Münchner Lehrer vgl. Ulrich Christoffel, Lothar Otto, Berlin 1940.
4 Ausstellungsfotografien jener Jahre zeigen nicht selten den Künstler inmitten seiner Werke. Auch existieren Skizzen und gezeichnete Ausstellungssituationen, so dass man davon ausgehen kann, dass Michael Croissant – wie das bei vielen Bildhauern bzw. Objektkünstlern nach wie vor Brauch ist – seine Ausstellungen selbst gestellt bzw. konzipiert hat.
5 Peter Anselm Riedl spricht im Zusammenhang mit Croissants Werk von einem »unglücklichen Begriff«, in: Ders., Zur Kunst Michael Croissants, in: Croissant 2002, S. 7–31, S. 8f. Allgemein zur Problematik »informeller Plastik« vgl. Birk Ohnesorge, Bildhauerei zwischen Tradition und Erneuerung, Münster 2001, S. 199f.
6 Vgl. Birk Ohnesorge, »Einmal eine gute Plastik machen« – Der Bildhauer Michael Croissant, in: Croissant 2003, S. 13–39, hier S. 17–21.
7 Die Abkürzung WVZ bezieht sich auf das Werkverzeichnis der Plastiken und Skulpturen, in: Croissant 2003, S. 108–323.
8 Vgl. hierzu Christa Lichtenstern, »Ich sehe mich stark in der Tradition« – Croissant und die Kunstgeschichte, in: Croissant 2003, S. 41–57, hier S. 46f.
9 Auch für andere Künstler und Künstlergruppen jener Zeit spielte die Zen-Kultur eine wichtige Rolle.
10 Dies war u.a. die Arbeitsweise der Maler Karl Otto Götz und Hans Hartung, die diese Technik ein Leben lang praktizierten, da sich ihr der zum künstlerischen Markenzeichen gewordene Individualstil verdankt. Der innovative Impuls dieses Verfahrens erlosch zum Ende der 60er Jahre und das Verfahren wurde von den jungen, noch suchenden Stadler-Schülern kaum mehr angewandt. Jene beiden oben genannten, im westdeutschen Kunstbetrieb sehr erfolgreichen Maler nutzten es aber weiter als eine zum Handwerk perfektionierte Technik mit sehr dekorativen Resultaten.
11 Mehr zu diesem Verfahren, das auf antike Abformungstechniken zurückgeht und in den 50er Jahren von Stadler und seinen Schülern erprobt worden war, bei: Josephine Gabler, »Unbehelligt vom ständig korrigierenden Auge« – Ein Überblick über die bildhauerischen Techniken von Michael Croissant, in: Croissant 2003, S. 97–103, S. 103f.
12 In seinem Empfehlungsschreiben zur Aufnahme von Croissant in die Bayerische Akademie der Schönen Künste 1972, im Archiv der Bayerischen Akademie der Schönen Künste, Personalakte Michael Croissant.
13 In: Lichtenstern, »Ich sehe mich stark in der Tradition«, wie Anm. 8, hier S. 47–54, Zitat S. 47.
14 Vgl. Ohnesorge, »Einmal eine gute Plastik machen«, wie Anm. 6, S. 31.
15 Ein Kopf des Spätwerks aus geschweißten Bronzeblechen mit Nase und abstehenden Ohren (WVZ 1481) ist ebenfalls eine humorige Ausnahme.
16 So äußerte sich Croissants Sammlerfreund, Bernd Mittelsten Scheid, in einem der ersten Katalogbeiträge, die sich den Papierarbeiten des Künstlers widmeten, in: Ders., Anmerkungen zu den Zeichnungen, in: Michael Croissant, Ausst.-Kat. München 1991, S. 11f., hier S. 12.

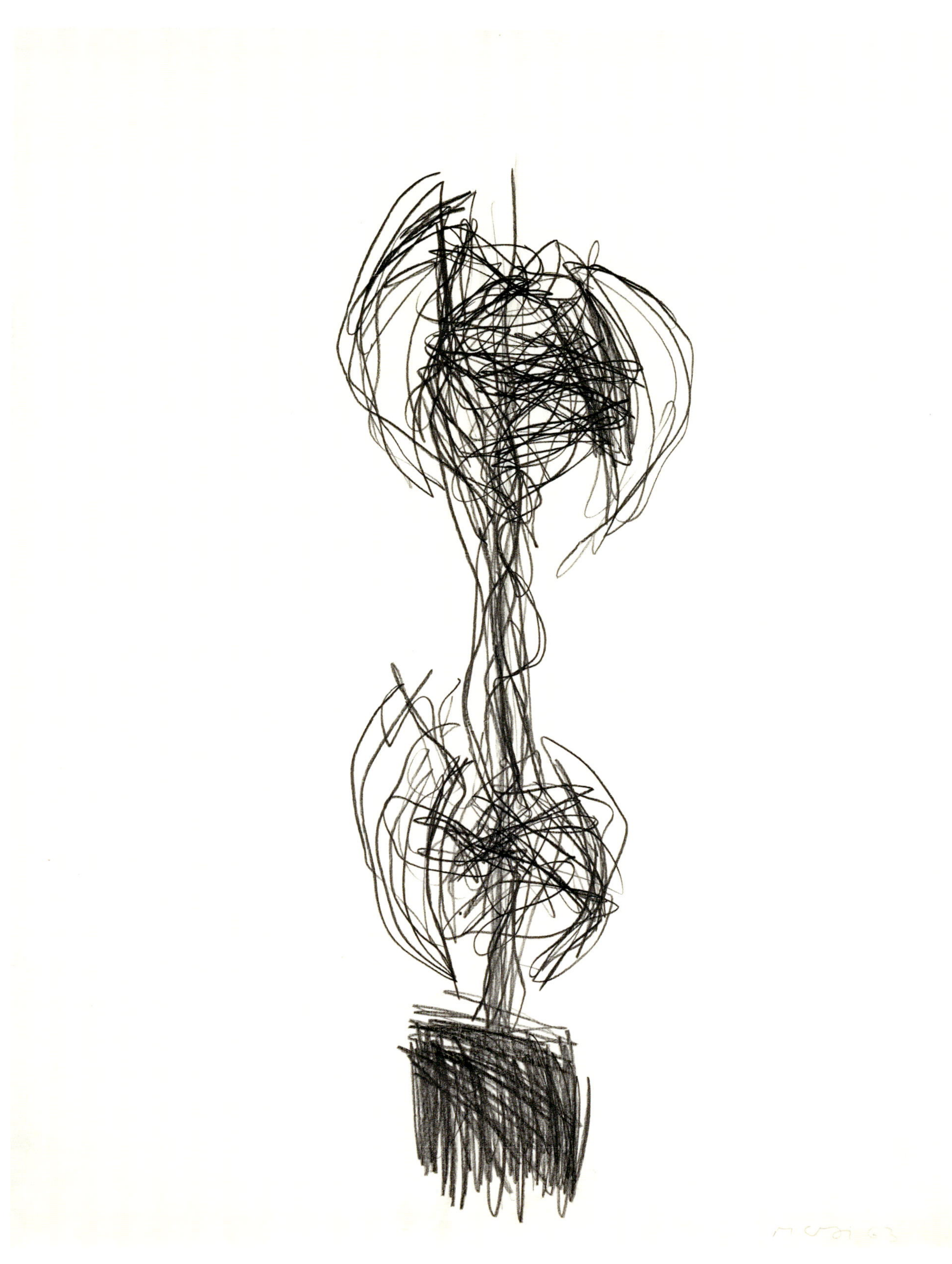

Taf. 1 **Sebastian**, 1963,
Graphit, 65 × 50 cm

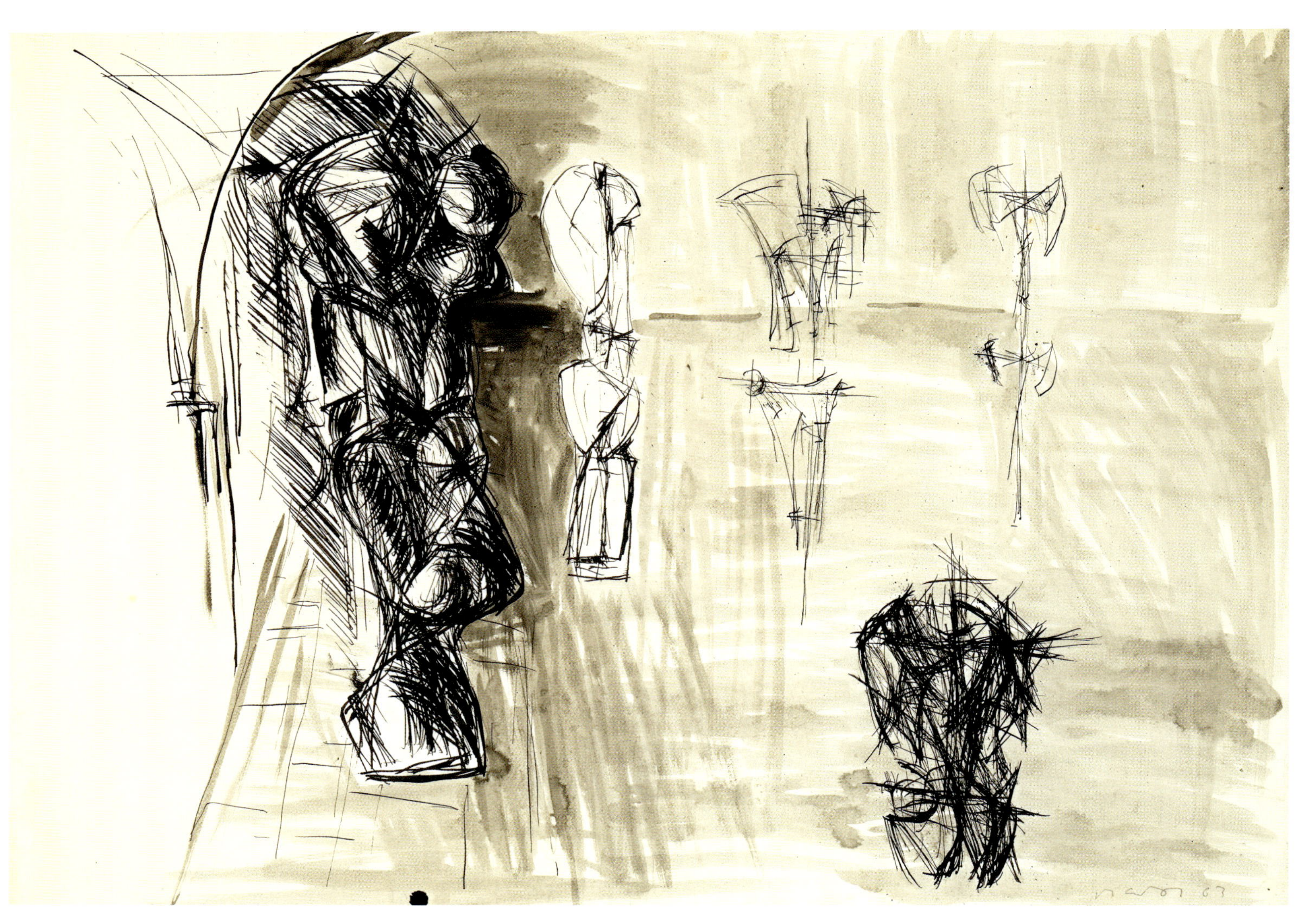

Taf. 2 **Figuren im Raum**, 1963,
Feder und Tusche, 45 × 66 cm

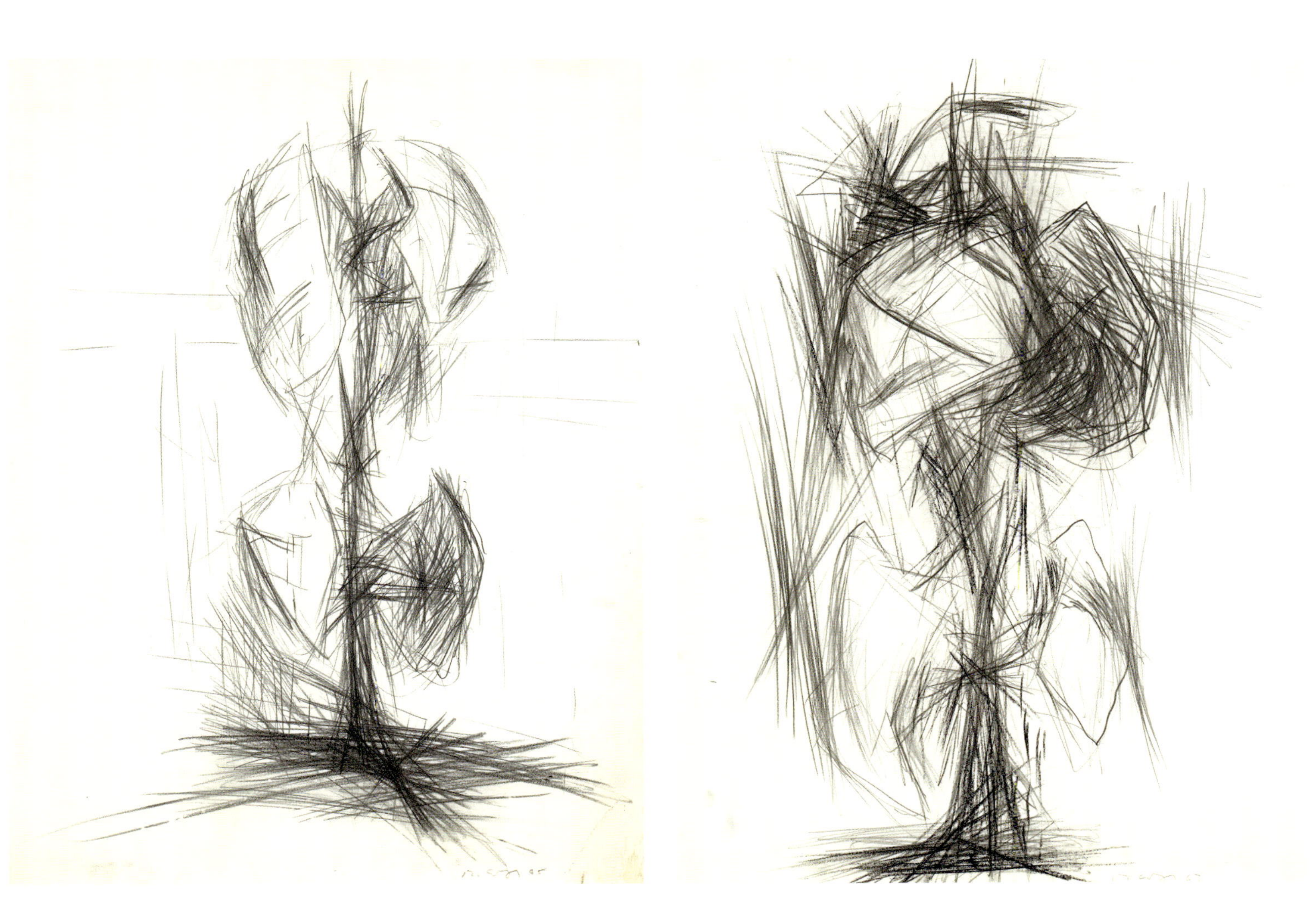

Taf. 3 **Sebastian**, 1965,
Bleistift, 65 × 50 cm

Taf. 4 **Sebastian**, 1963,
Bleistift, 65 × 50 cm

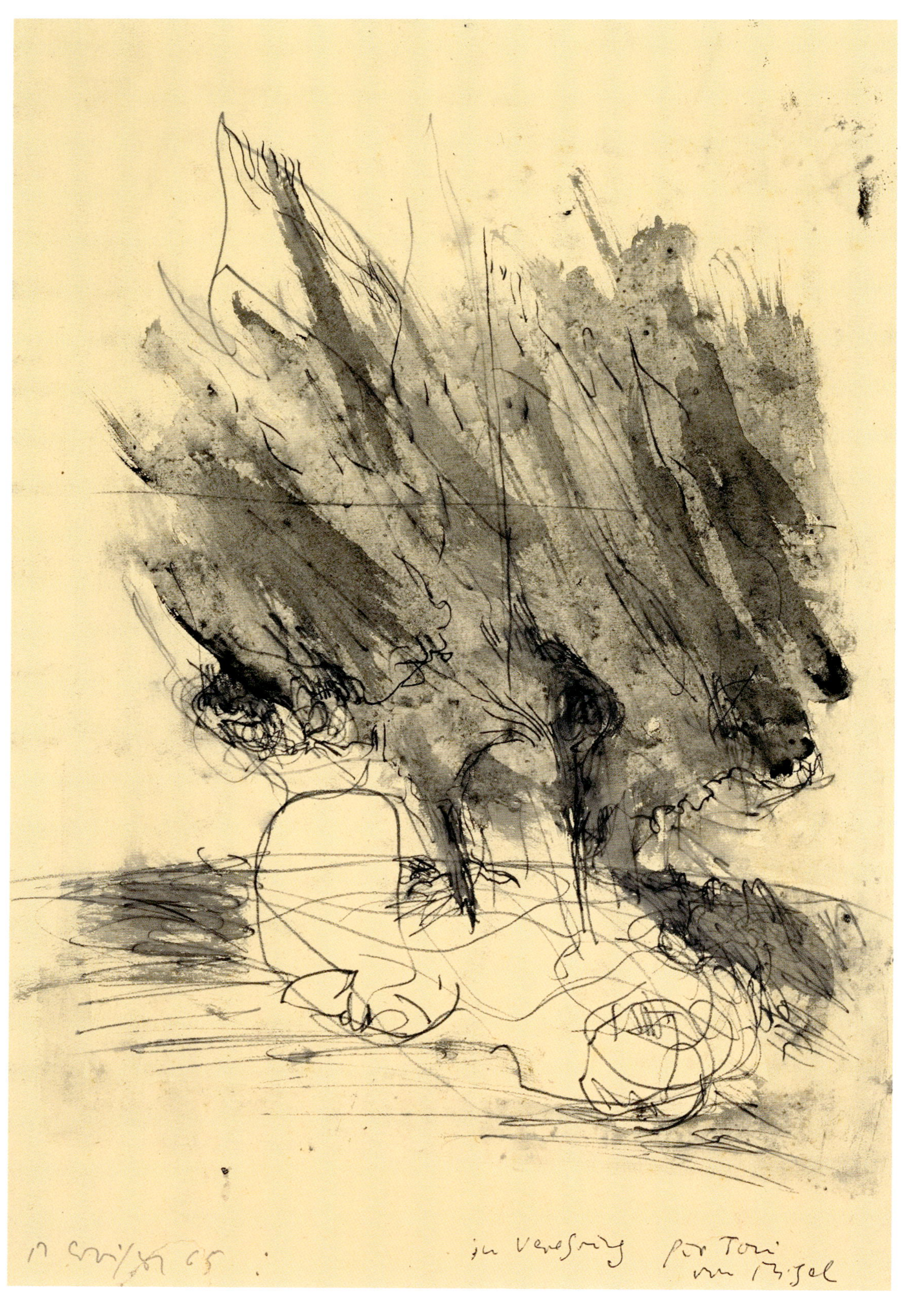

Taf. 5 **Ganymed**, 1965, Filzstift
und Aquarell, 41,5 × 29,5 cm

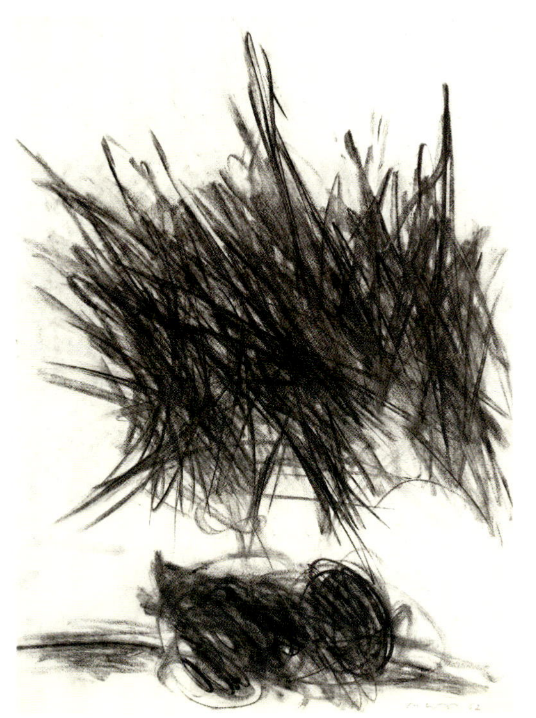

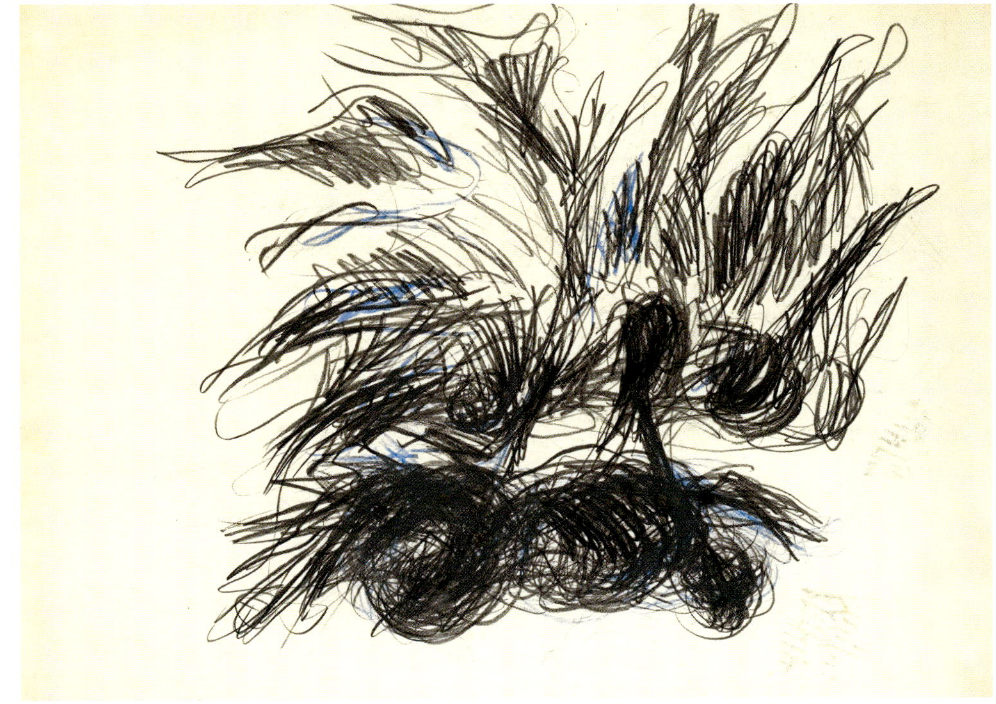

Taf. 6 **Beutevogel**, 1962,
Kohle, 62 × 44,5 cm

Taf. 7 **Beutevogel**, 1963,
Graphit und Buntstift, 45 × 62 cm

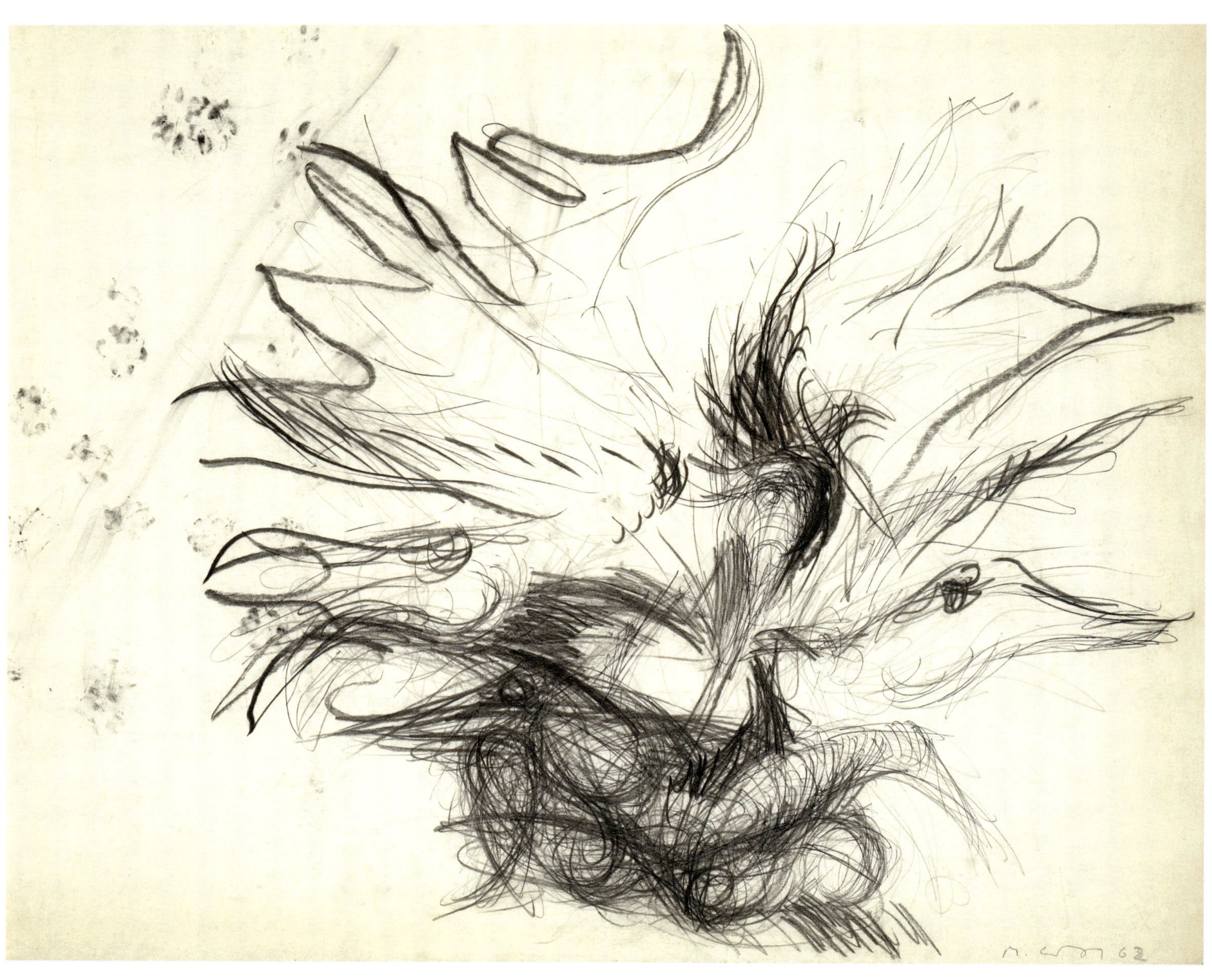

Taf. 8 **Vogelmotiv**, 1962, Graphit
und Kugelschreiber, 50,5 × 65,5 cm

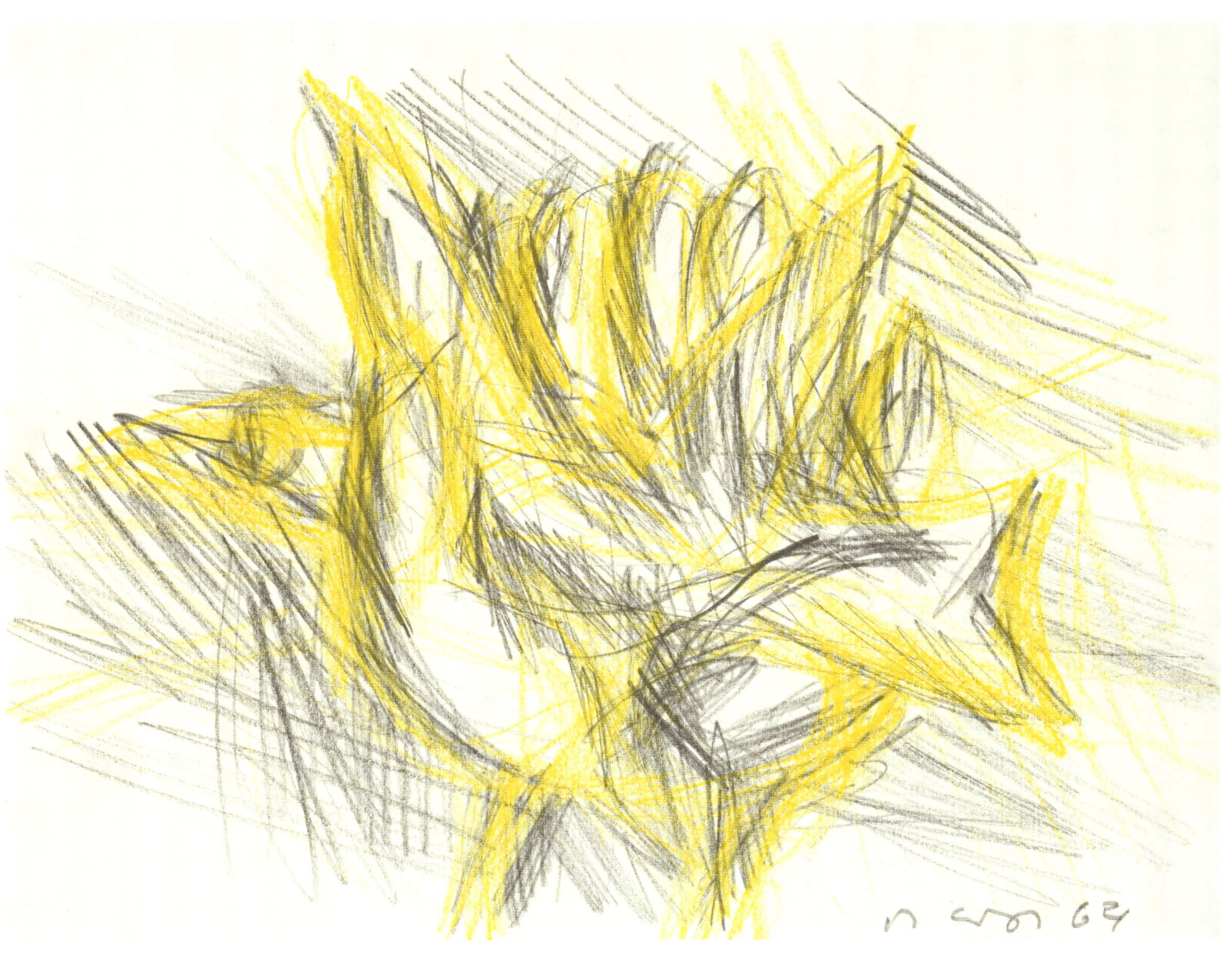

Taf. 9 **Hand und Vogel**, 1964,
Bleistift und Buntstift, 21 × 27,5 cm

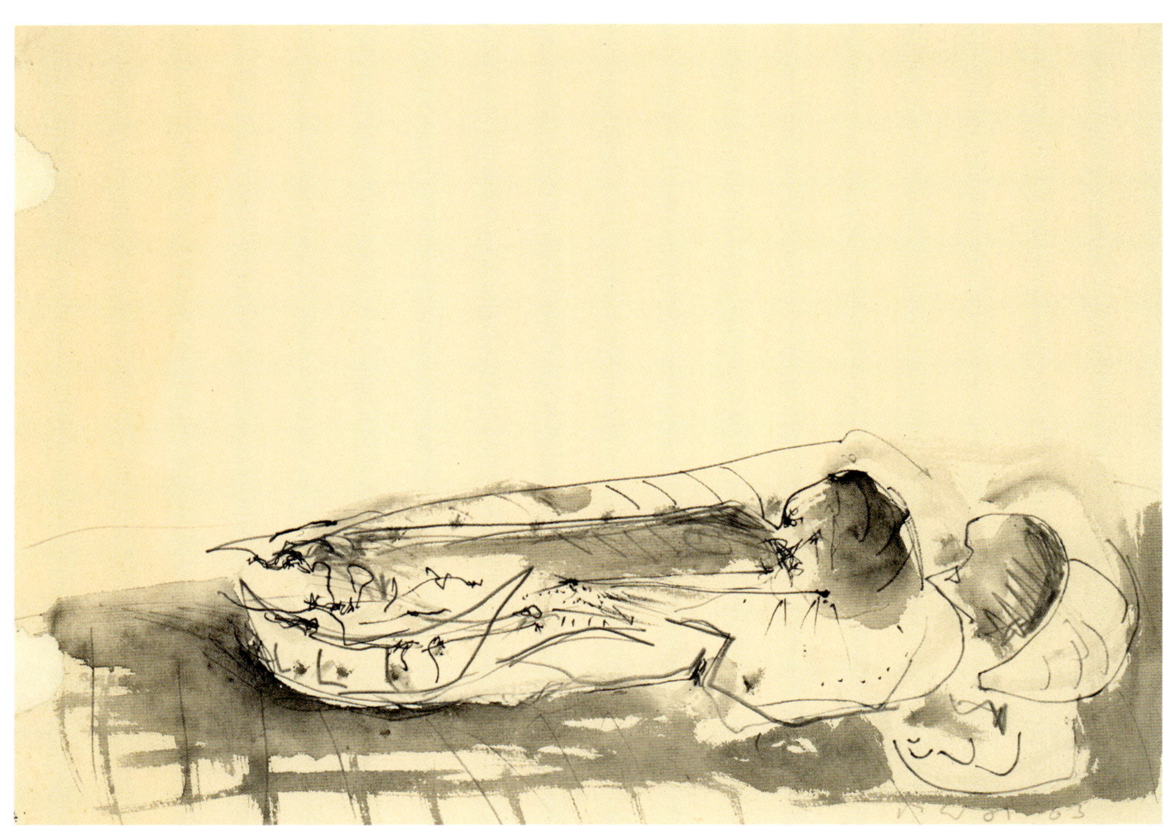

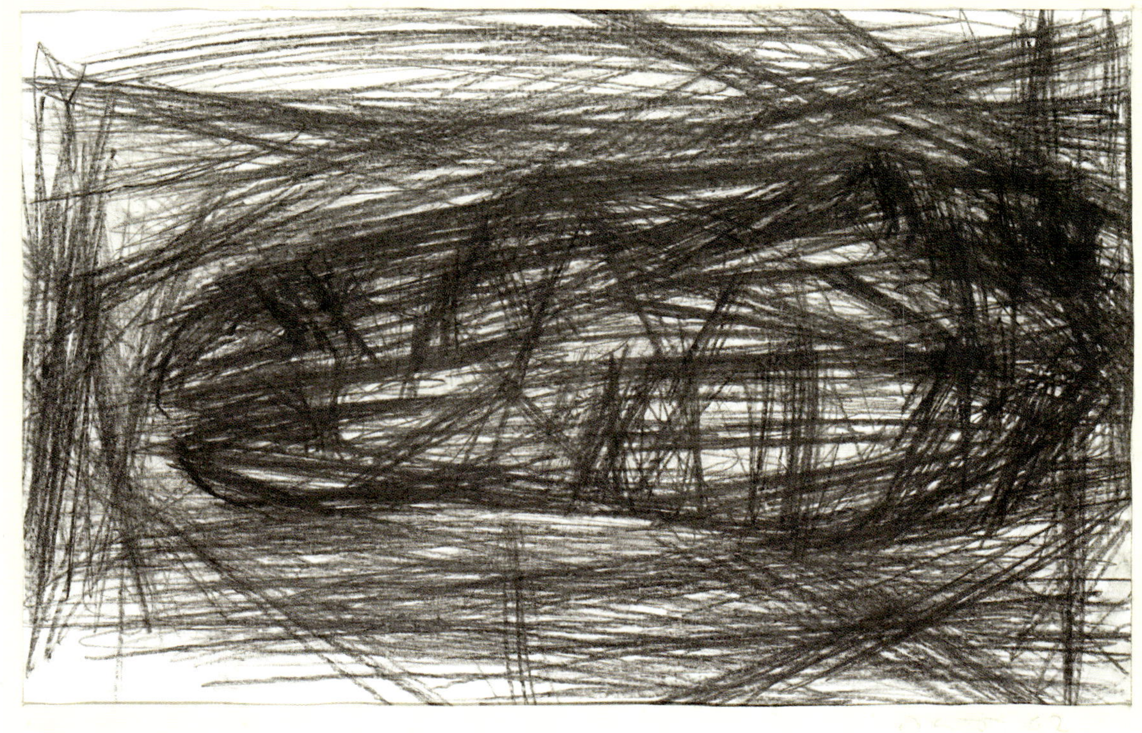

Taf. 10 **Tierschädel (Pferdeschädel?)**, 1963, Aquarell über Bleistift, 29,7 × 41,7 cm

Taf. 11 **Pferdeschädel**, 1962, Graphit, 31 × 62 cm

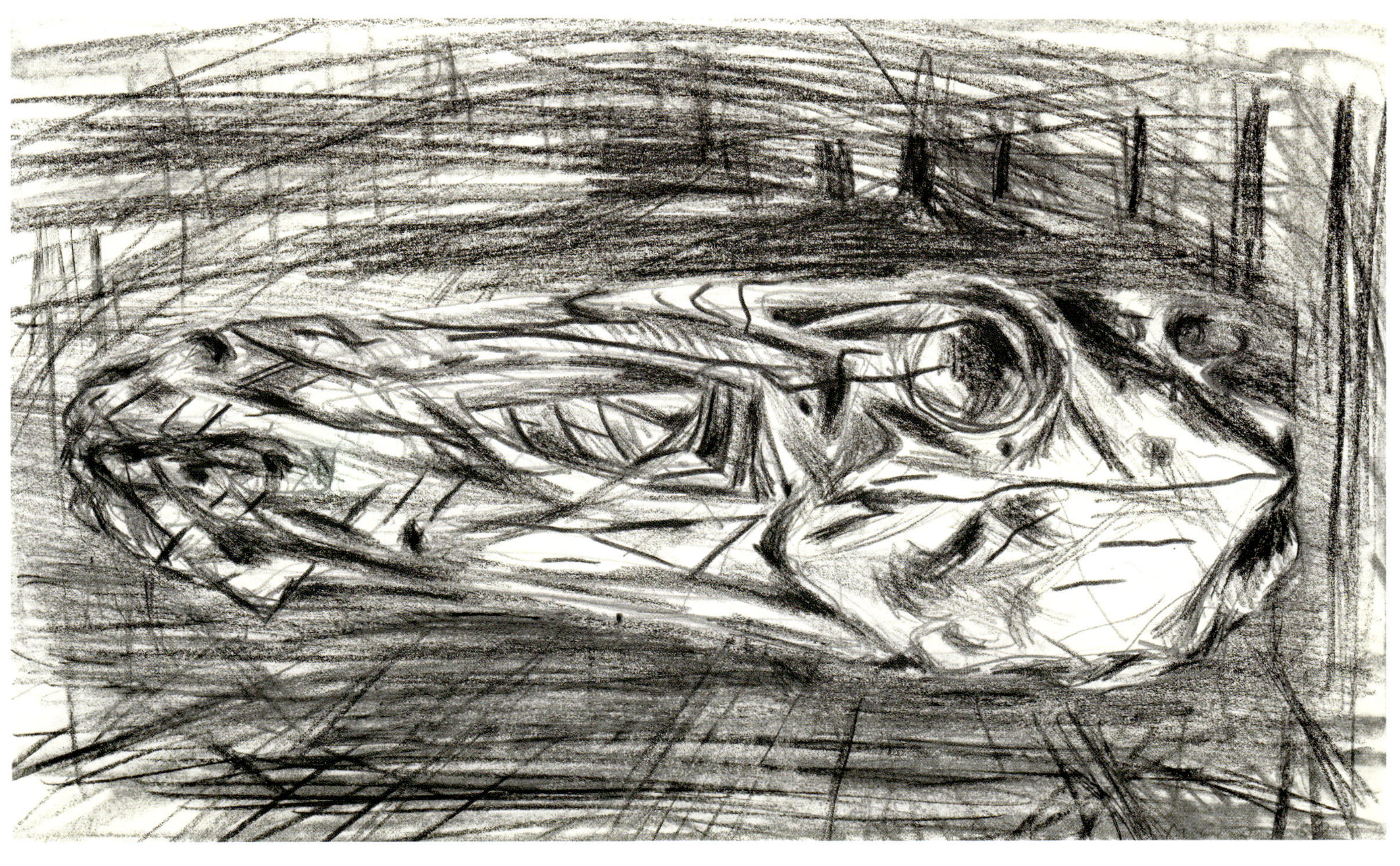

Taf. 12 **Pferdeschädel**,
um 1962, Graphit, 31 × 62 cm

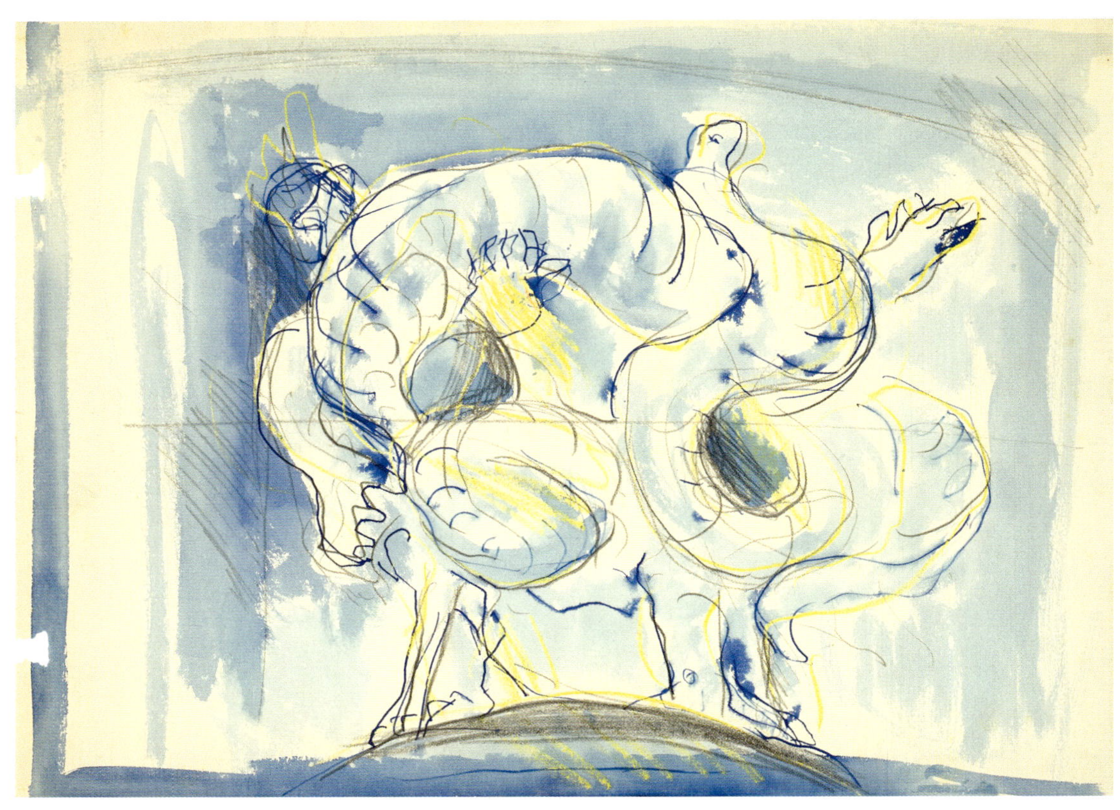

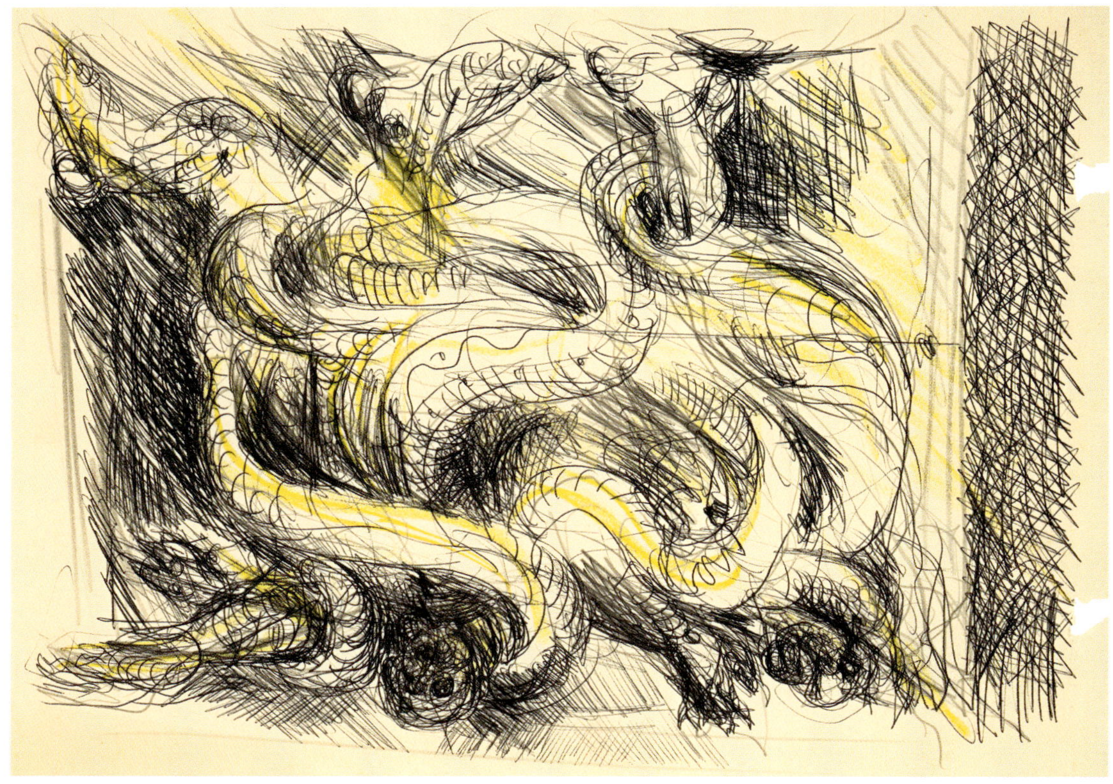

Taf. 13 **Laokoon**, um 1966,
Aquarell über Bleistift und Kreide,
29,5 × 41,5 cm

Taf. 14 **Laokoon**, um 1966,
Kugelschreiber, Kreide und
Bleistift, 29,5 × 42 cm

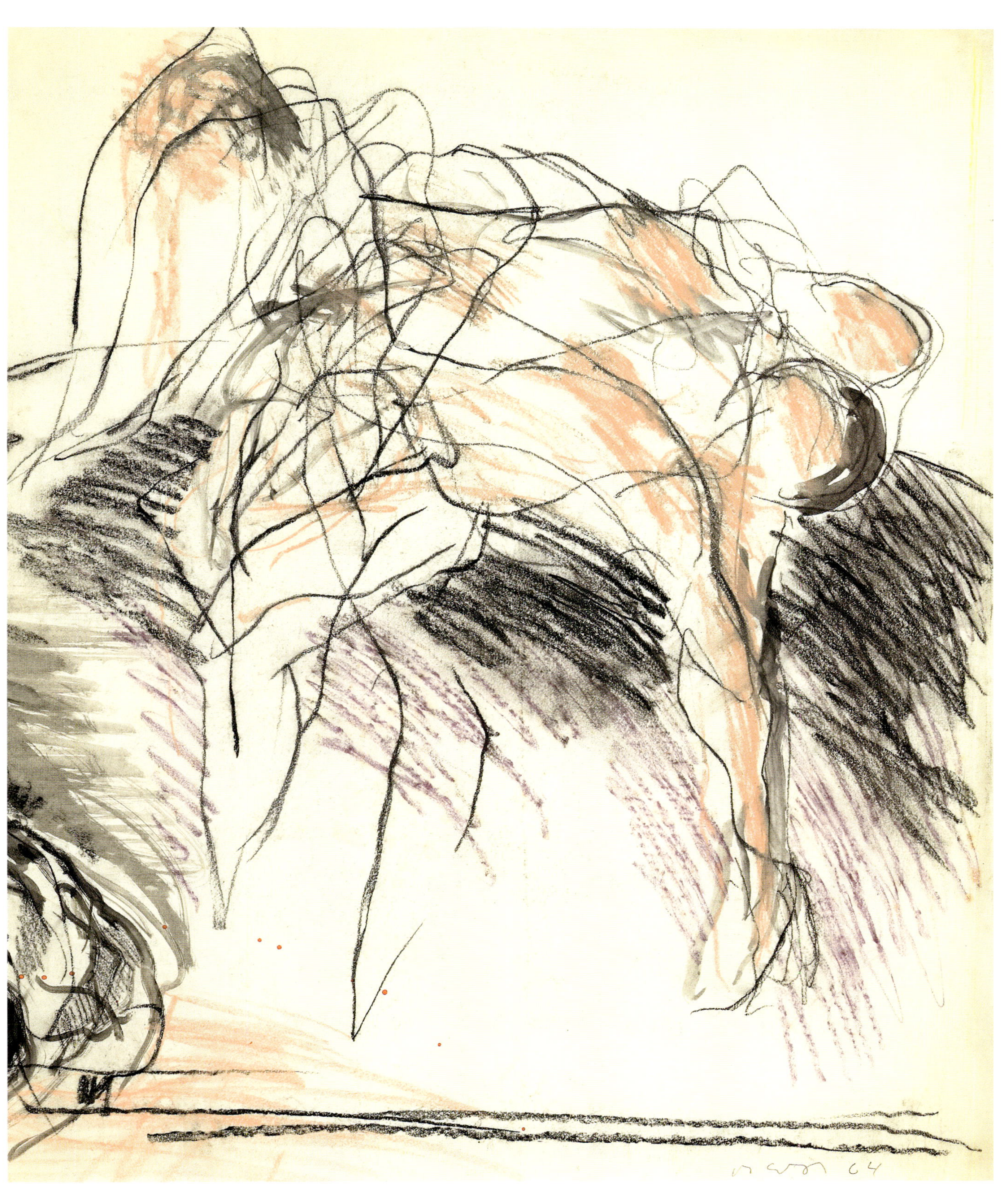

Taf. 15 **Paar**, 1964,
Farbkreiden, 59 × 50 cm

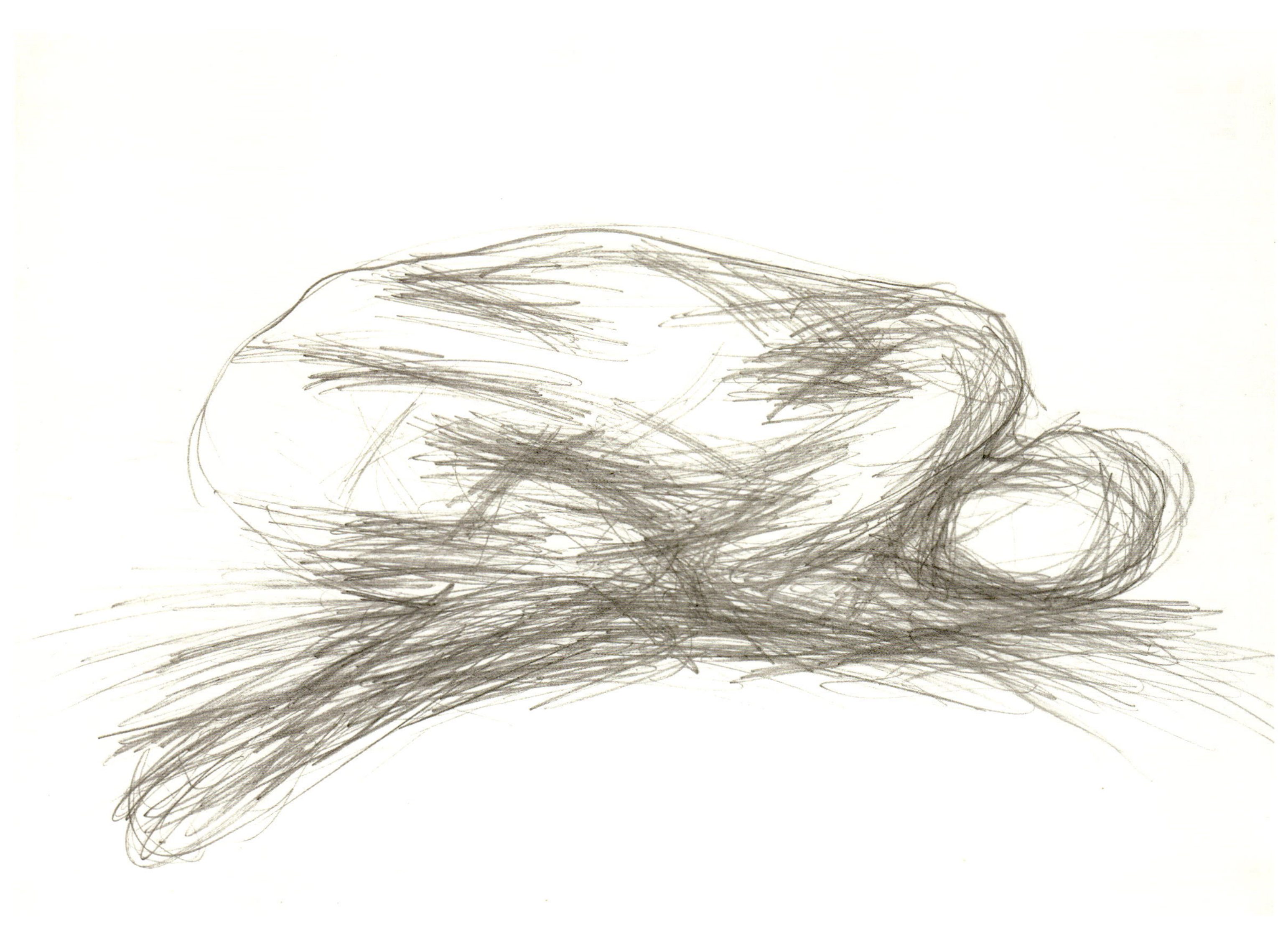

Taf. 16 **Liegende**, um 1970,
Bleistift, 46 × 65 cm

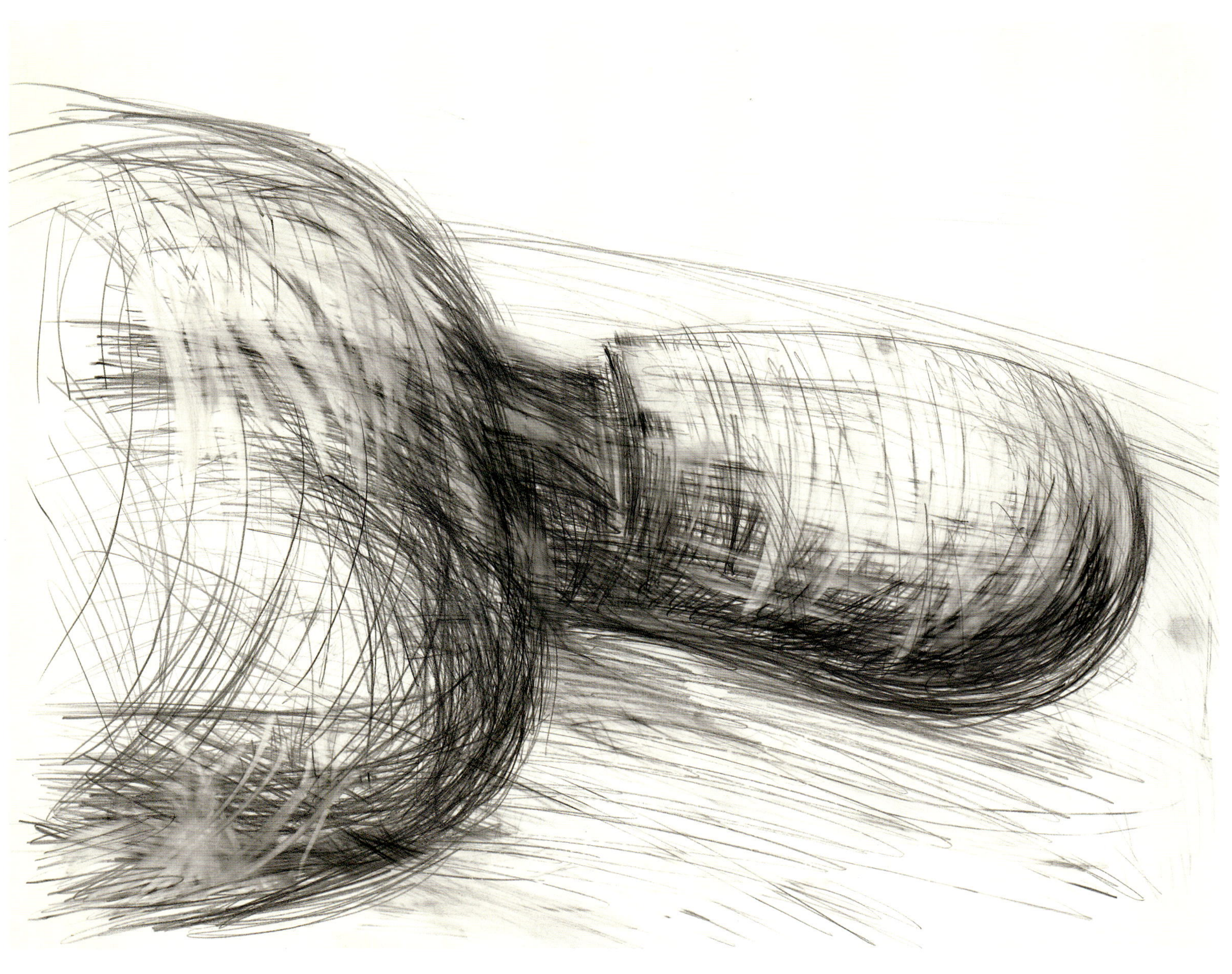

Taf. 17 **Liegende Halbfigur**,
um 1969, Bleistift, 50 × 65 cm

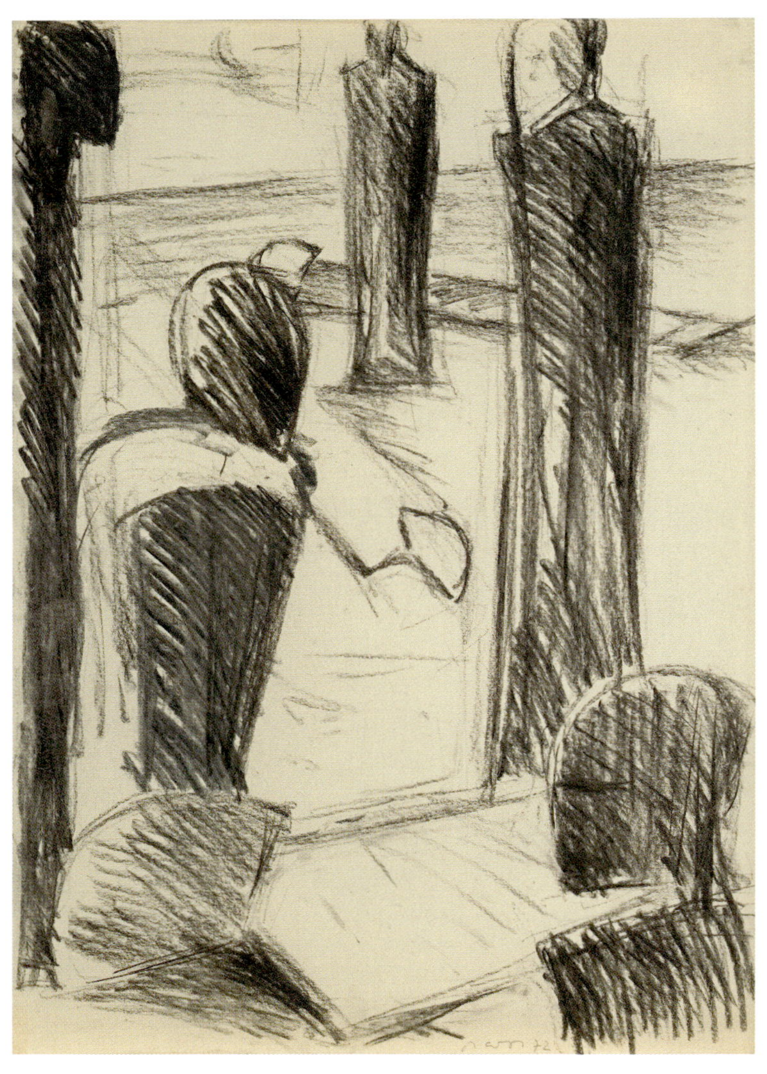

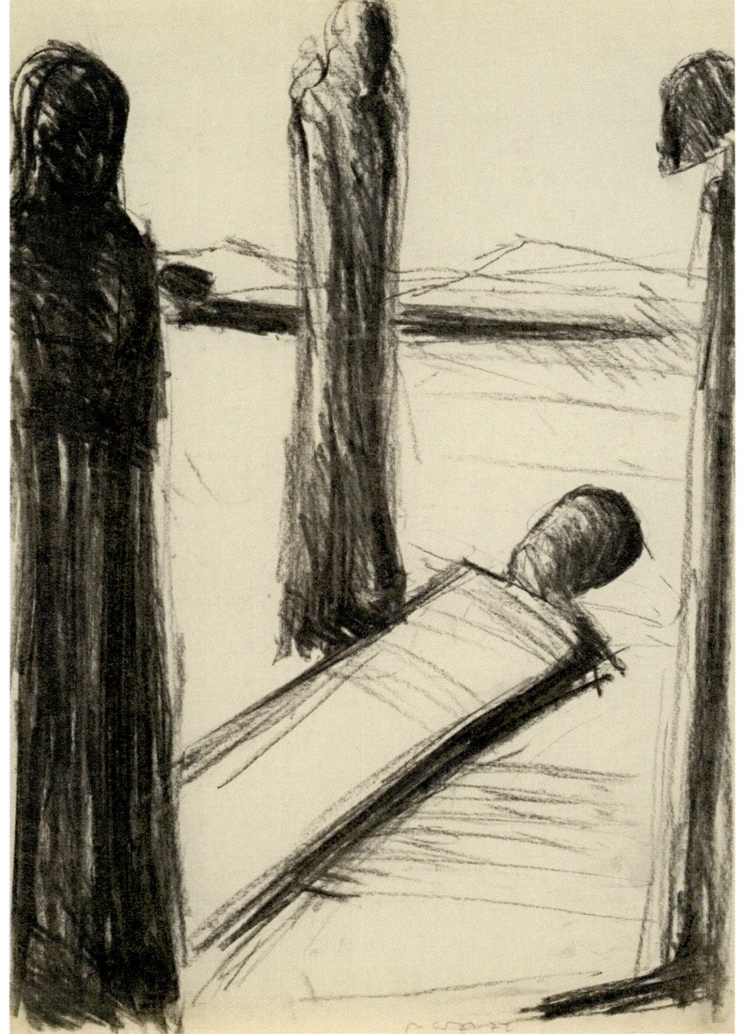

Taf. 18 **Stehende und liegende Figuren**, 1972, Kohle, 70 × 50 cm

Taf. 19 **Stehende und liegende Figuren**, 1972, Kohle, 70 × 50 cm

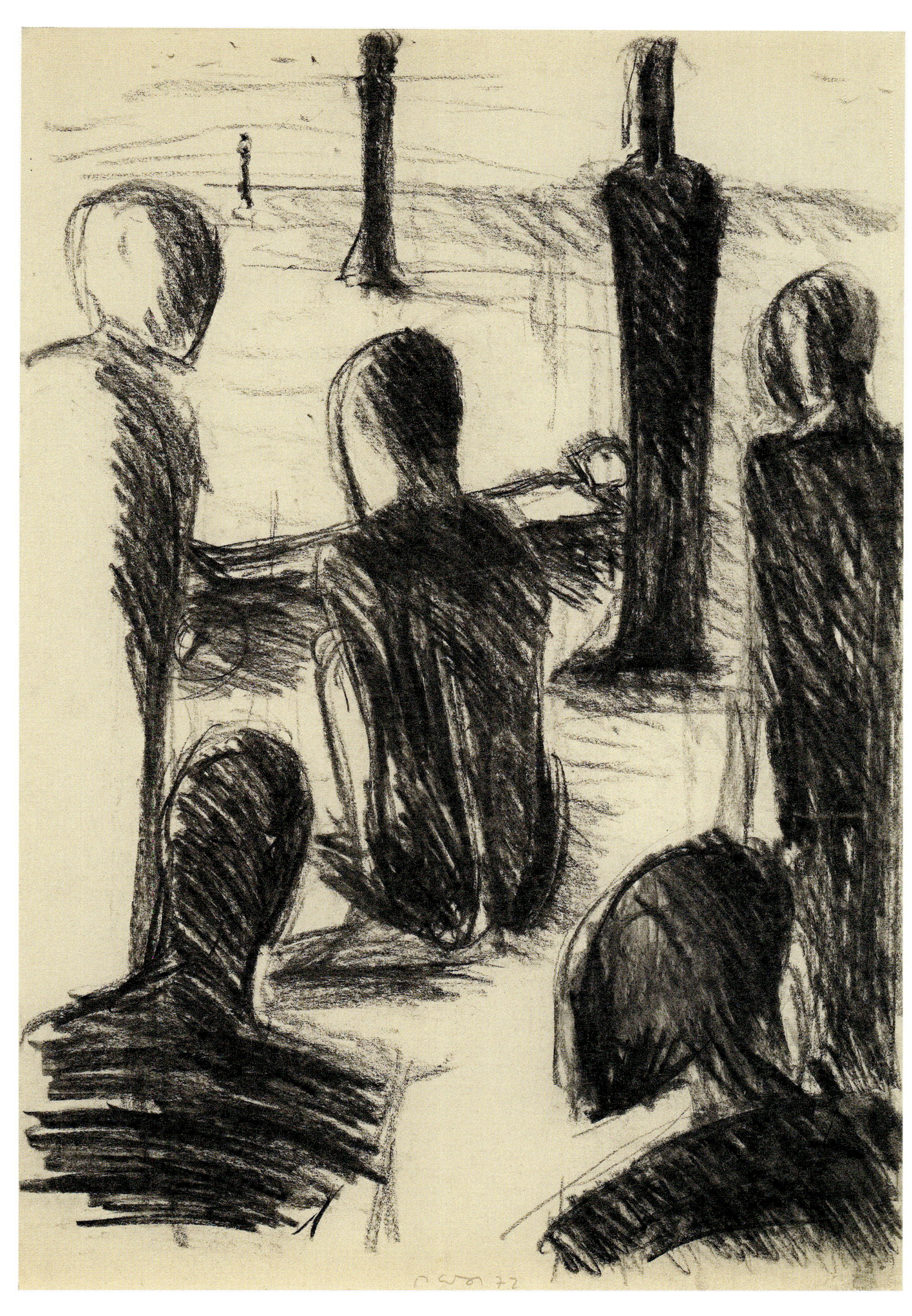

Taf. 20 **Stehende, hockende und liegende Figuren**, Kohle, 70 × 50 cm

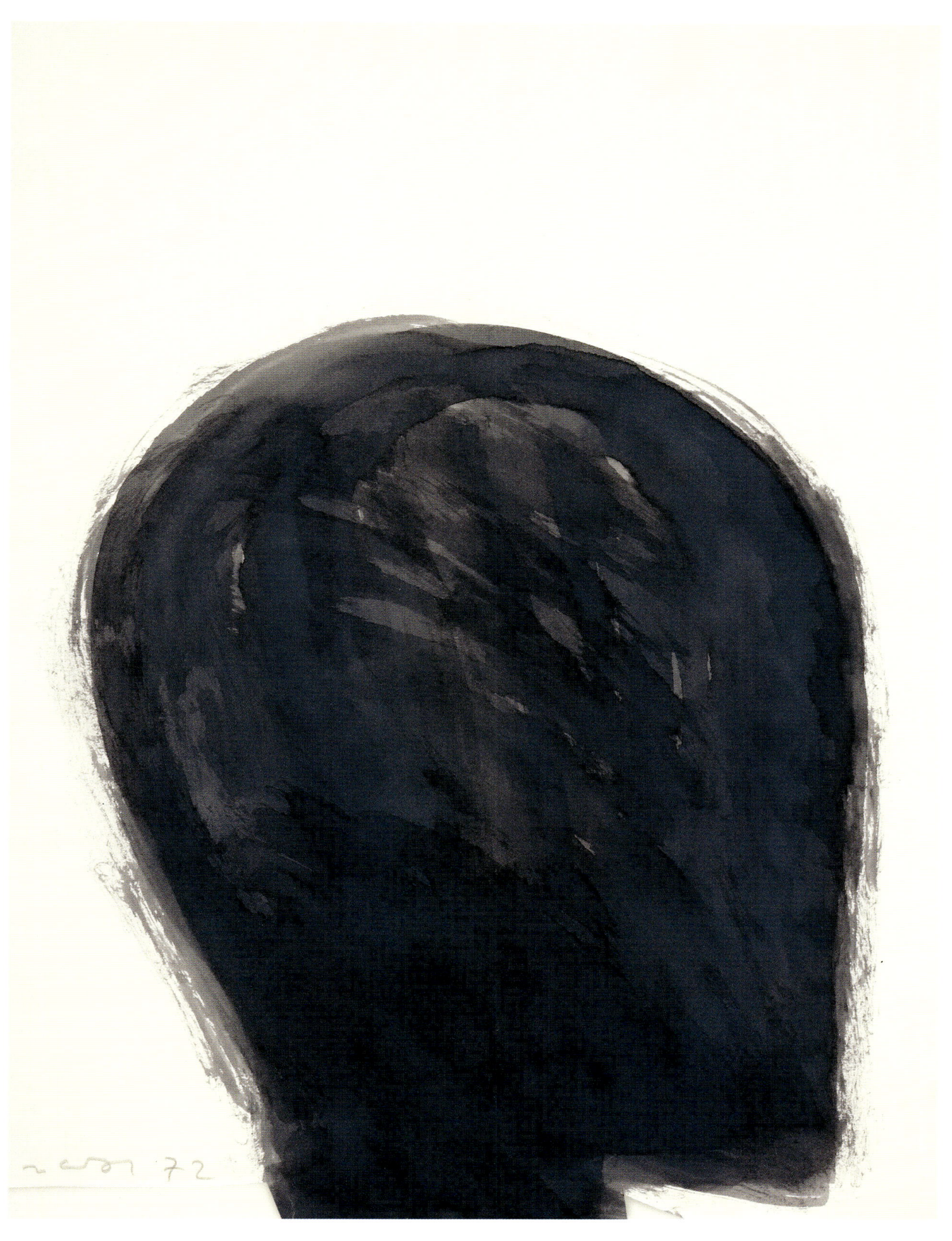

Taf. 21 **Kopf**, 1972, Tusche
und Collage, 37 × 29,5 cm

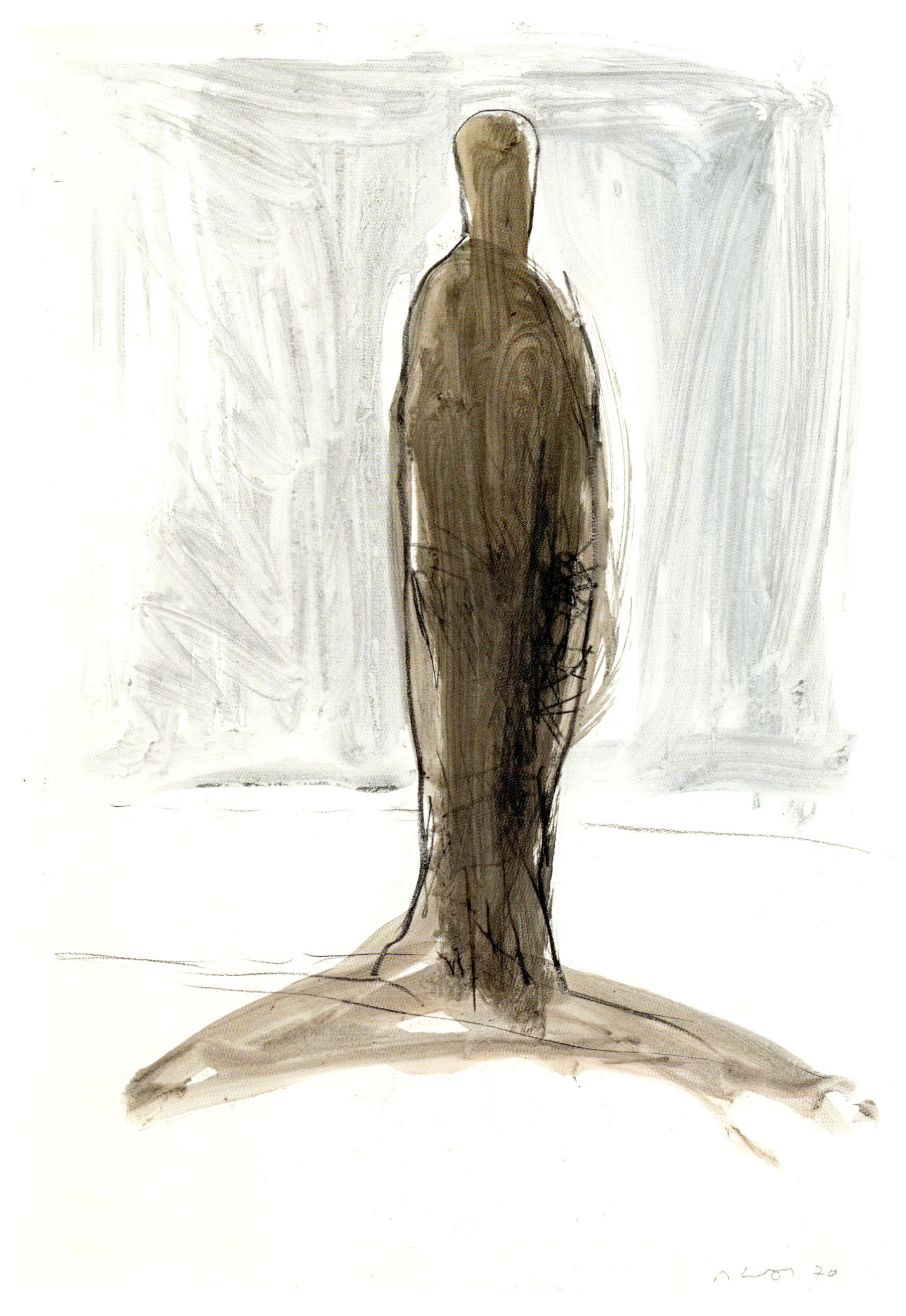

Taf. 22 **Stehende Figur**, 1970,
Gouache über Kohle, 61 × 43 cm

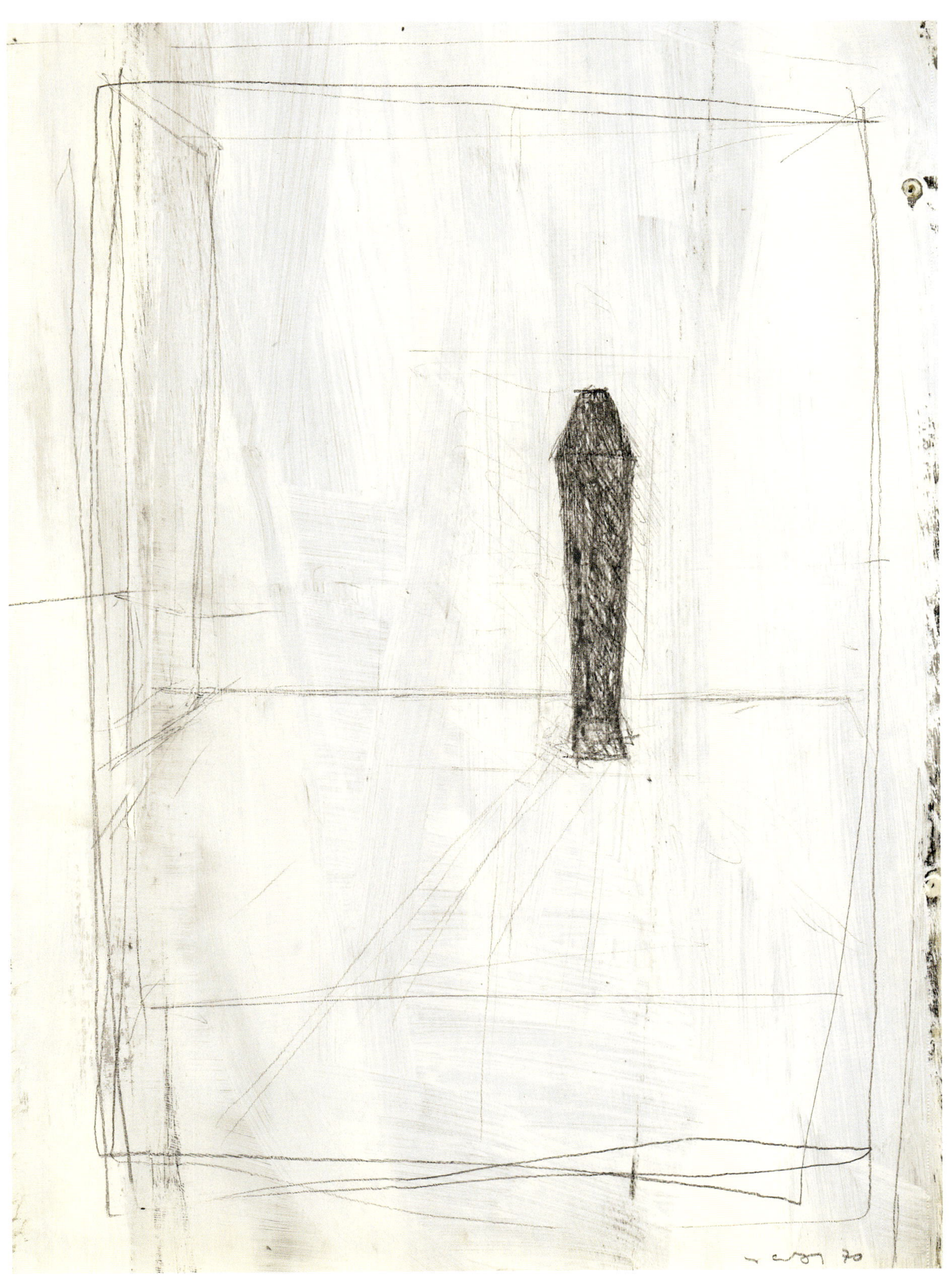

Taf. 23 **Figur im Raum**, 1970,
Bleistift über Tempera, 61 × 45 cm

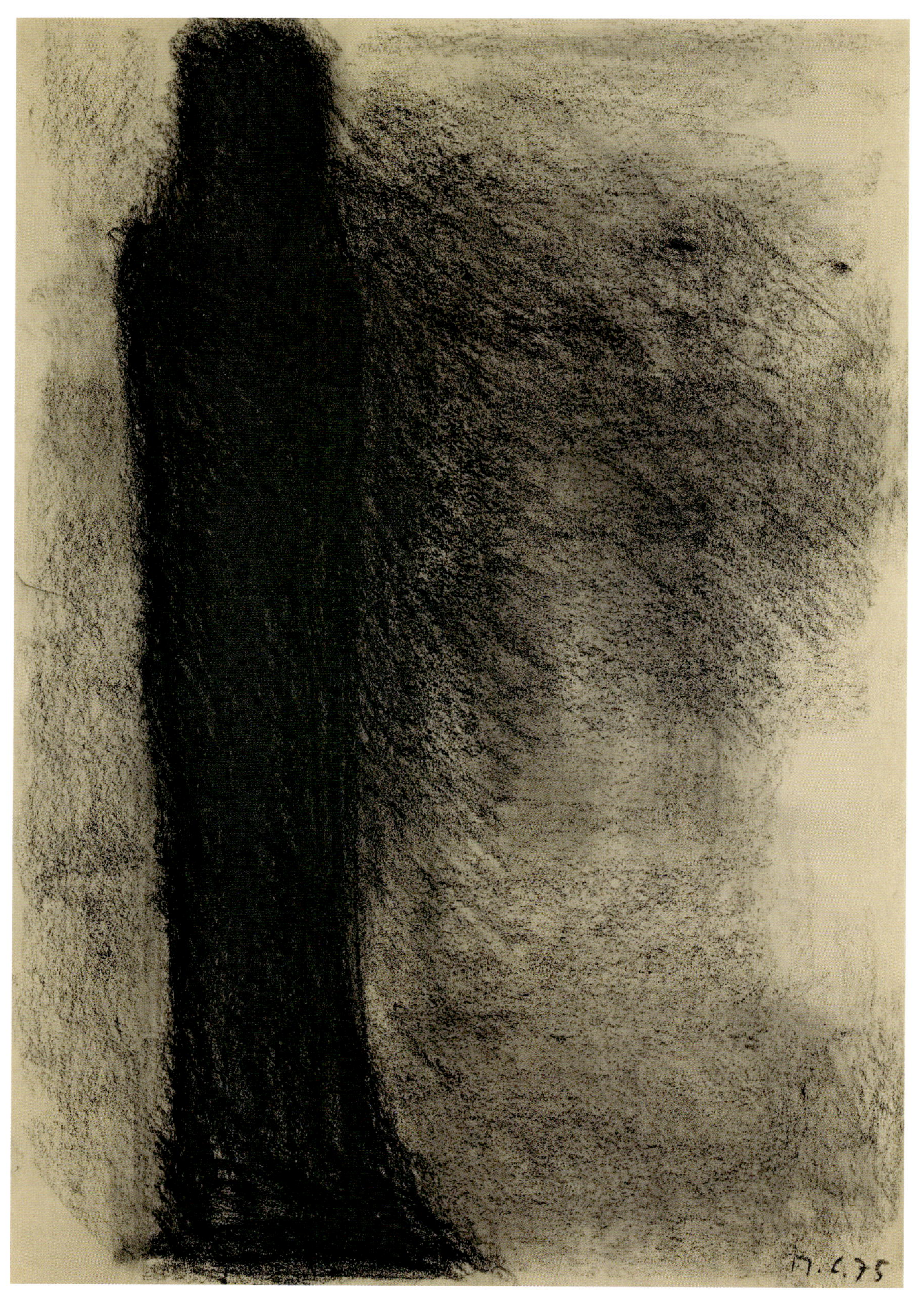

Taf. 24 **Figur**, 1975, Kohle, teilweise gewischt, 70 × 50 cm

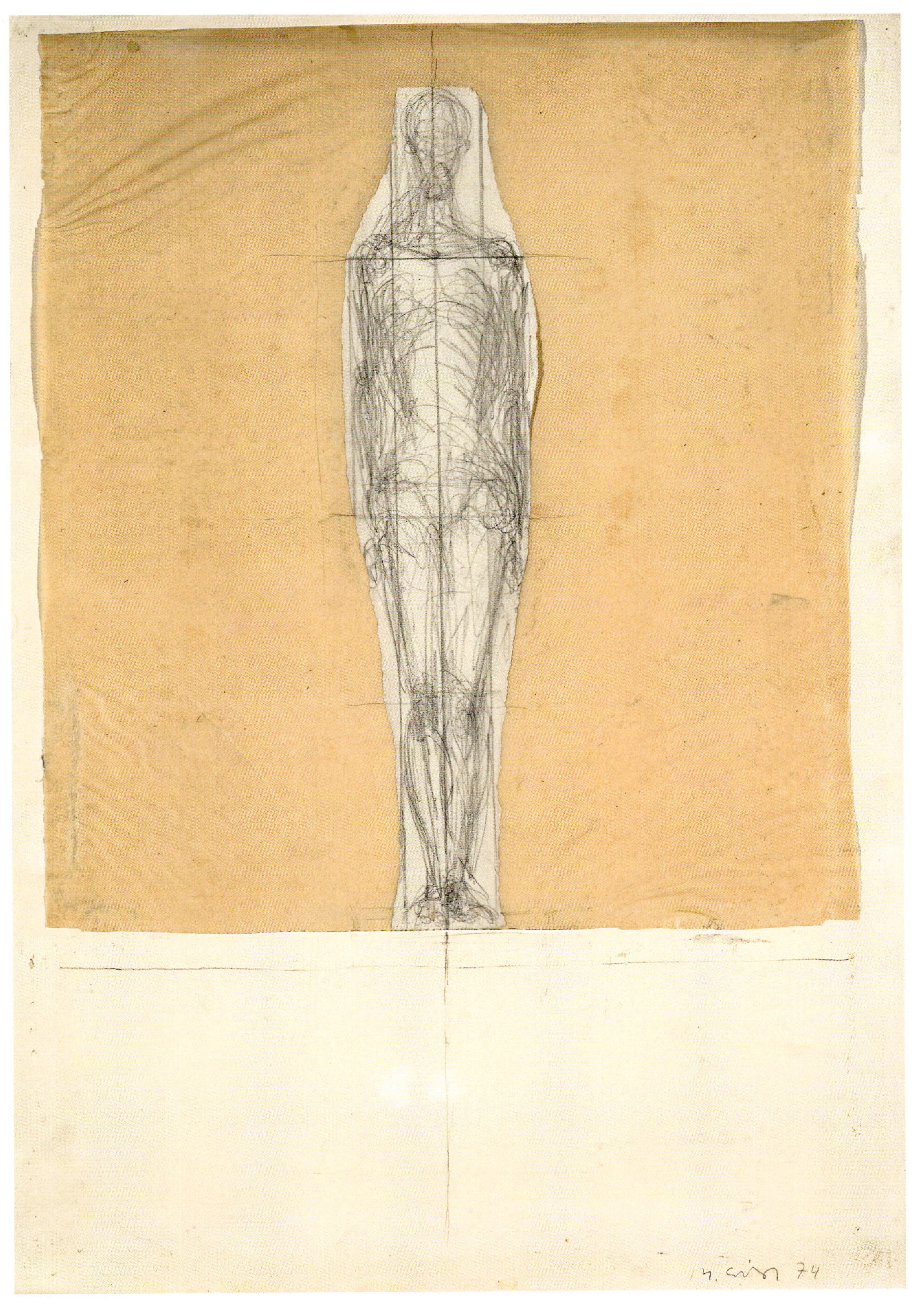

Taf. 25 **Stehende Figur**, 1974,
collagierte Bleistiftzeichnung,
72,5 × 51 cm

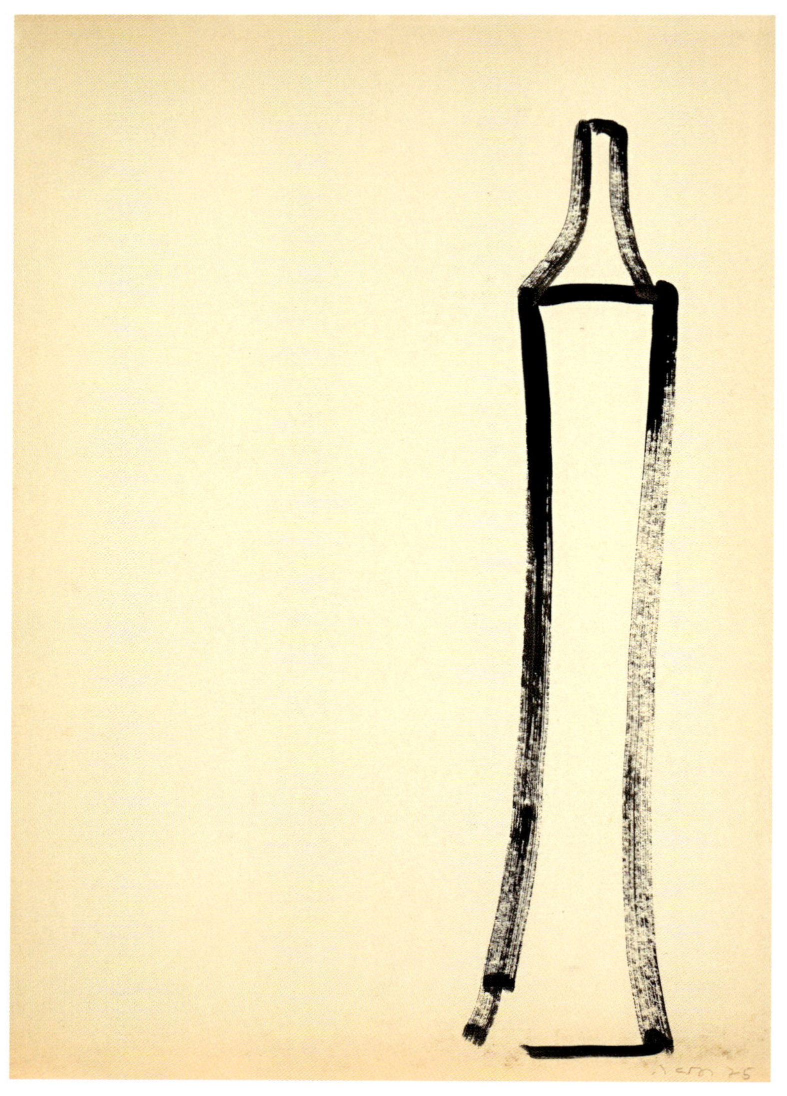

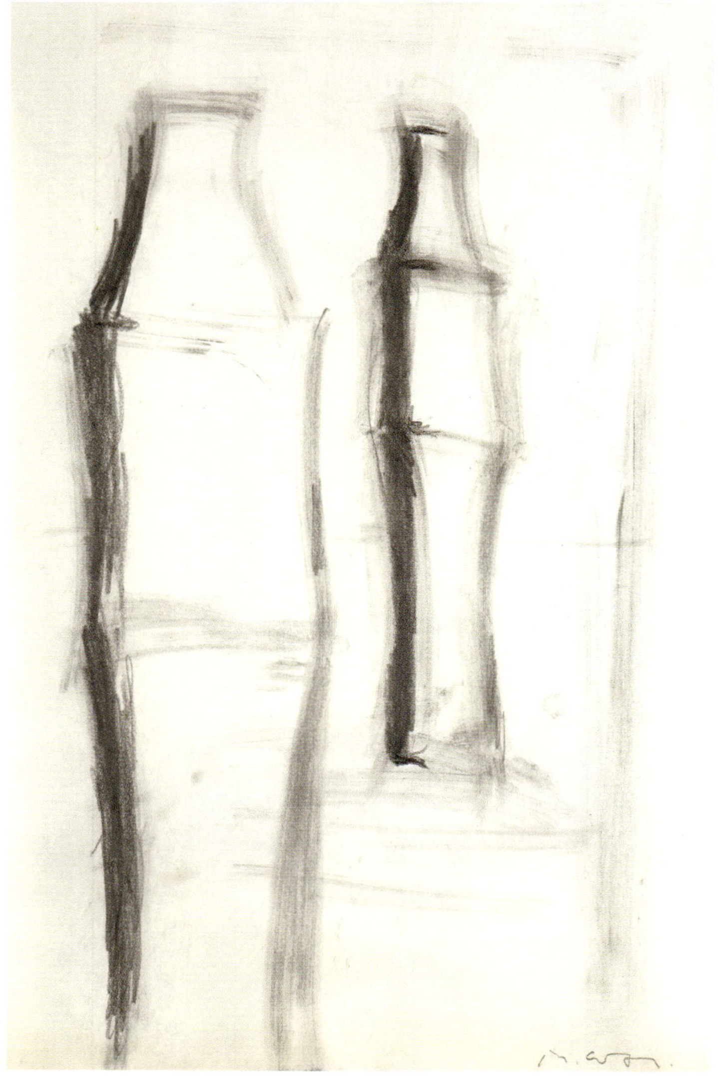

Taf. 26 **Figur**, 1975, Tusche, 70 × 49,5 cm

Taf. 27 **Zwei Stelen**, um 1978, Graphit, 41,5 × 28,5 cm

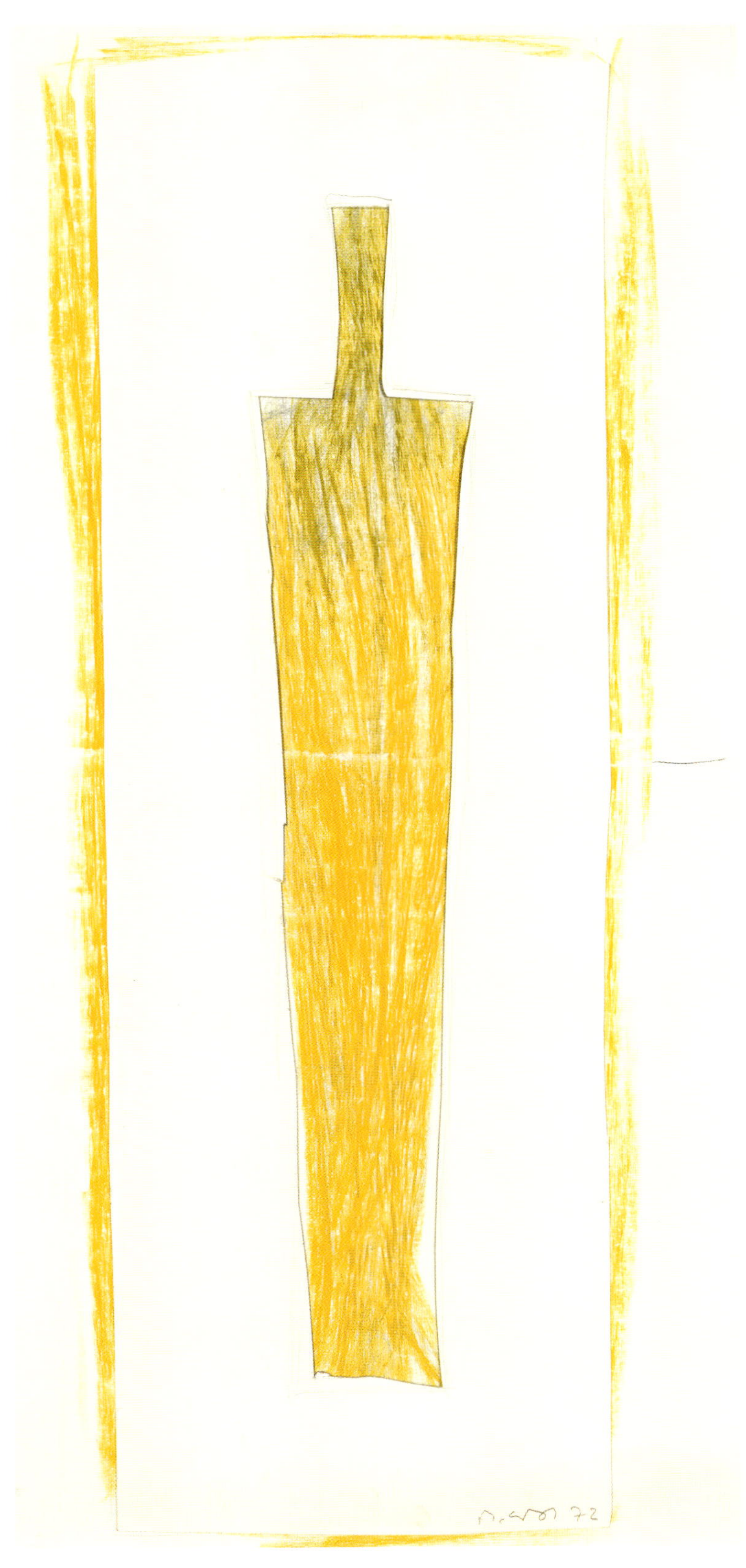

Taf. 28 **Gelbe Figur**, Collage
über Wachskreide, 65 × 31 cm

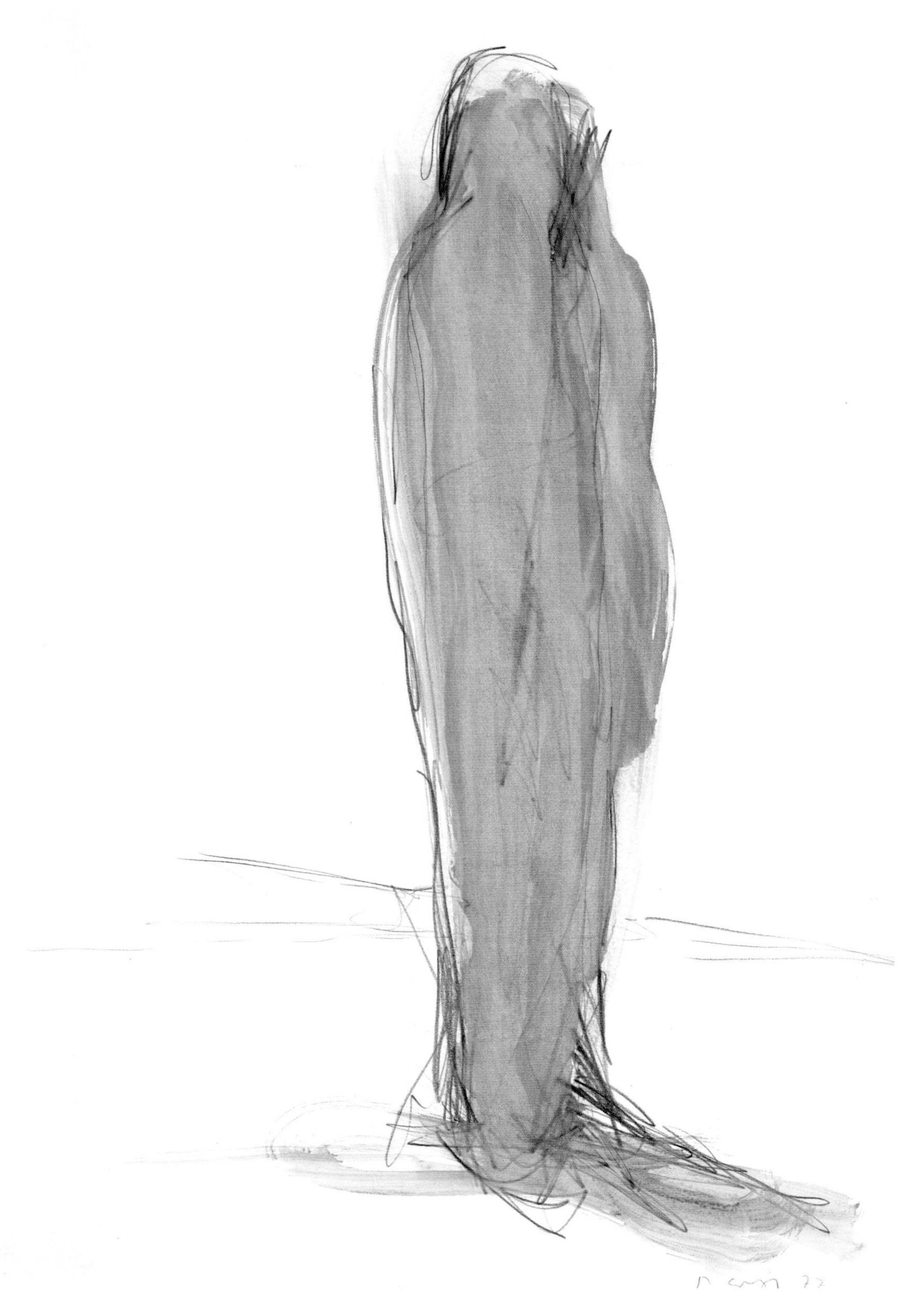

Taf. 29 **Figur**, 1977, Kohle, lasiert, 61 × 42,5 cm

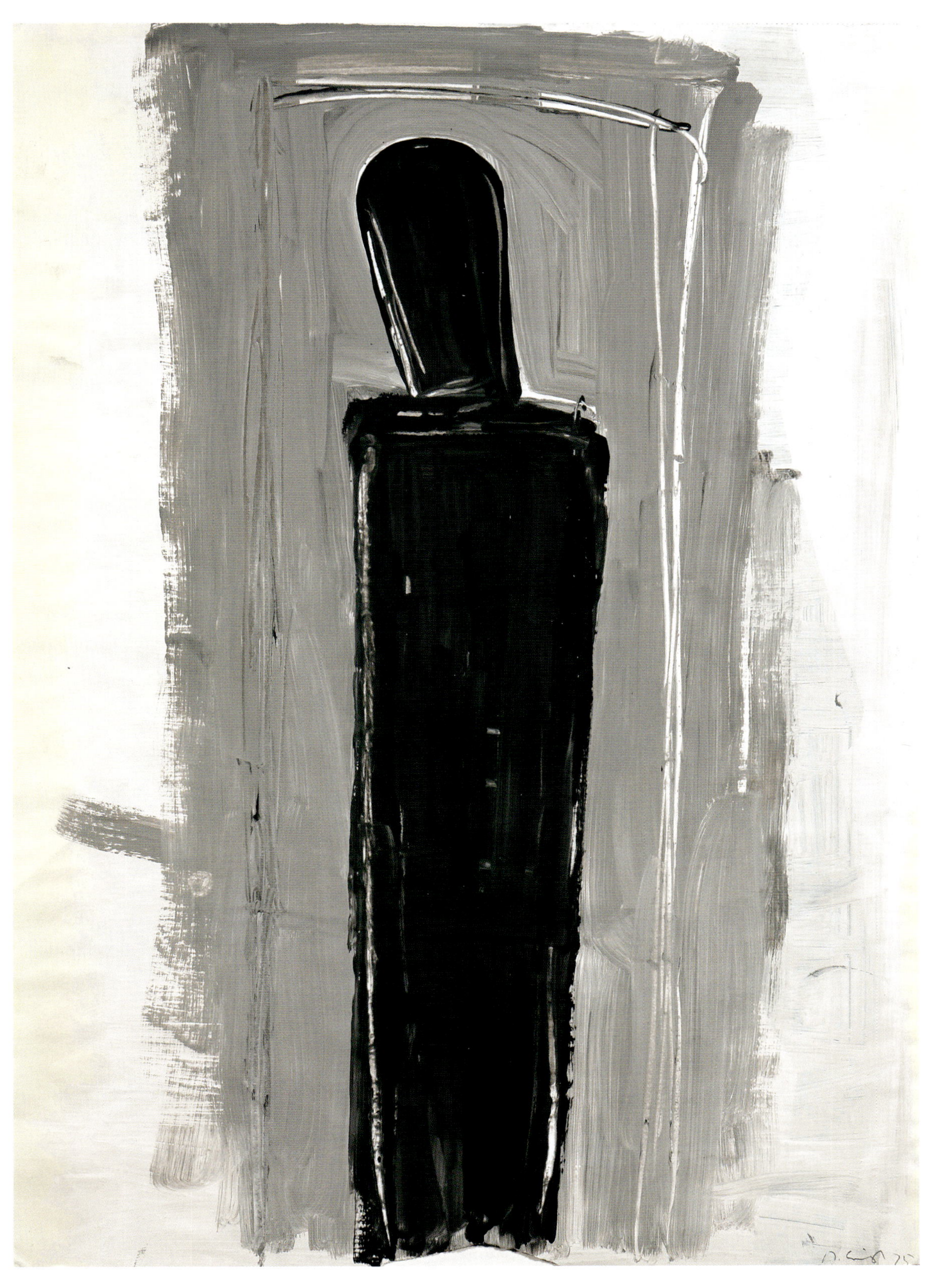

Taf. 30 **Figur**, 1975,
Tempera, 56 × 41,5 cm

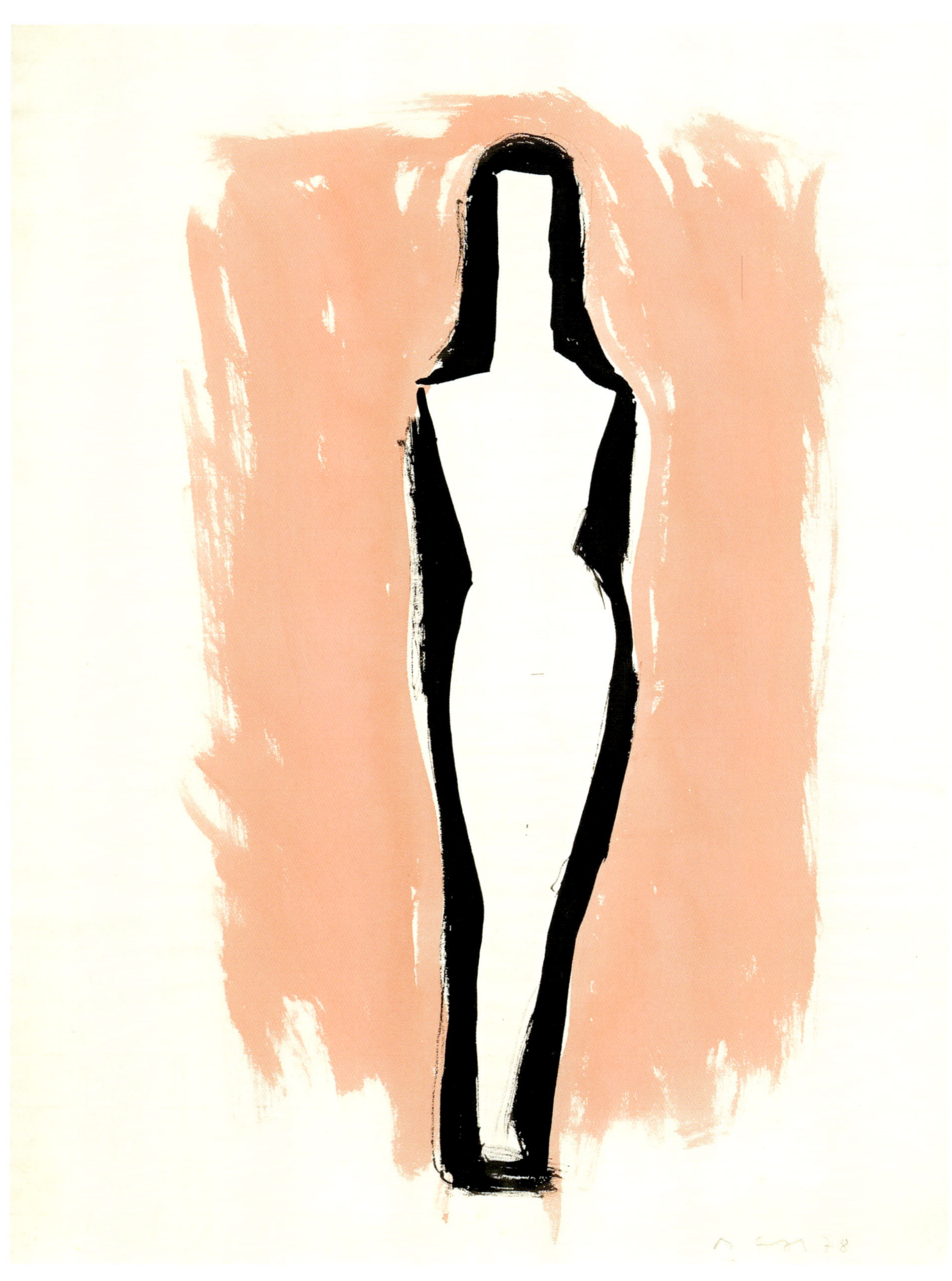

Taf. 31 **Figur**, 1978 (?), Tusche und Aquarell, 61,5 × 48 cm

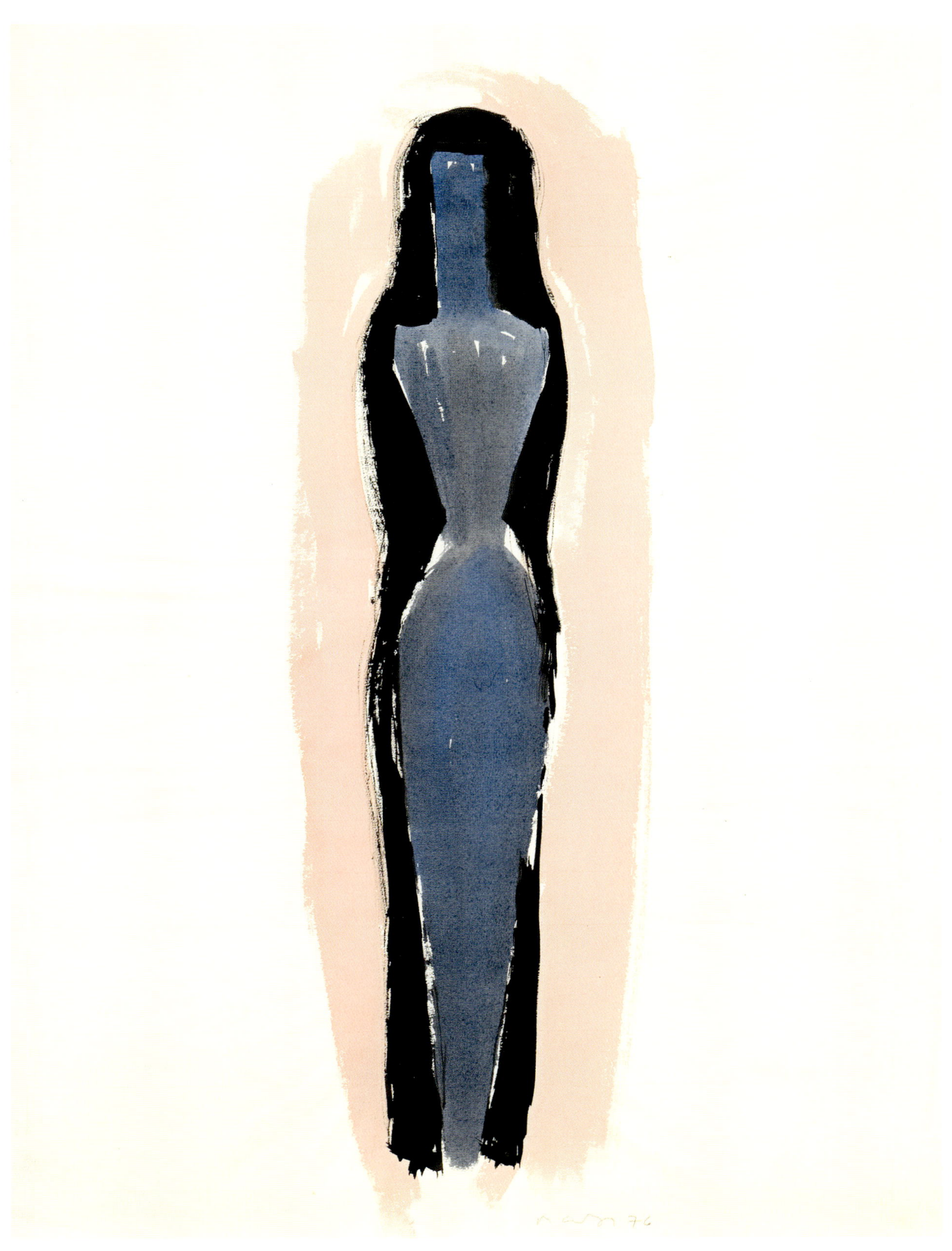

Taf. 32 **Figur**, 1976 (?), Tusche und Aquarell, 61,5 × 48 cm

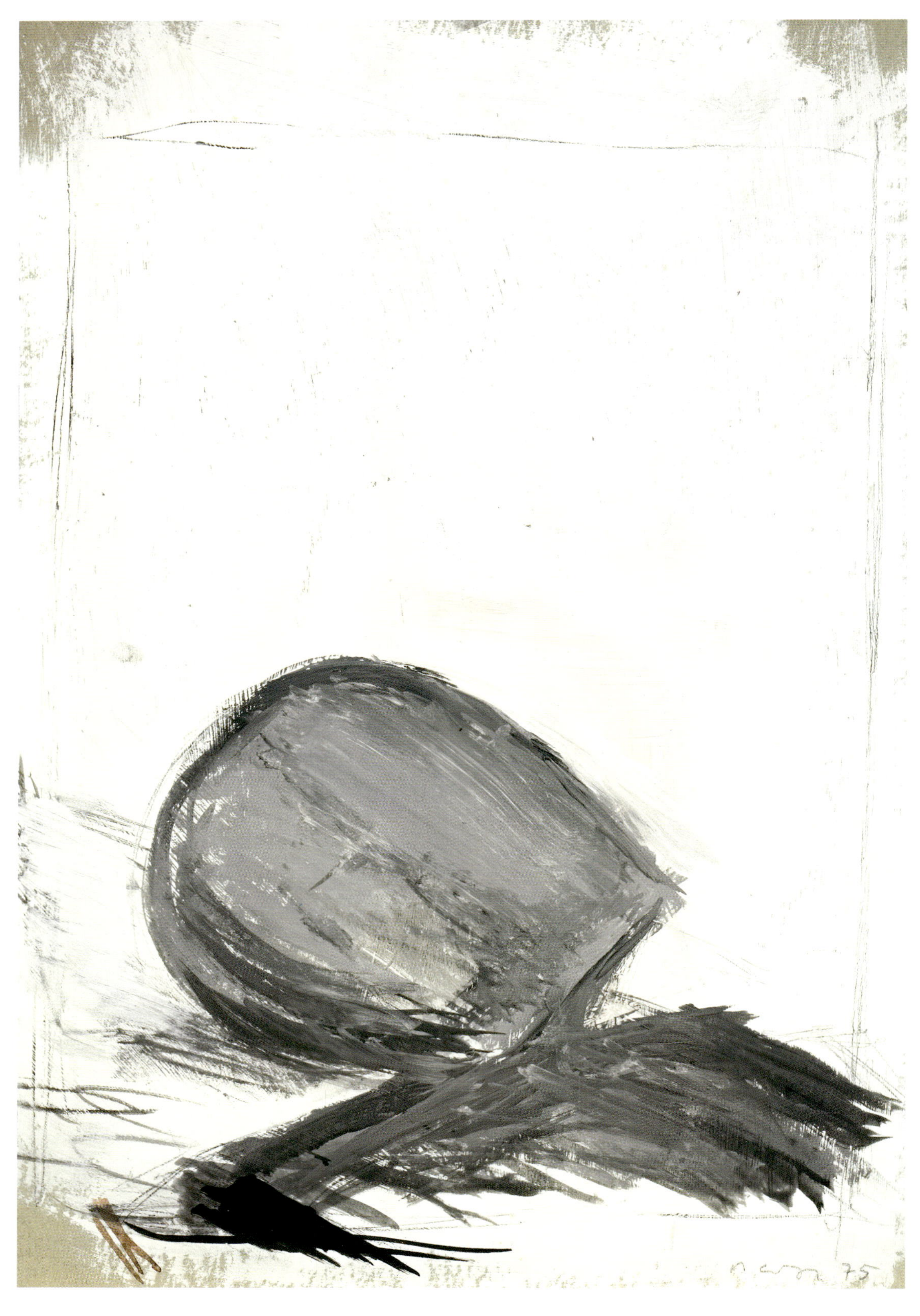

Taf. 33 **Kopf und Schulter**, 1975,
Tusche und Bleistift über Tempera,
59,5 × 42 cm

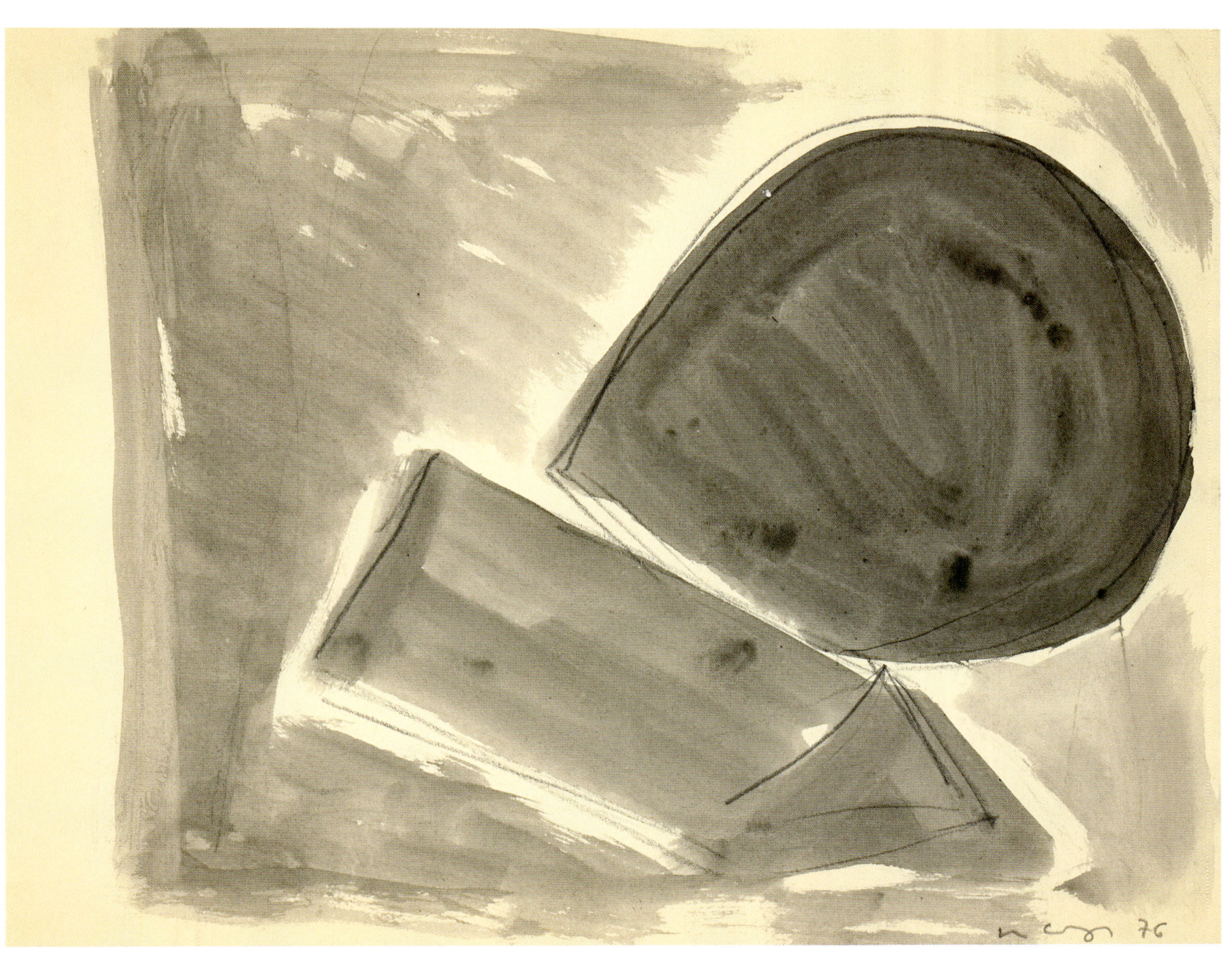

Taf. 34 **Kopf und Schulter**, 1976,
Tusche über Bleistift, 30 × 39,5 cm

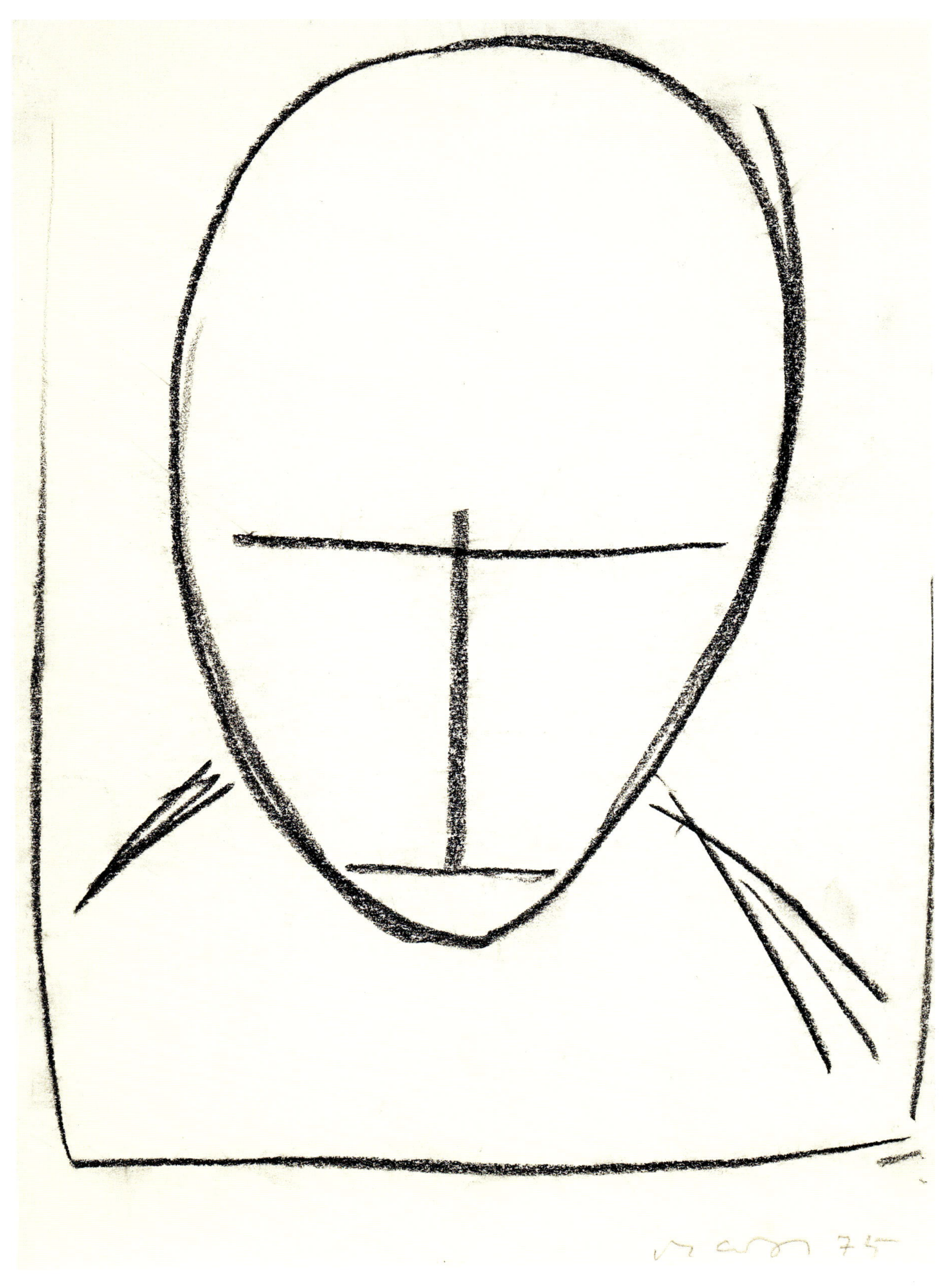

Taf. 35 **Kopf und Schulter**,
1975, Kohle, 28,5 × 21 cm

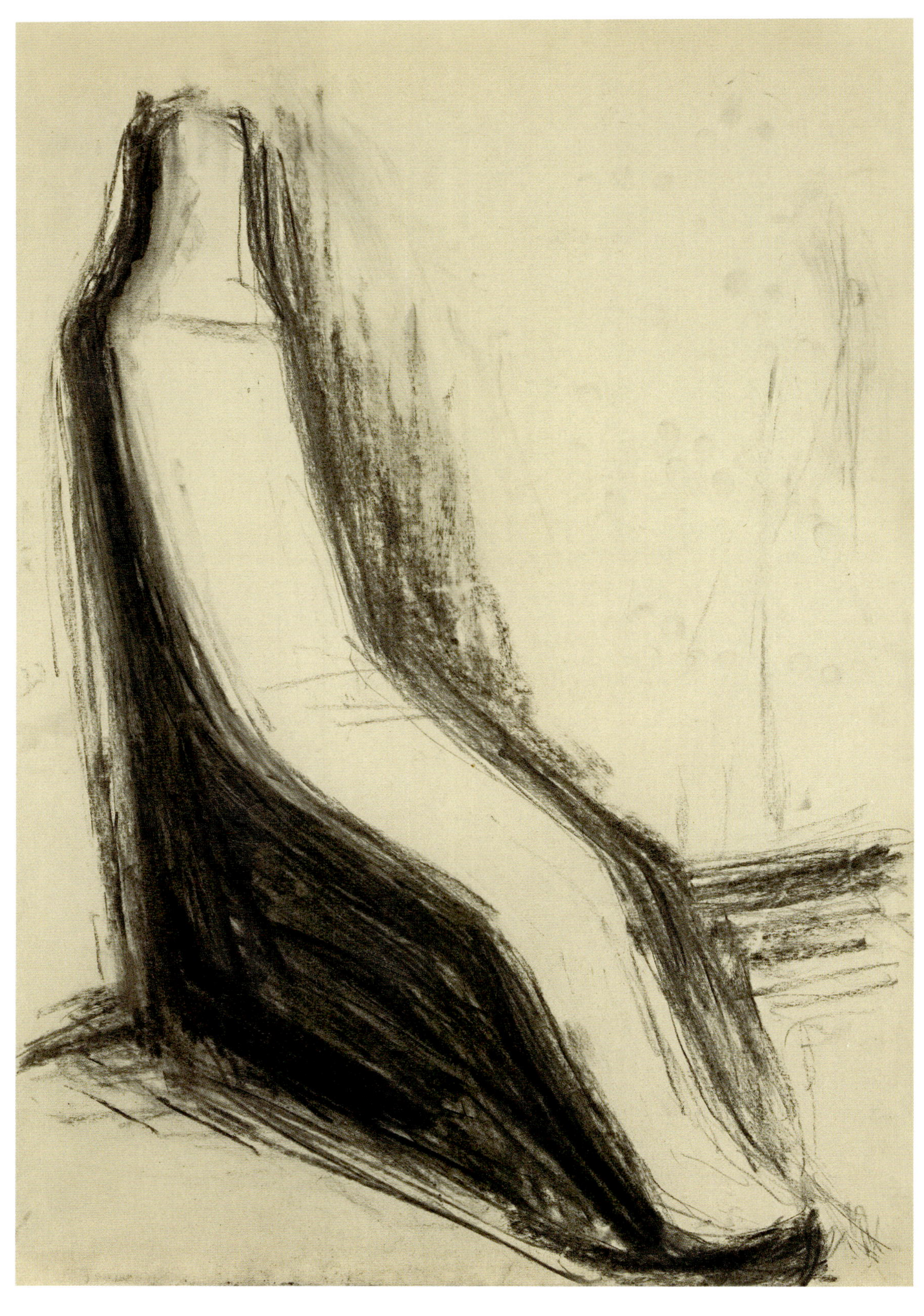

Taf. 36 **Sitzende Figur**,
um 1976, Kohle, 70 × 50 cm

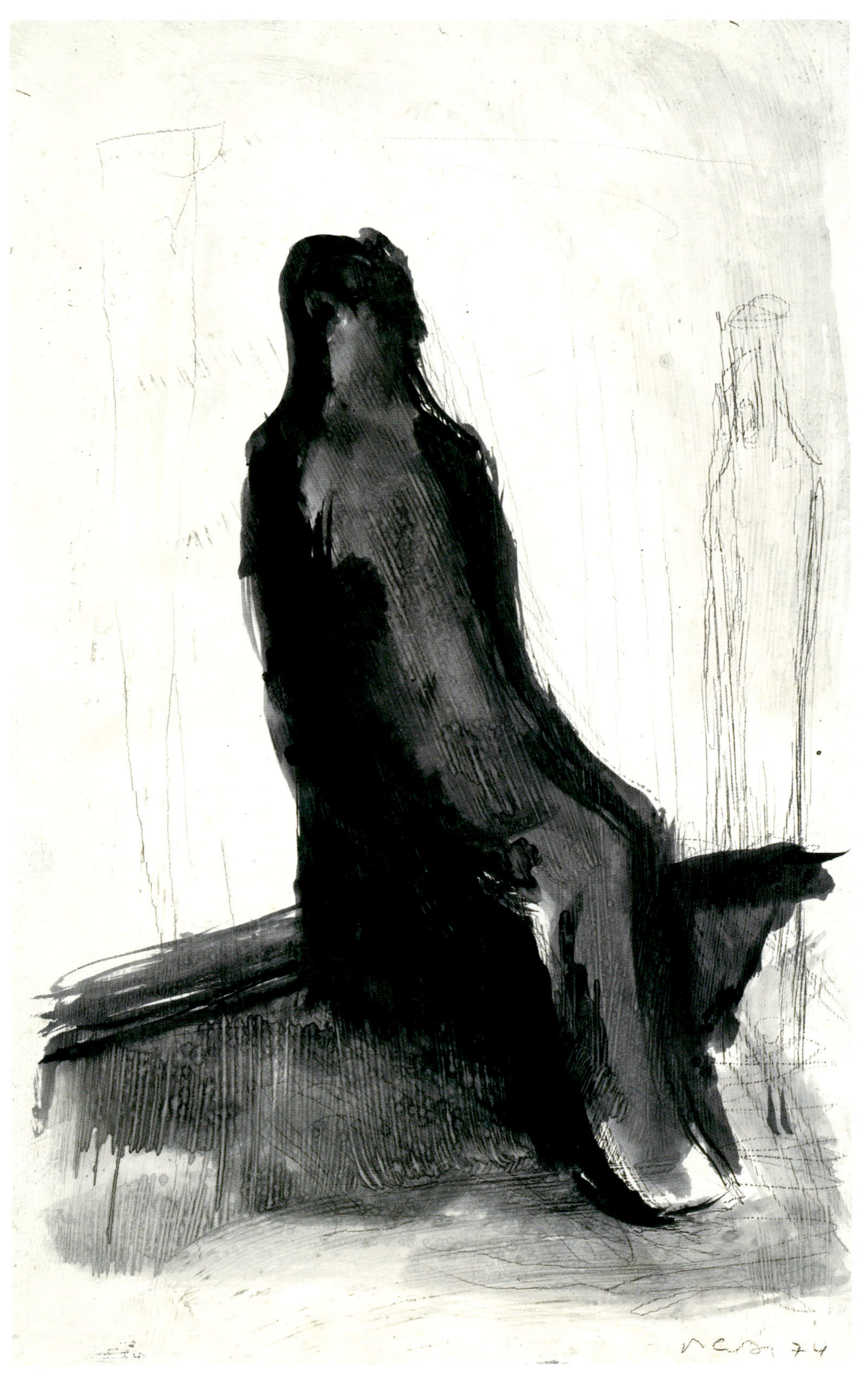

Taf. 37 **Sitzende Figur,** 1974,
Tusche und Bleistift, 49,5 × 31 cm

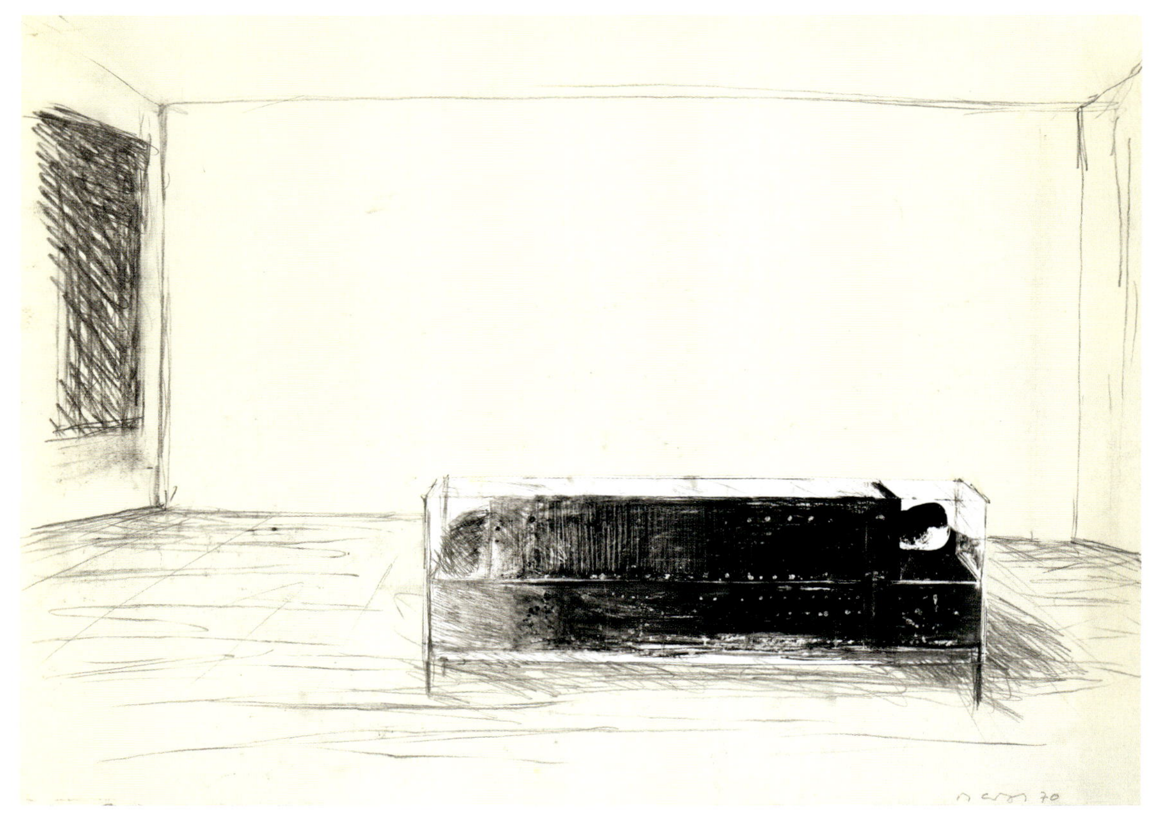

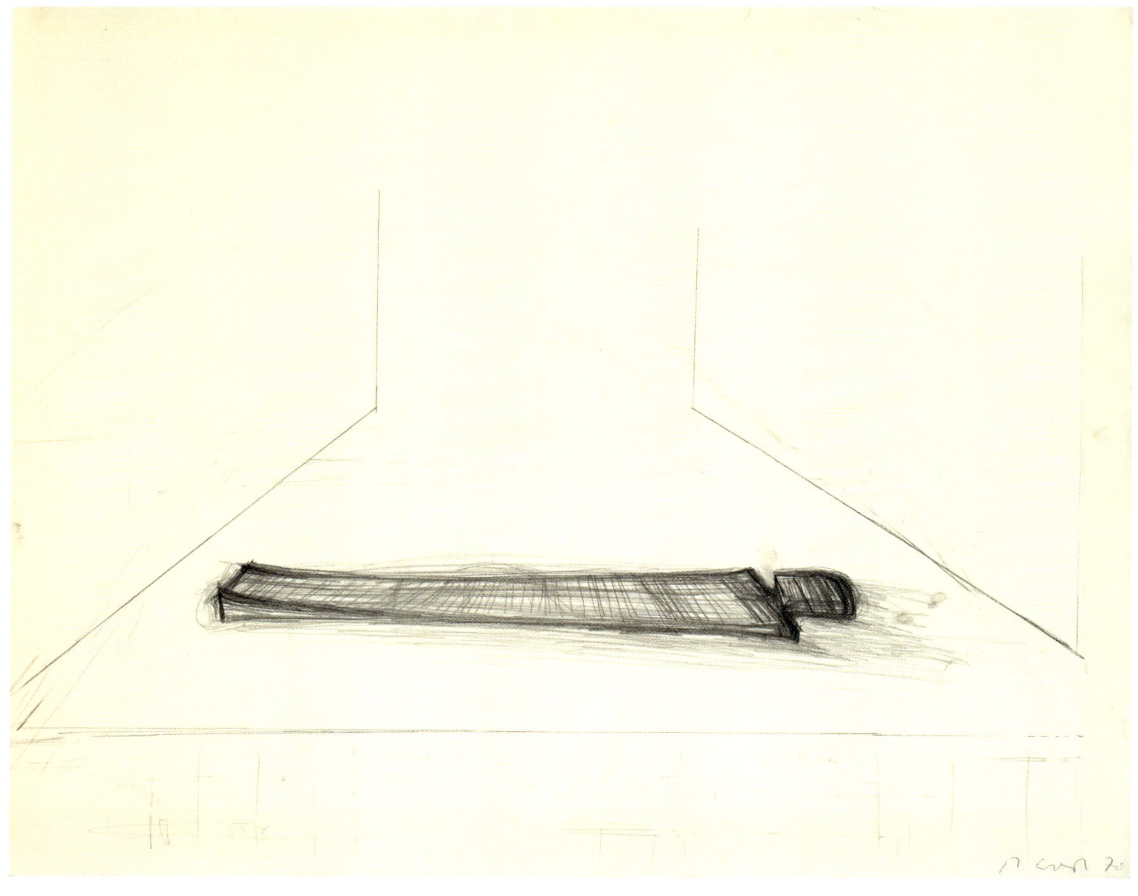

Taf. 38 **Sarkophag in einem Raum**, 1970, Bleistift über Collage, 43 × 60,5 cm

Taf. 39 **Liegende Figur im Raum**, 1970, Bleistift, 50 × 65 cm

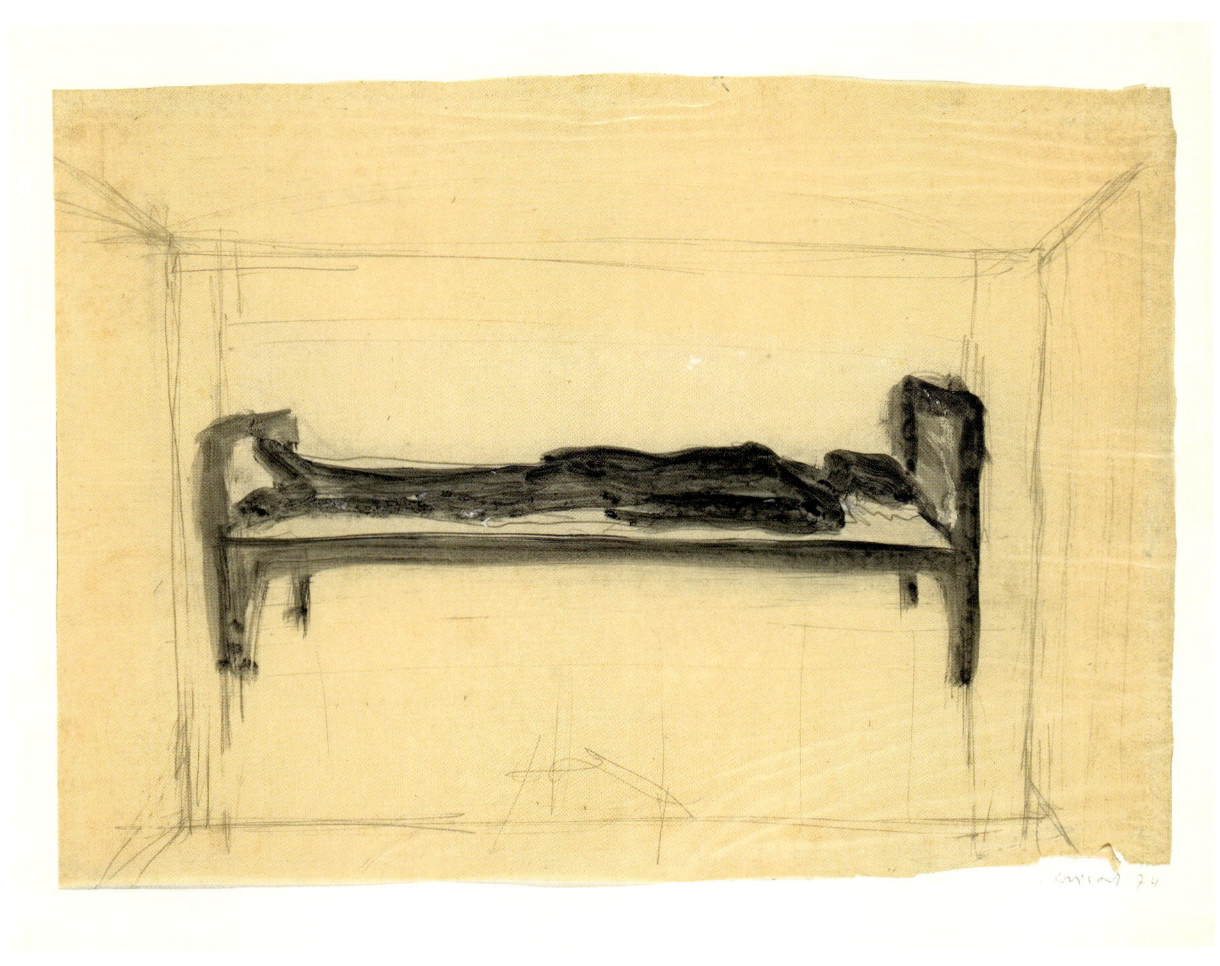

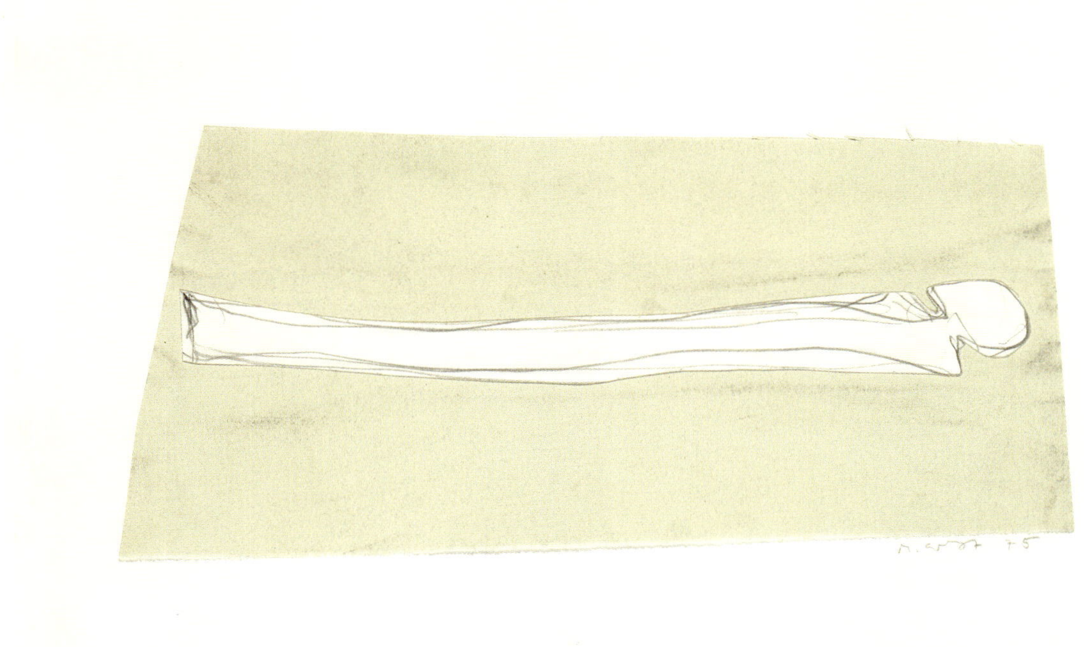

Taf. 40 **Figur im Bett**, 1974, Tusche und Bleistift auf Seidenpapier, auf Karton, 50 × 55 cm

Taf. 41 **Liegende Figur**, 1975, Bleistift und Collage, 31 × 50 cm

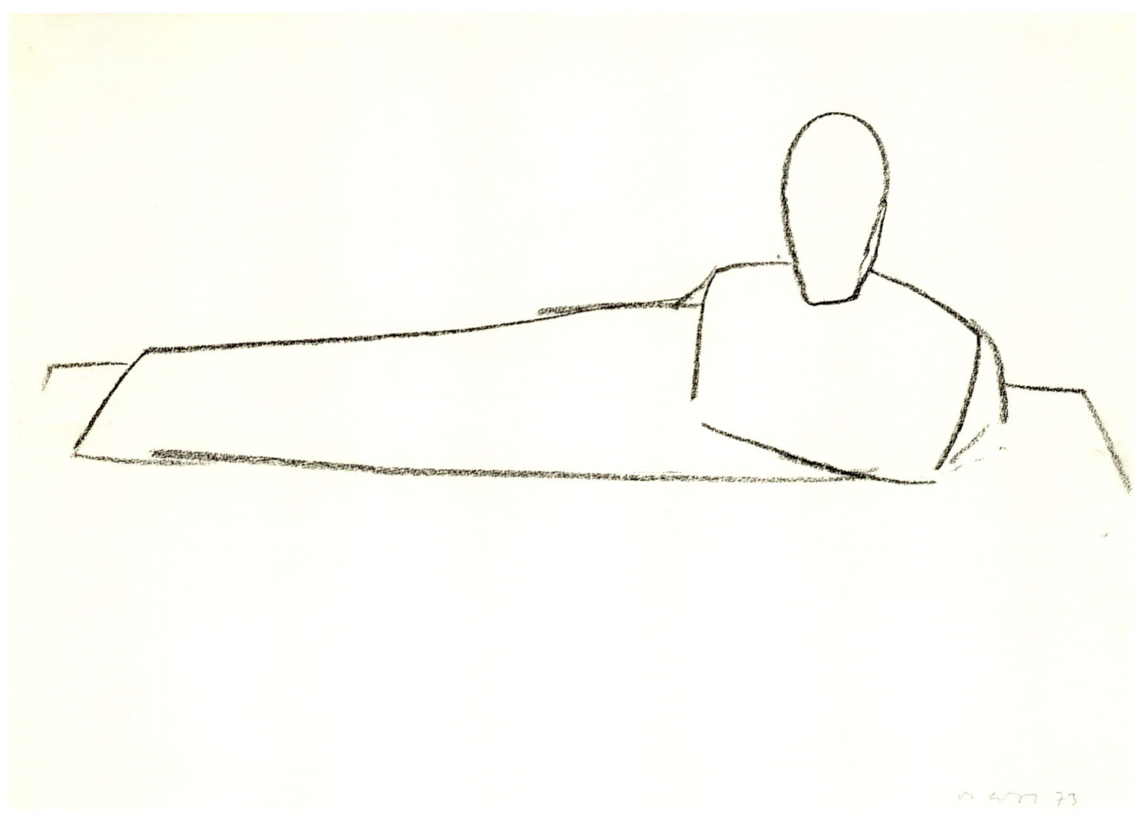

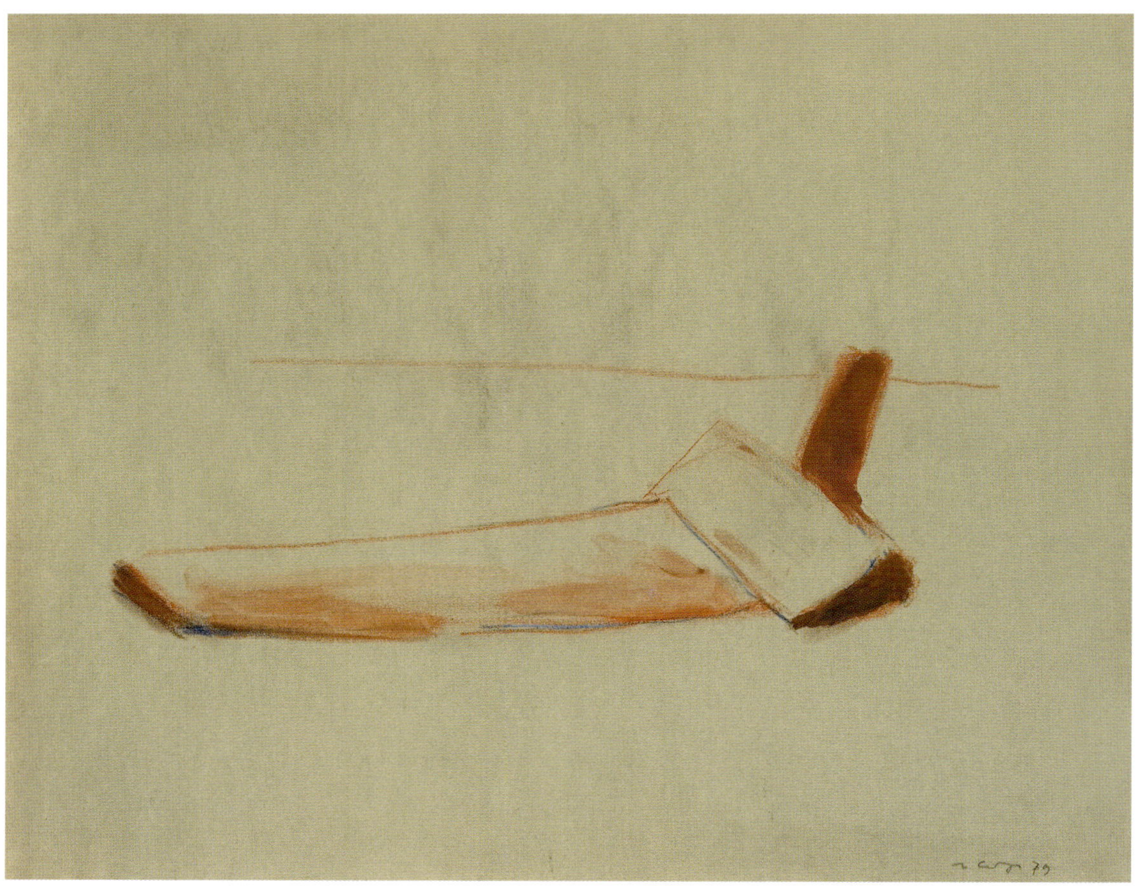

Taf. 42 **Liegende Figur, aufgerichtet,**
1973, Kohle, 43 × 61 cm

Taf. 43 **Liegende Figur, aufgerichtet,**
1979, Kreide und Bleistift,
aquarelliert, 48 × 61,5 cm

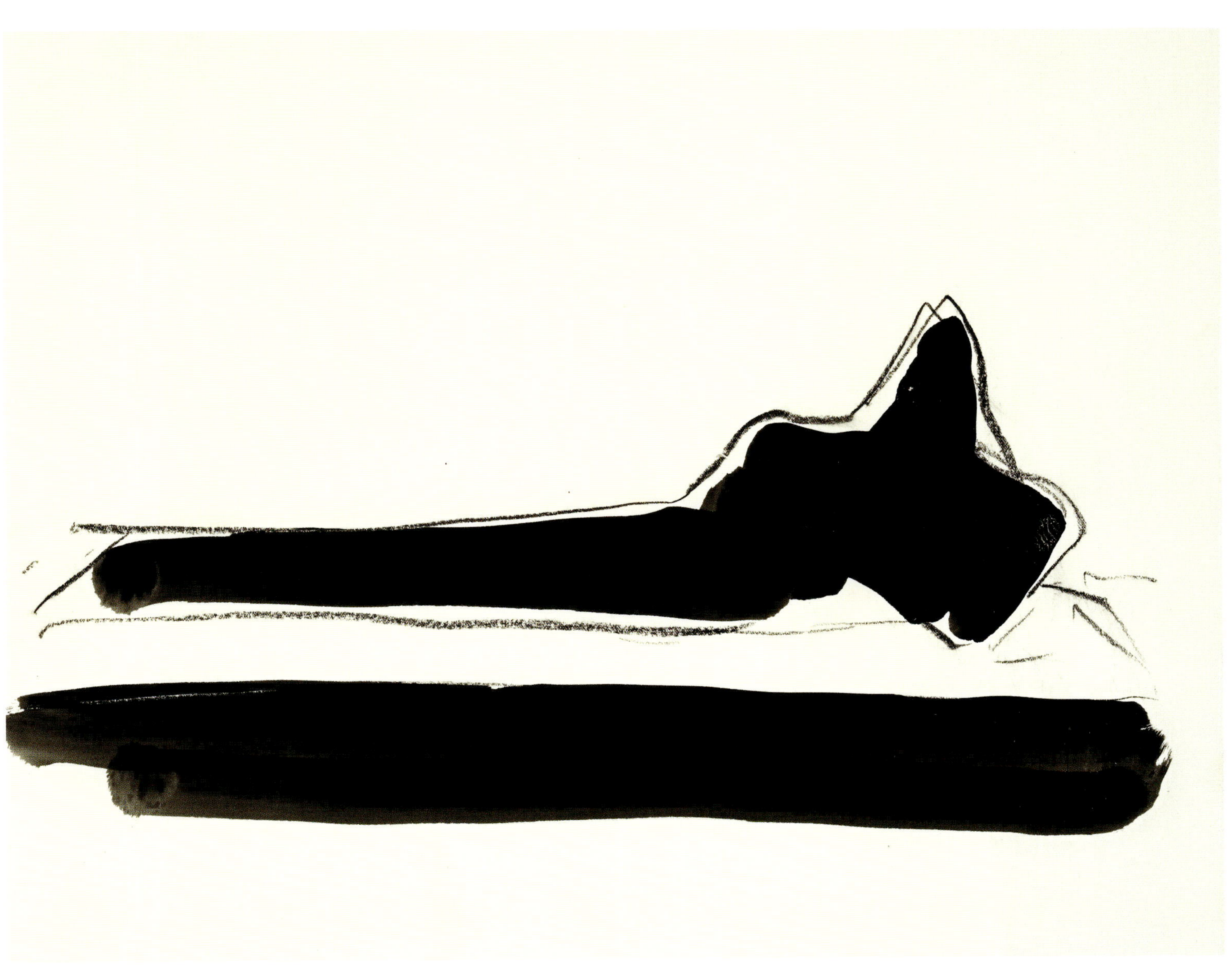

Taf. 44 **Liegende Figur, aufgerichtet**, um 1978, Tusche und Wachskreide, 30 × 40 cm

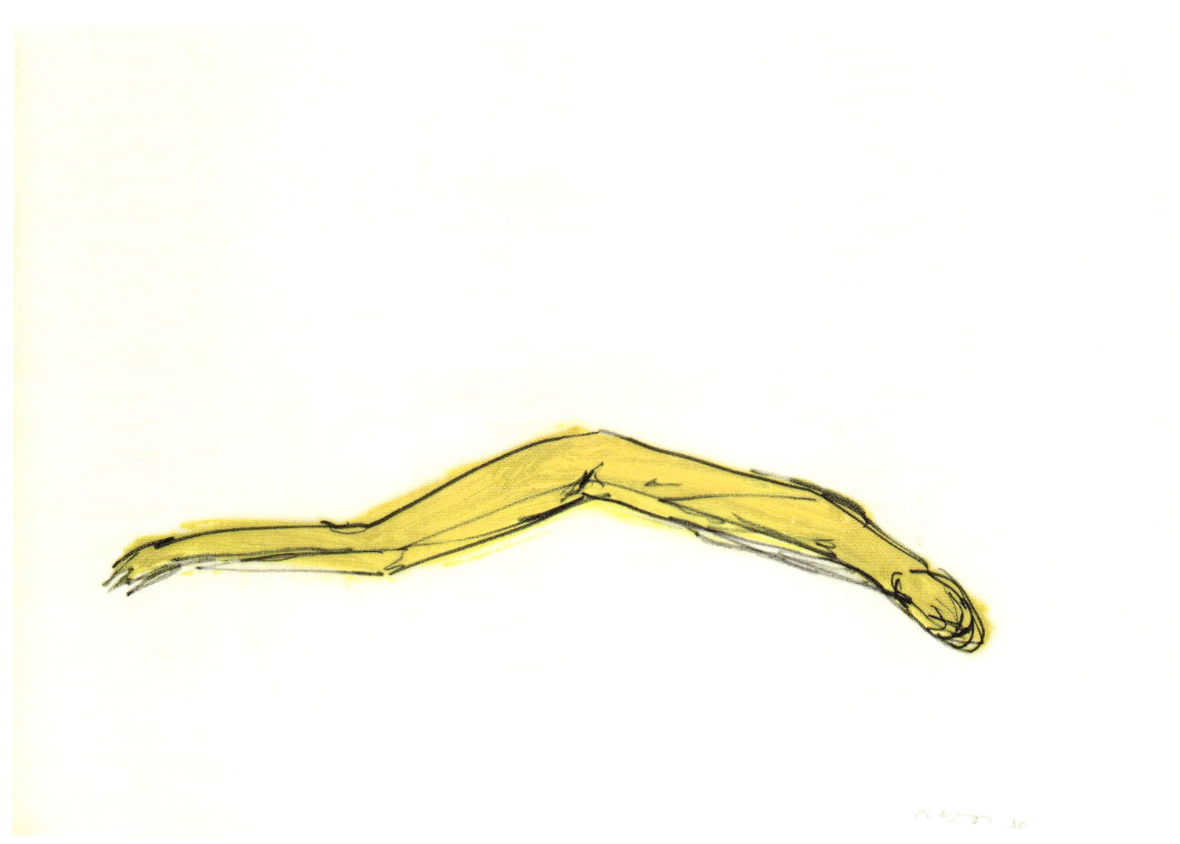

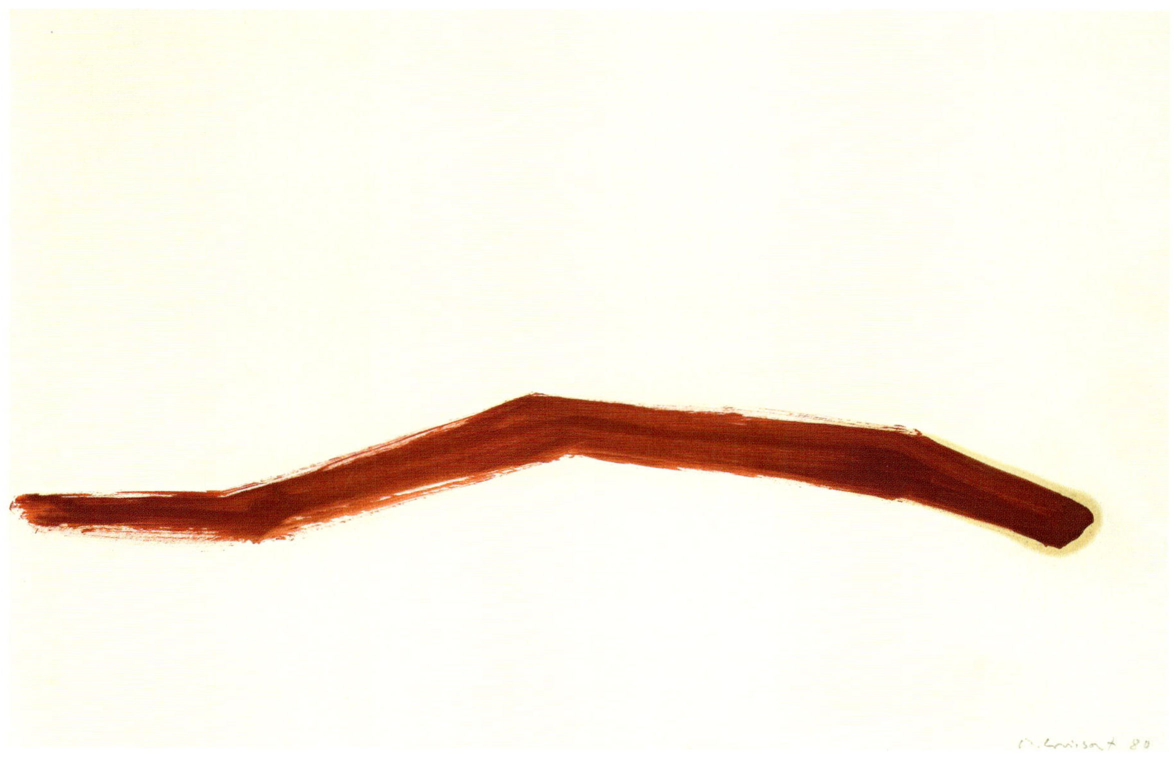

Taf. 45 **Liegende Figur**, 1980,
Gouache über Bleistift auf
Pergament, 42 × 59 cm

Taf. 46 **Liegende Figur**, 1980,
Druckerfarbe, 32 × 50 cm

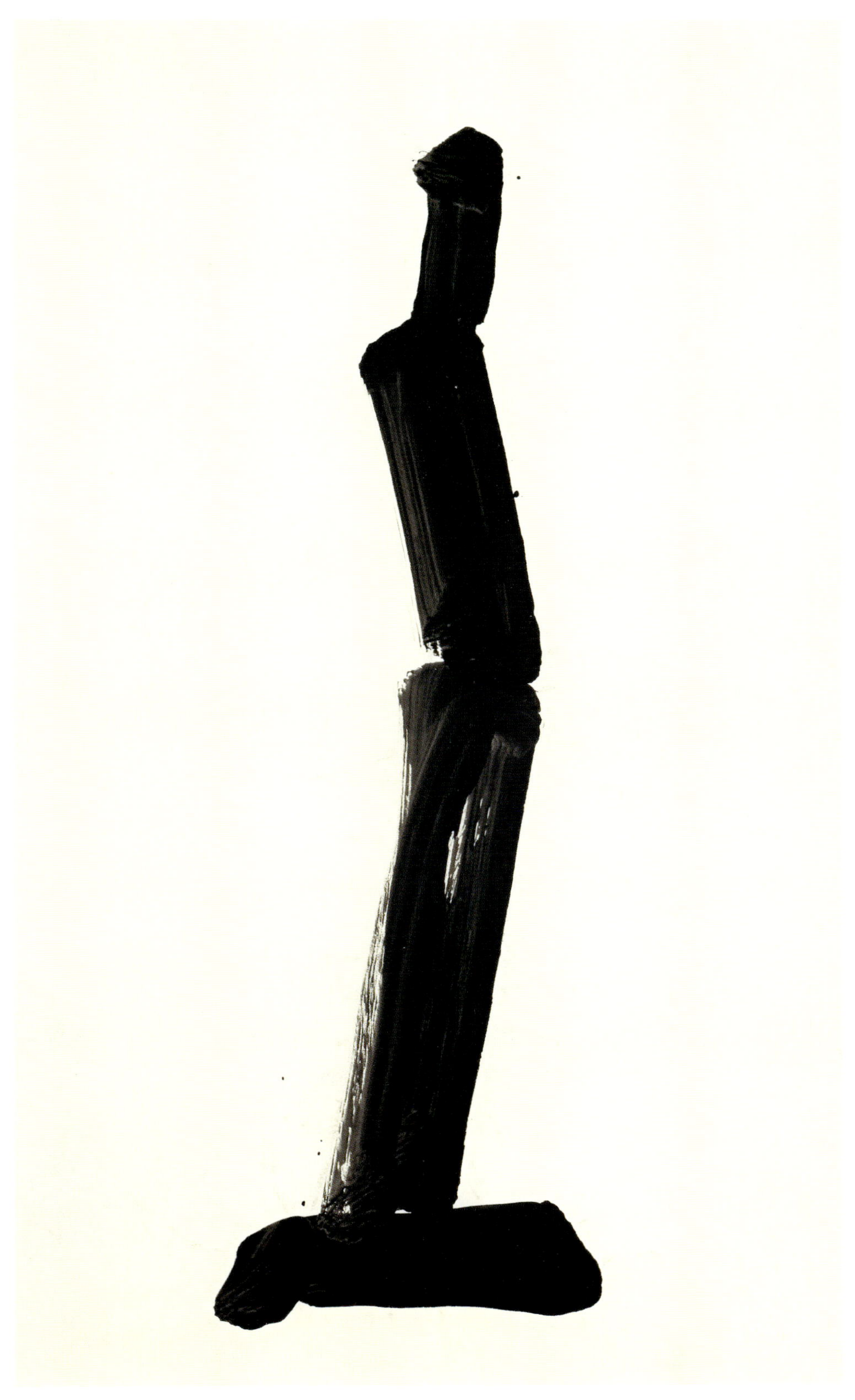

Taf. 47 **Große stehende Figur**,
um 1980, Tusche, 50,5 × 32 cm

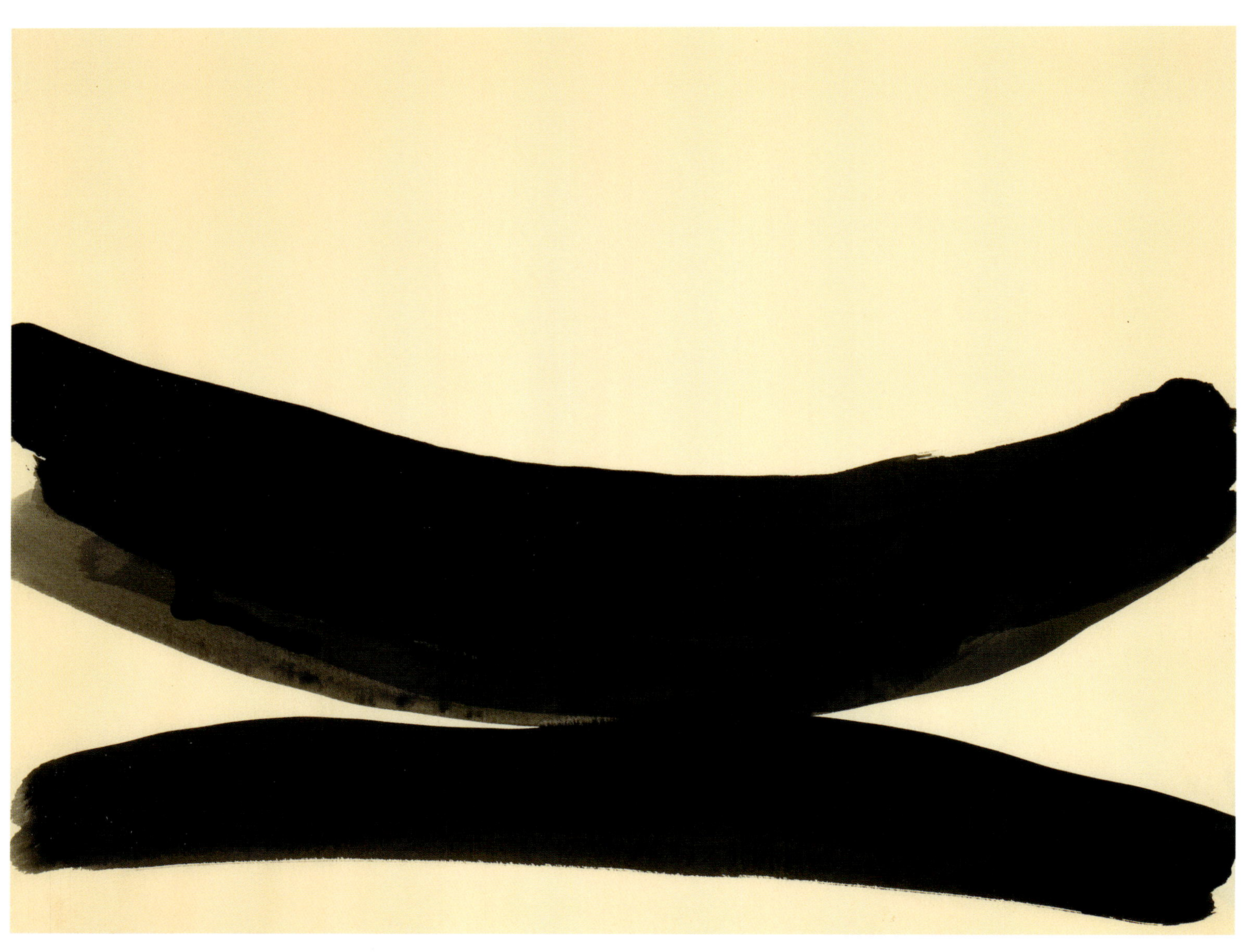

Taf. 48 **Ganymed**, um 1981
Tusche, 29,5 × 39,5 cm

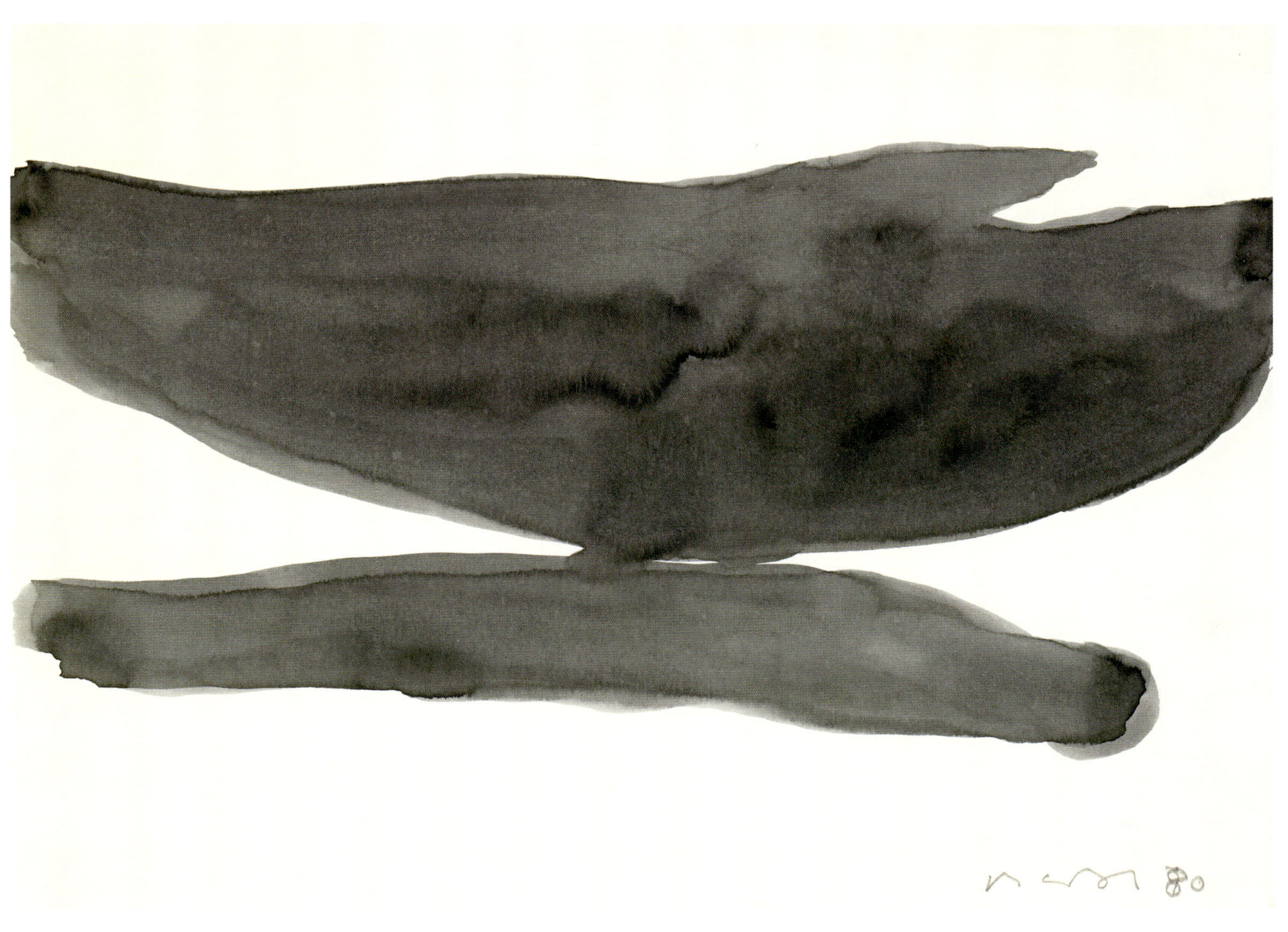

Taf. 49 **Ganymed**, 1980,
Tusche, 21 × 29,5 cm

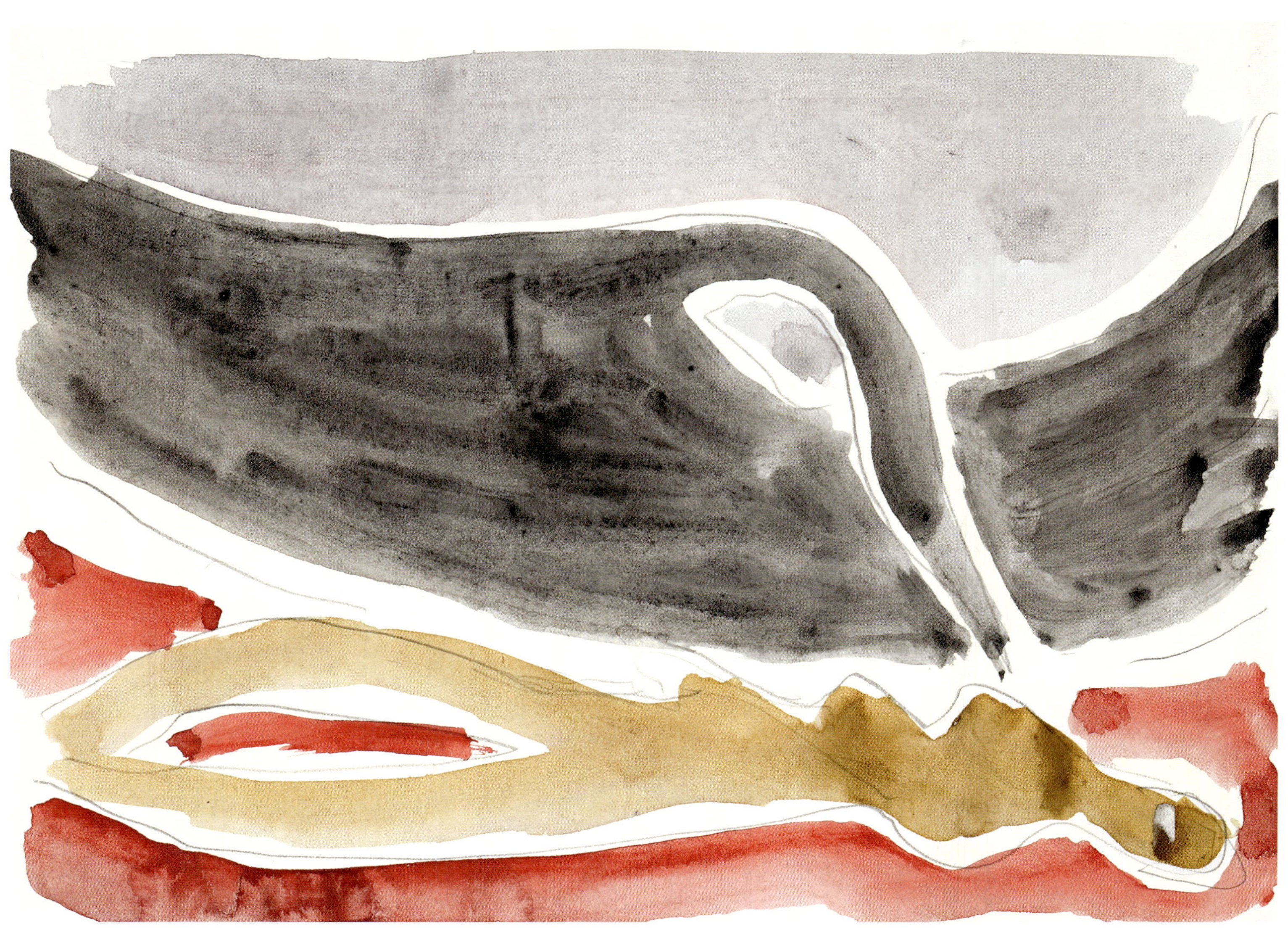

Taf. 50 **Ganymed**, um 1981, Gouache, Aquarell, Bleistift, 21 × 29,5 cm

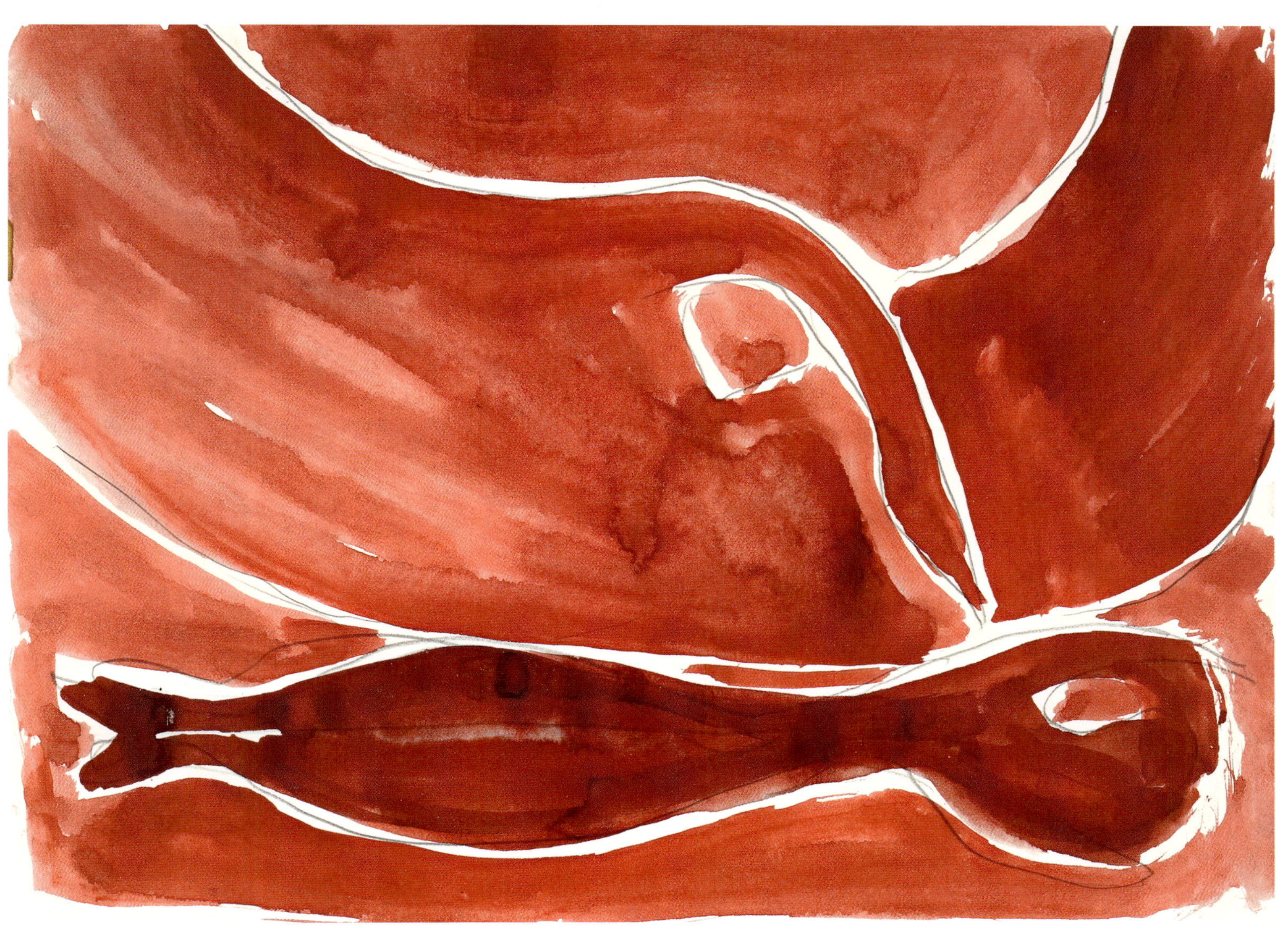

Taf. 51 **Ganymed**, um 1981,
Gouache, Bleistift, 21 × 29,5 cm

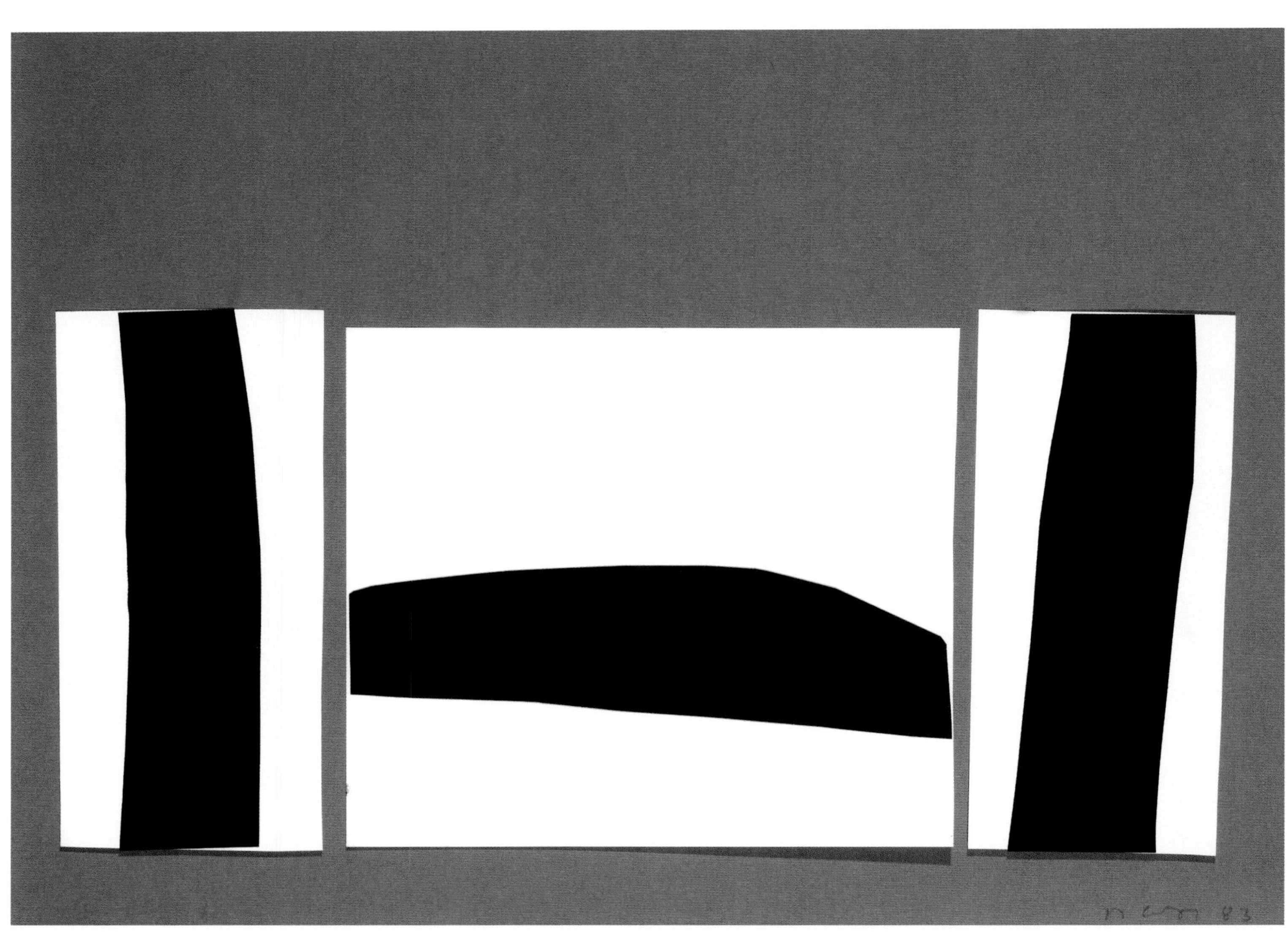

Taf. 52 **Triptychon**, 1983,
Collage, 35 × 50 cm

Taf. 53 **Kopf**, um 1984/85,
Collage, 40 × 30 cm

Taf. 54 **Kopf**, 1984,
Collage, 40 × 30 cm

Taf. 55 **Kopf**, um 1984,
Collage, 32 × 29,5 cm

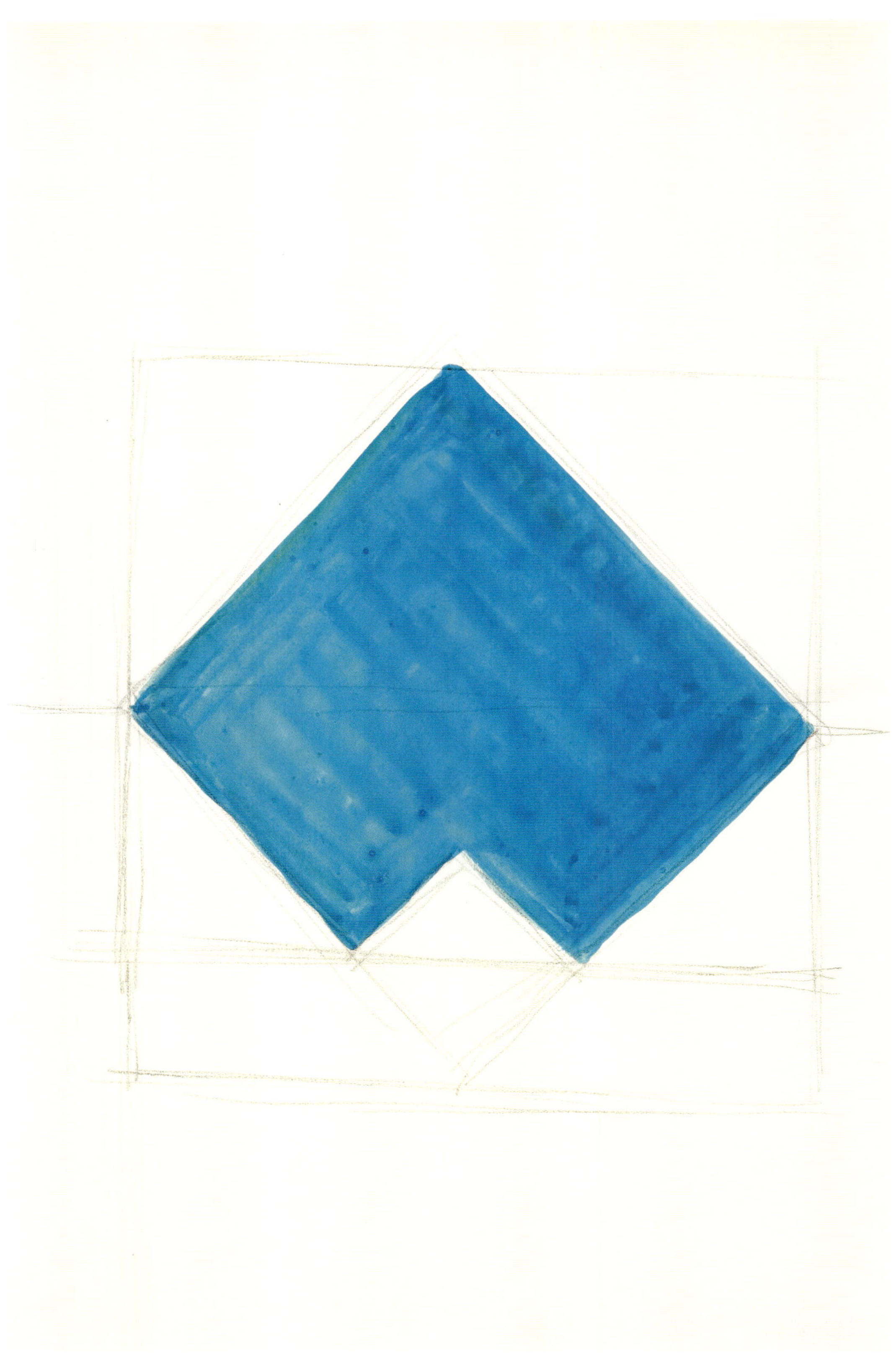

Taf. 56 **Kopf**, um 1985, Bleistift
und Aquarell, 42 × 28 cm

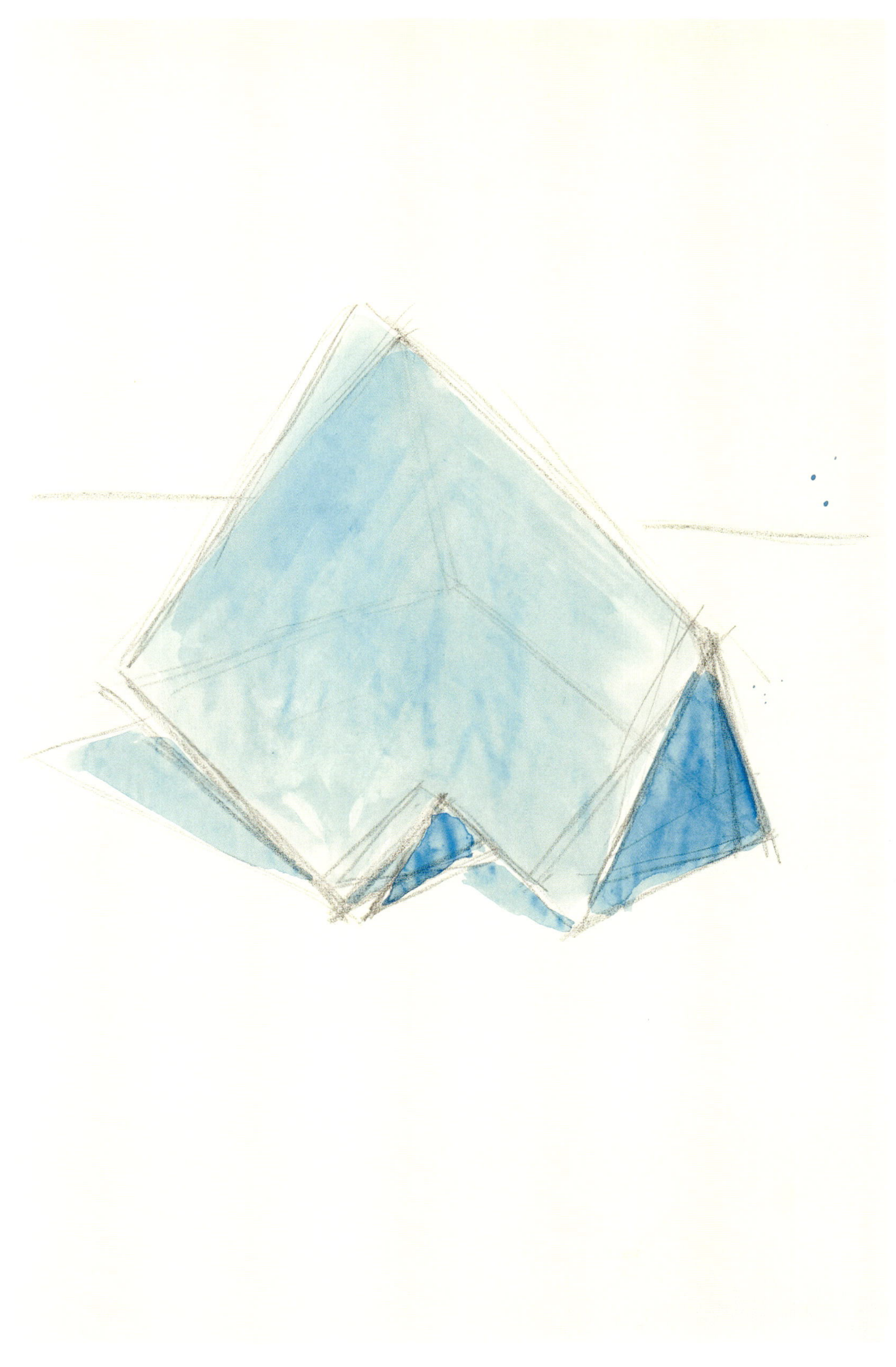

Taf. 57 **Kopf**, um 1985, Bleistift und Aquarell, 42 × 28 cm

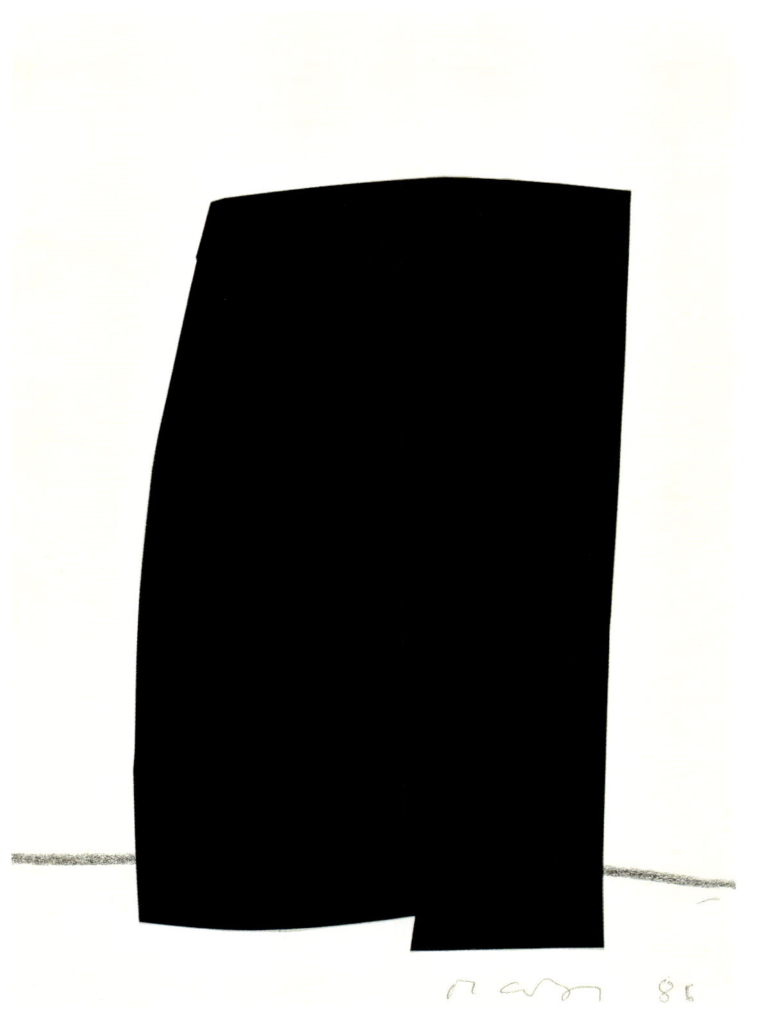

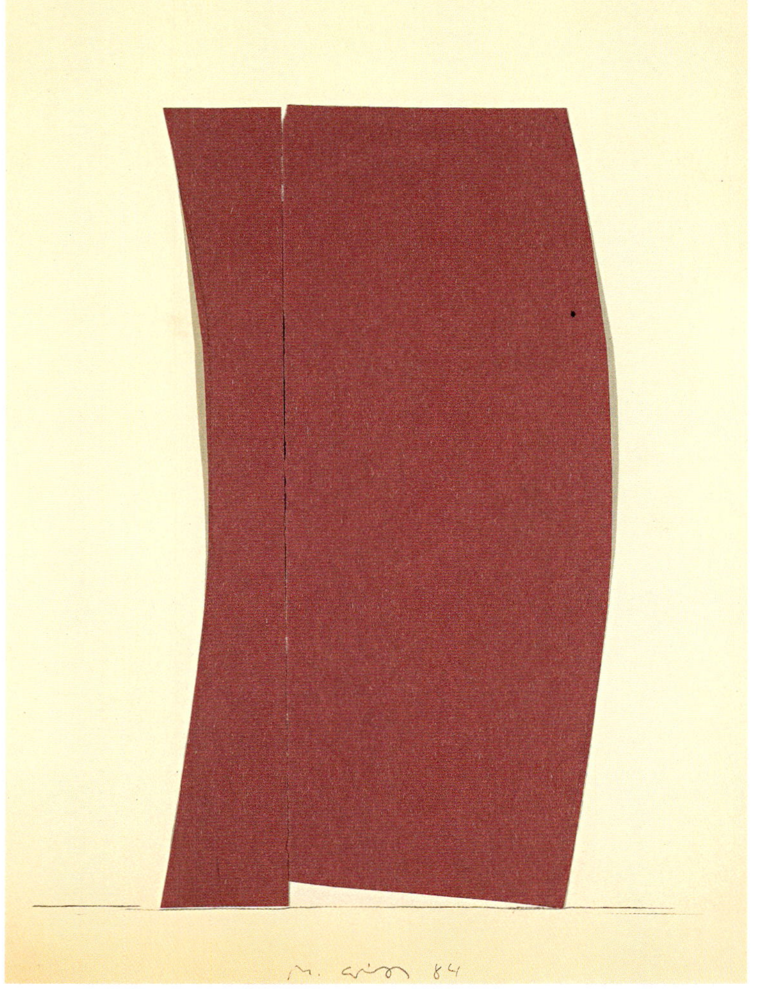

Taf. 58 **Kopf**, 1986, Collage
und Wachskreide, 28 × 20,5 cm

Taf. 59 **Kopf**, 1984, Collage
und Bleistift, 40 × 30 cm

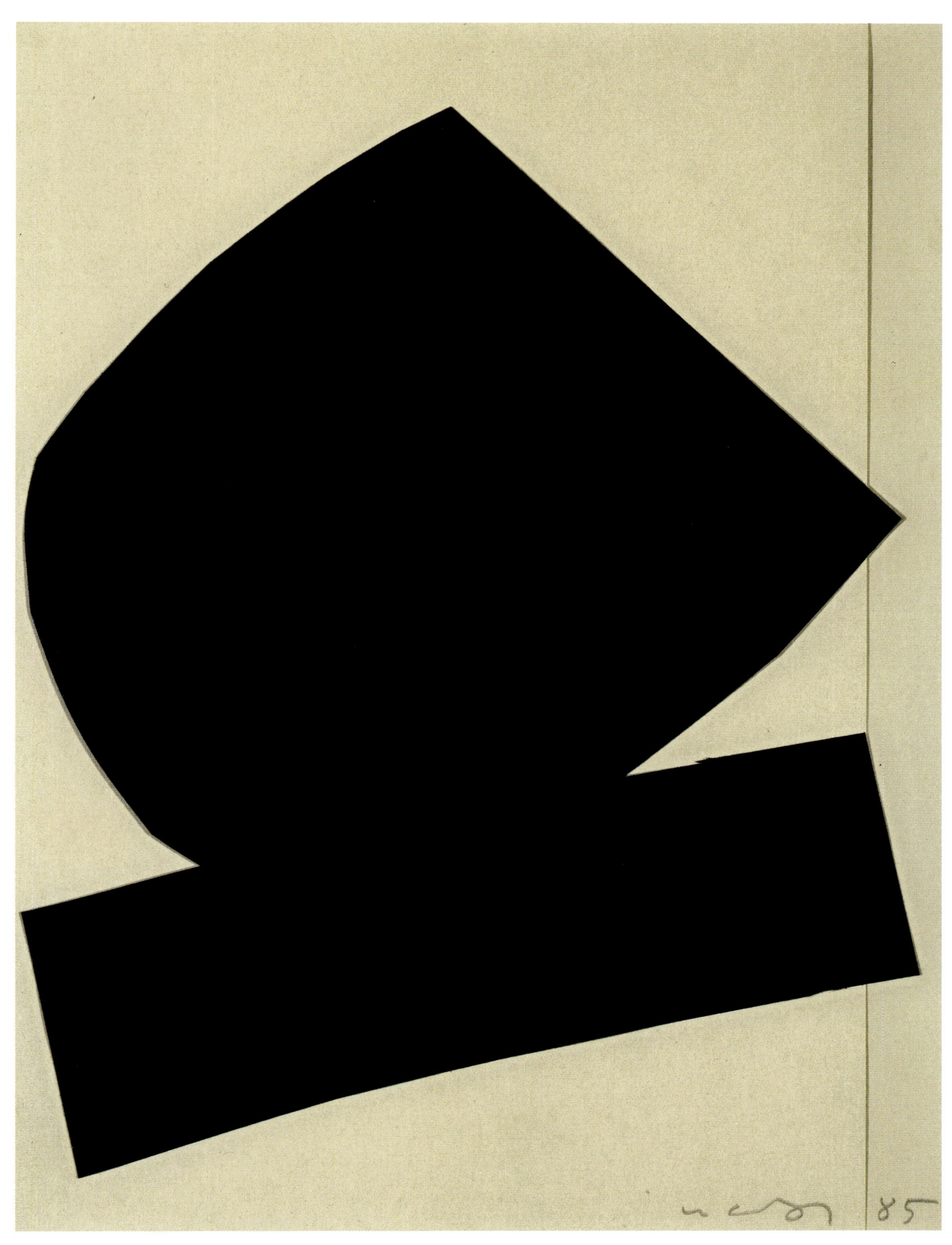

Taf. 60 **Kopf und Schulter**, 1985, Collage und Bleistift, 29,5 × 22,5 cm

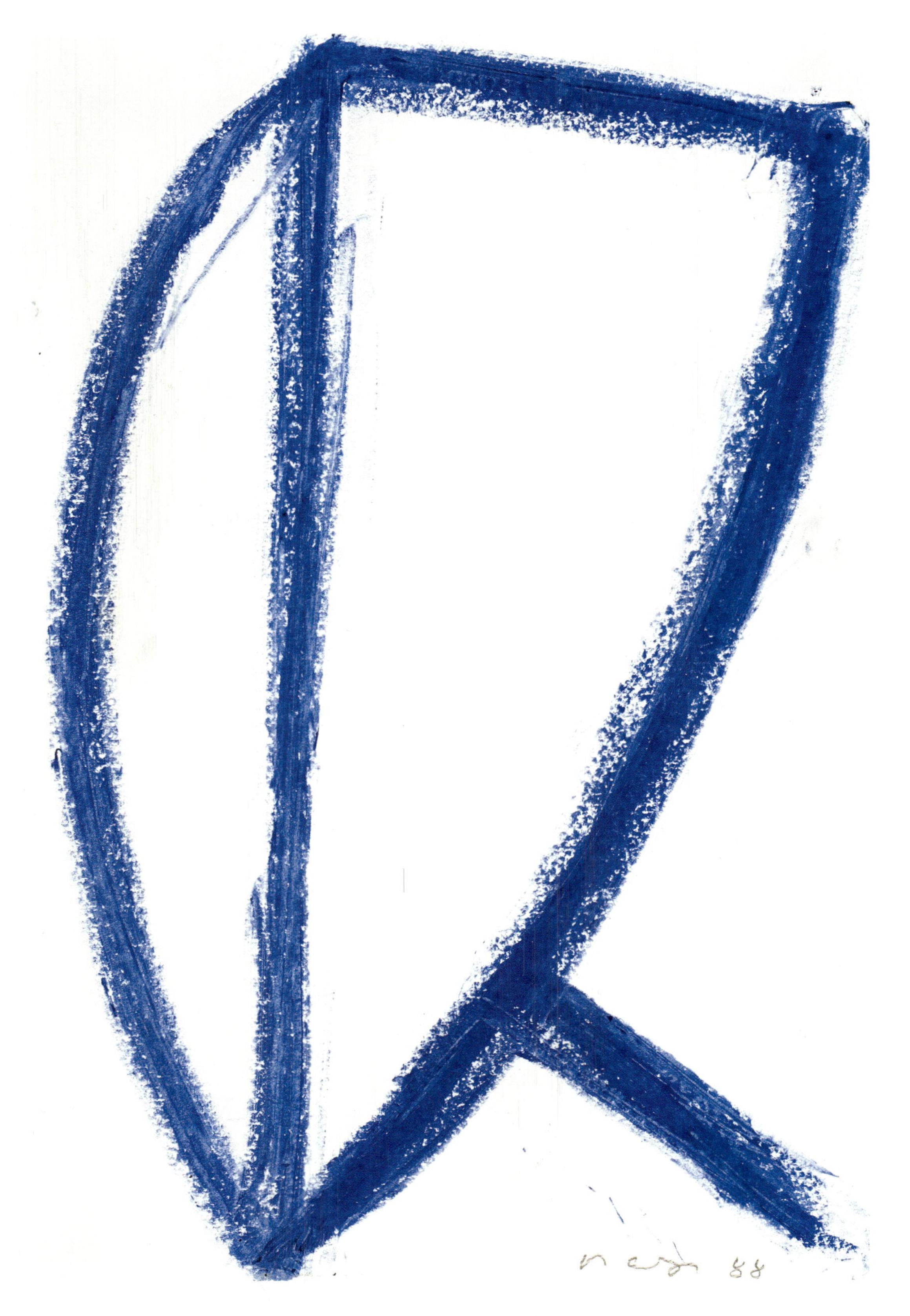

Taf. 61 **Kopf**, 1988,
Wachskreide, 29,5 × 20,5 cm

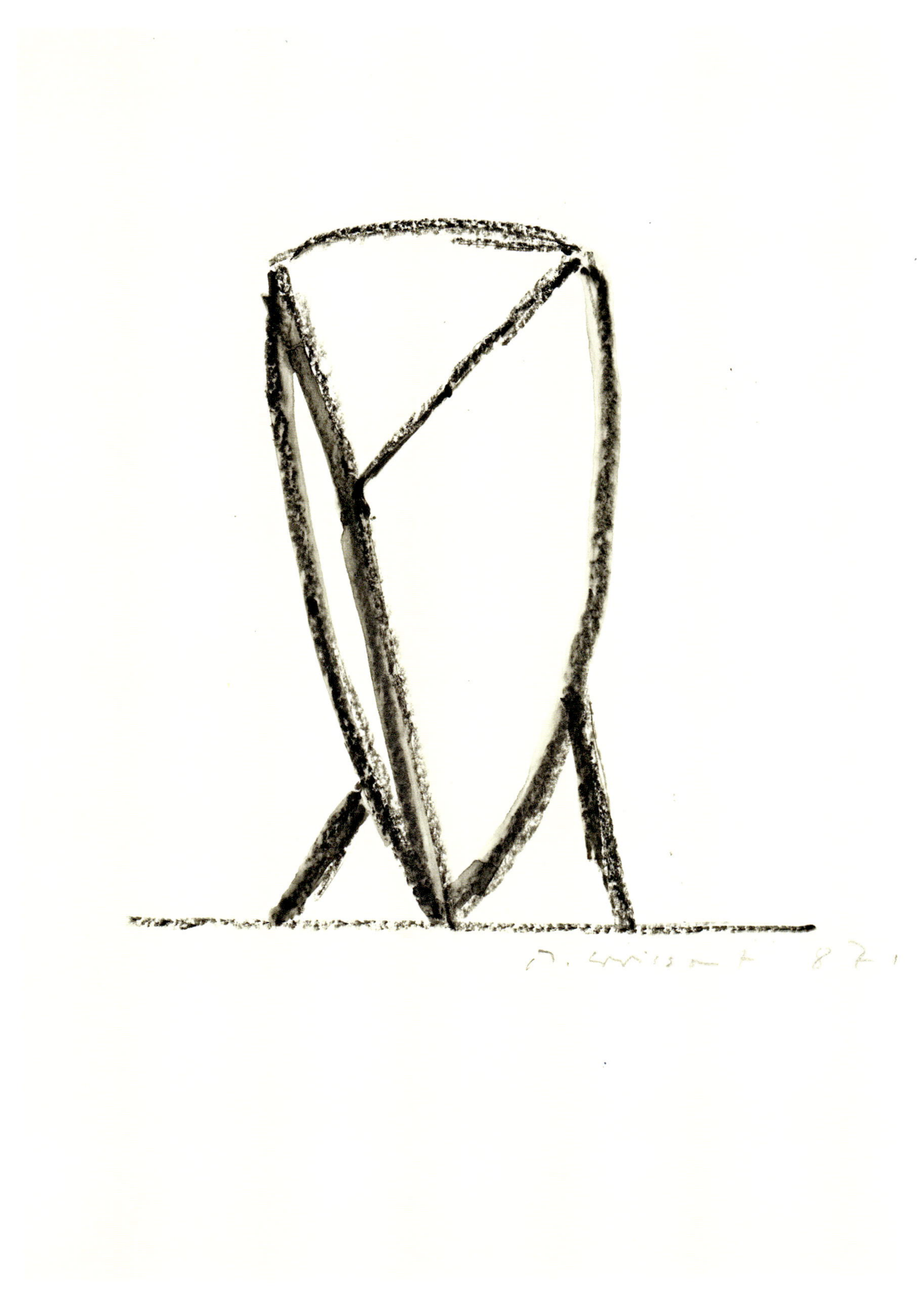

Taf. 62 **Geneigter Kopf**, 1987,
Wachskreide, 29,5 × 21 cm

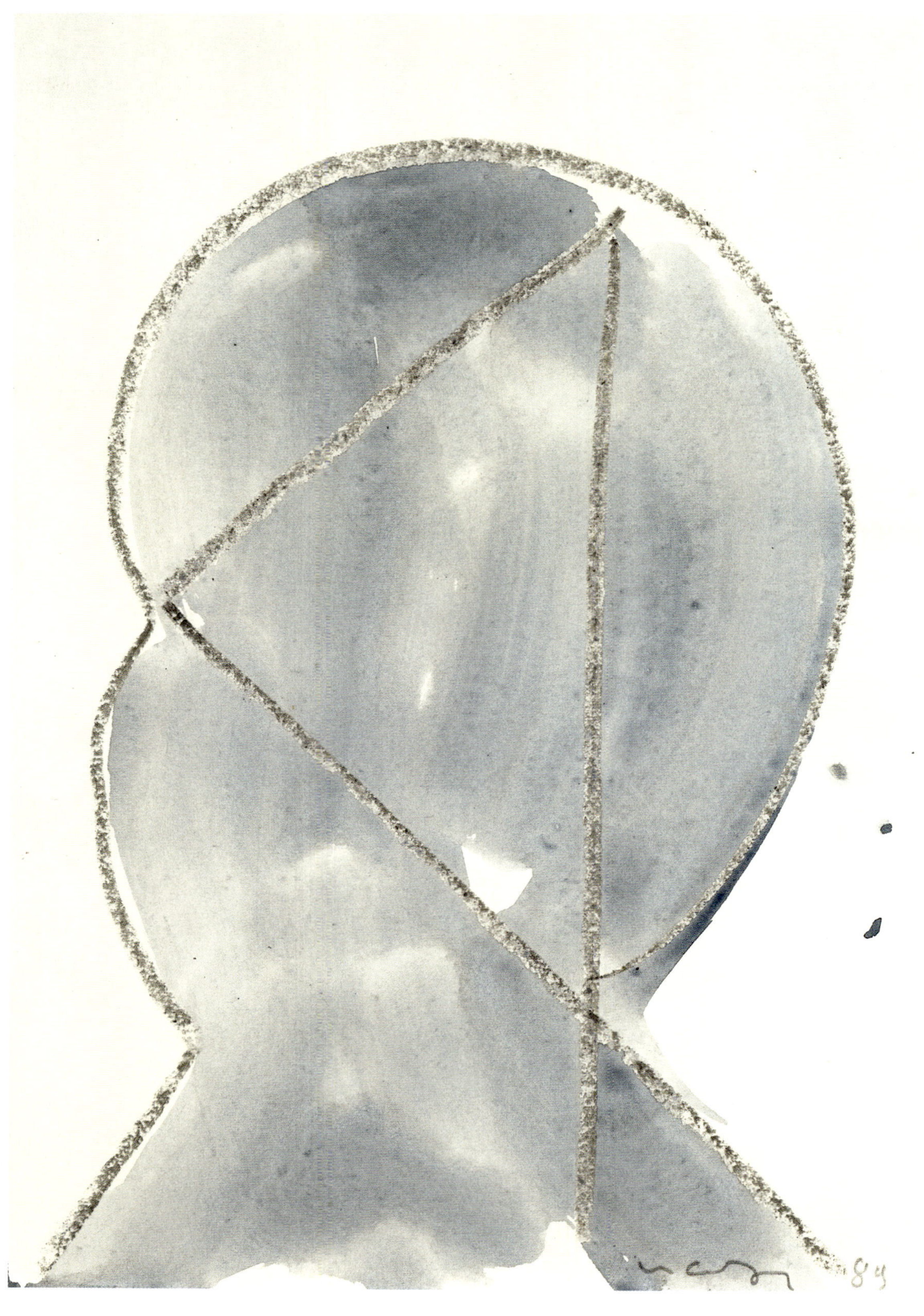

Taf. 63 **Kopf**, 1989, Aquarell
über Graphit, 29,5 × 21 cm

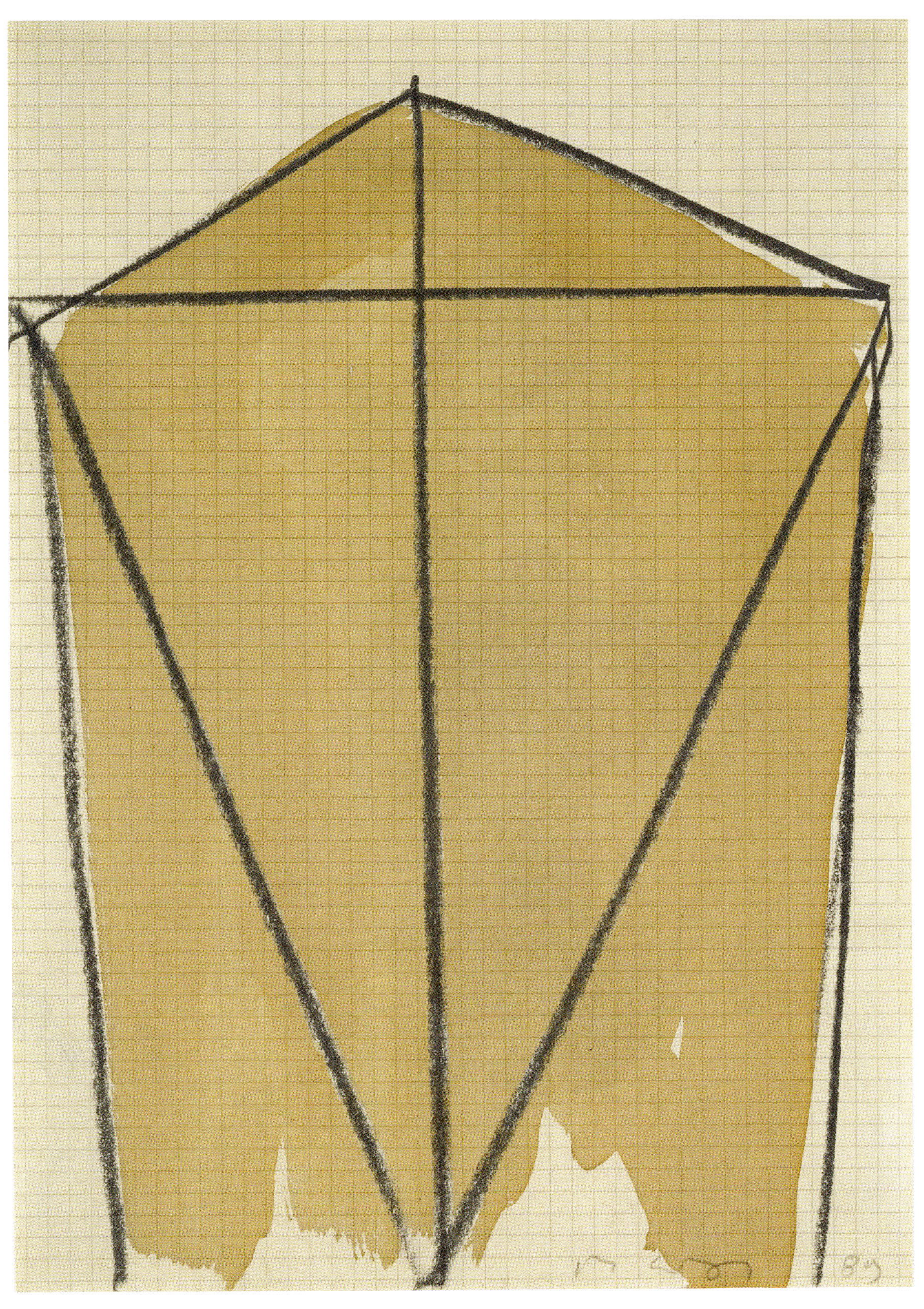

Taf. 64 **Kopf**, 1989, Aquarell
über Graphit, 29 × 20,5 cm

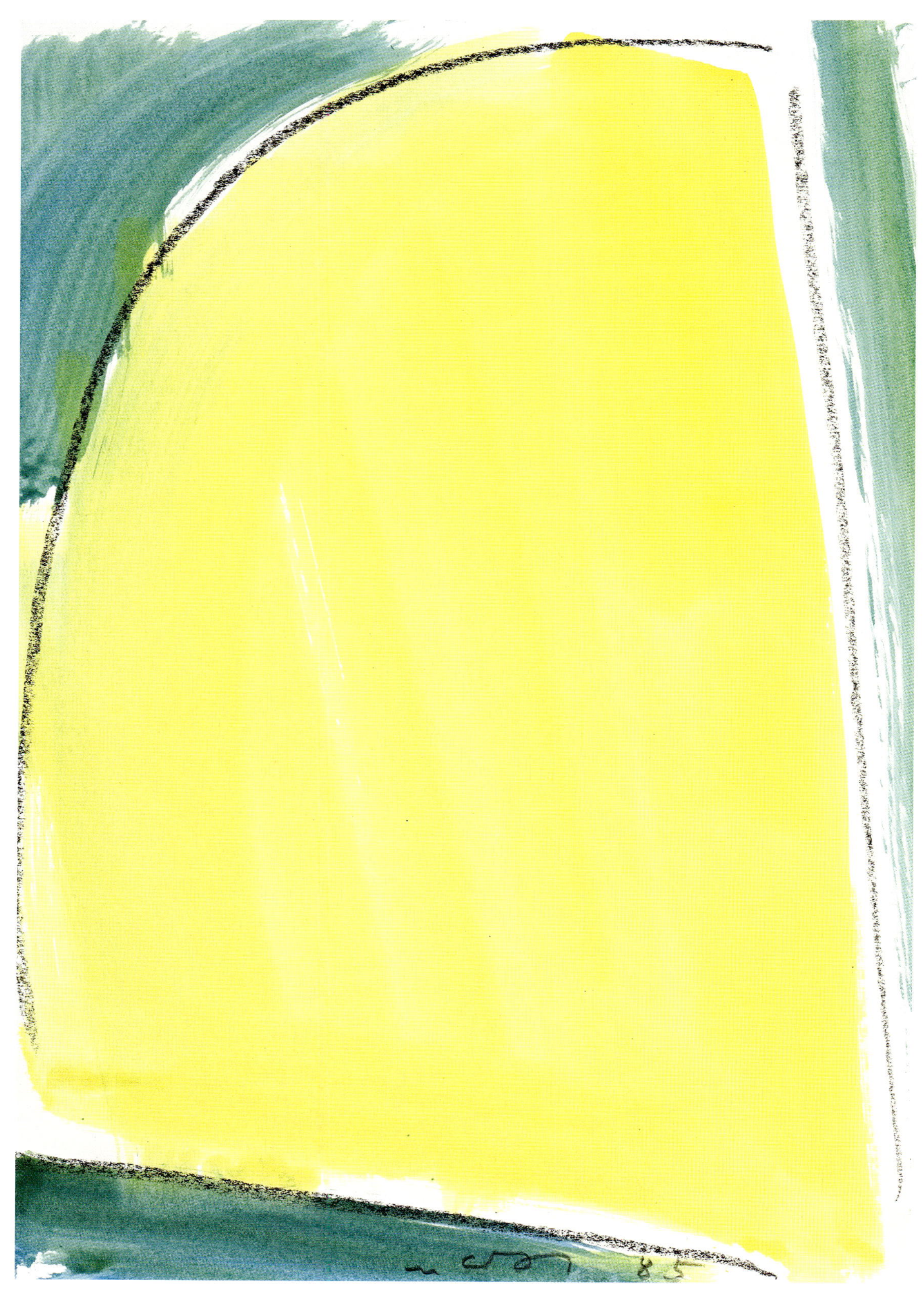

Taf. 65 **Kopf**, 1985, Aquarell
über Graphit, 29,5 × 21 cm

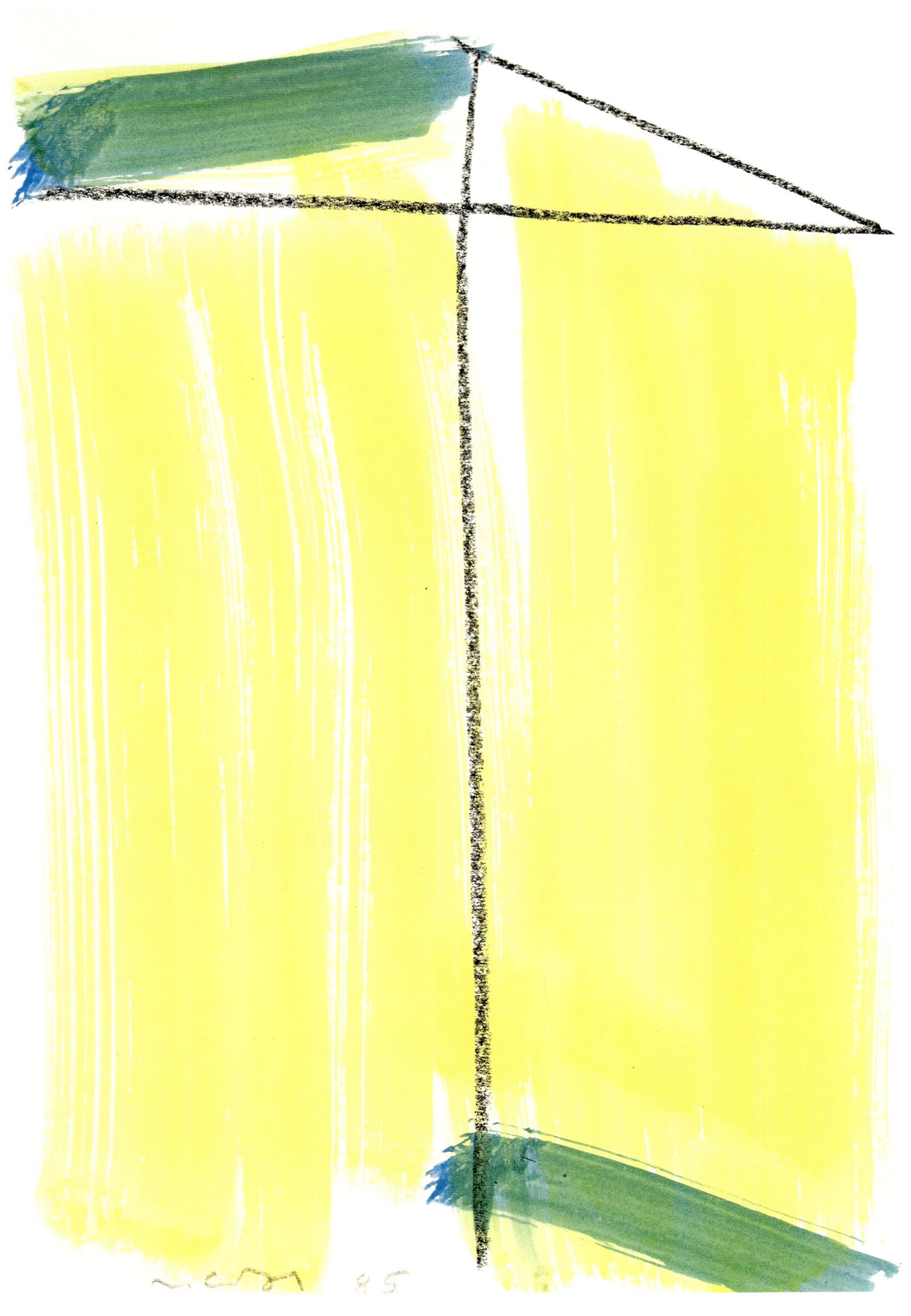

Taf. 66 **Kopf**, 1985, Aquarell
über Graphit, 29,5 × 20,5 cm

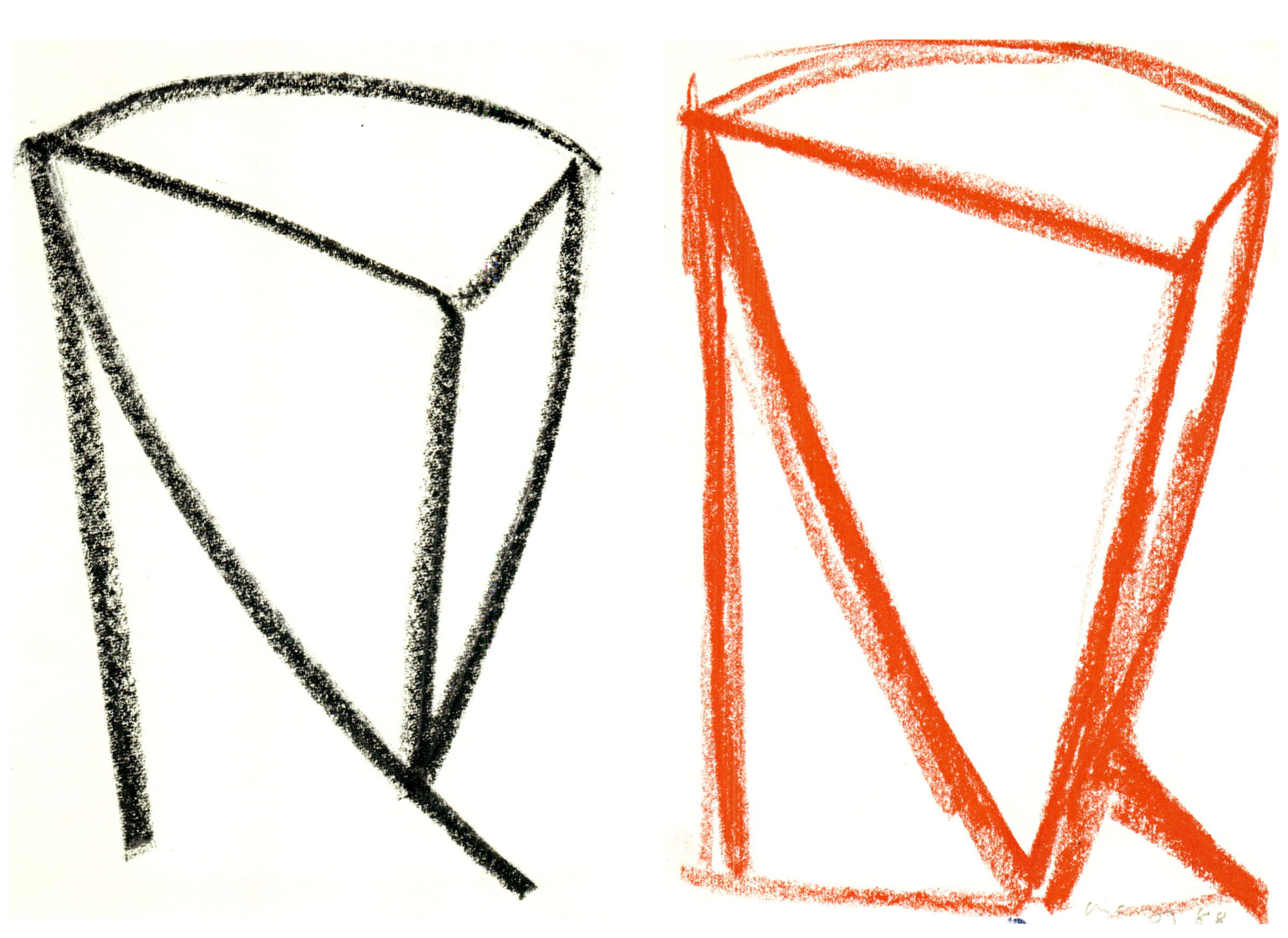

Taf. 67 **Kopf**, um 1987/88, Wachskreide, 43 × 30,5 cm

Taf. 68 **Kopf**, 1988, Wachskreide, 29,5 × 21 cm

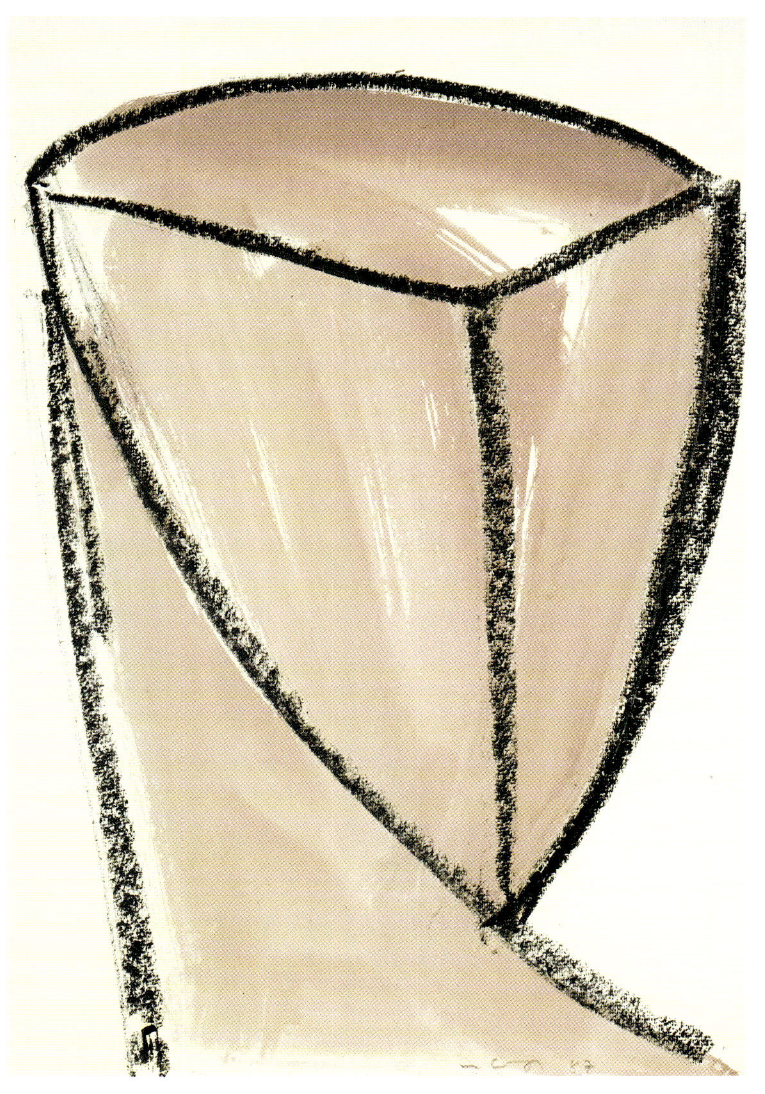

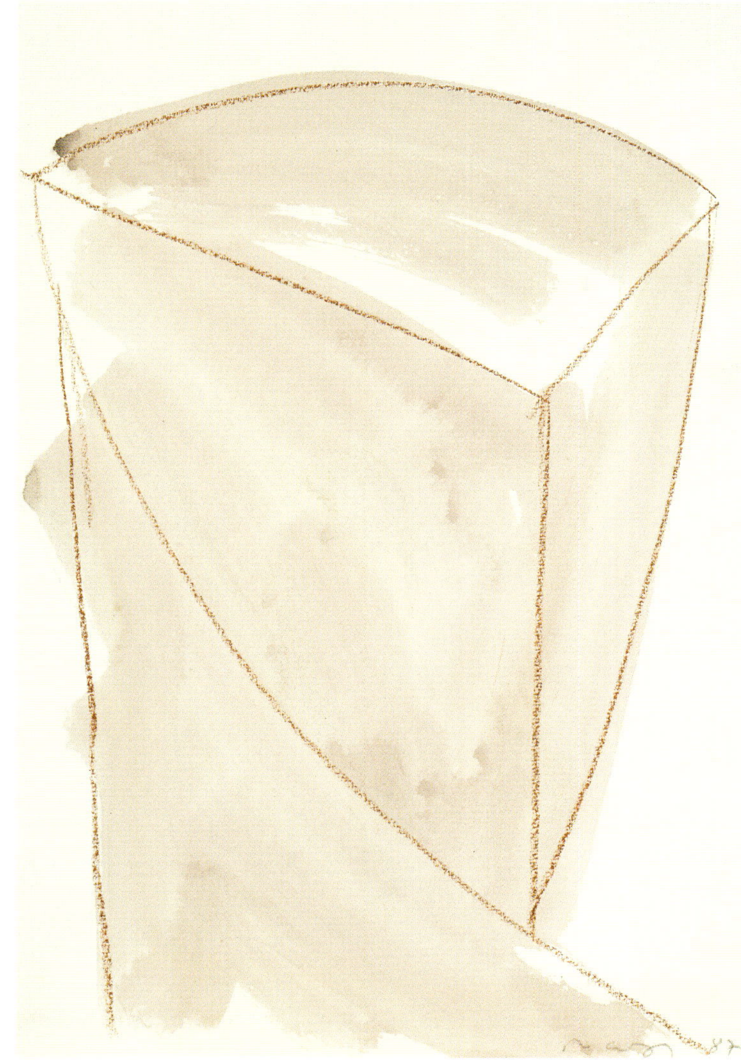

Taf. 69 **Kopf**, 1987, Aquarell über Wachskreide, 43 × 30,5 cm

Taf. 70 **Kopf**, 1987, Aquarell über Wachskreide, 43 × 30,5 cm

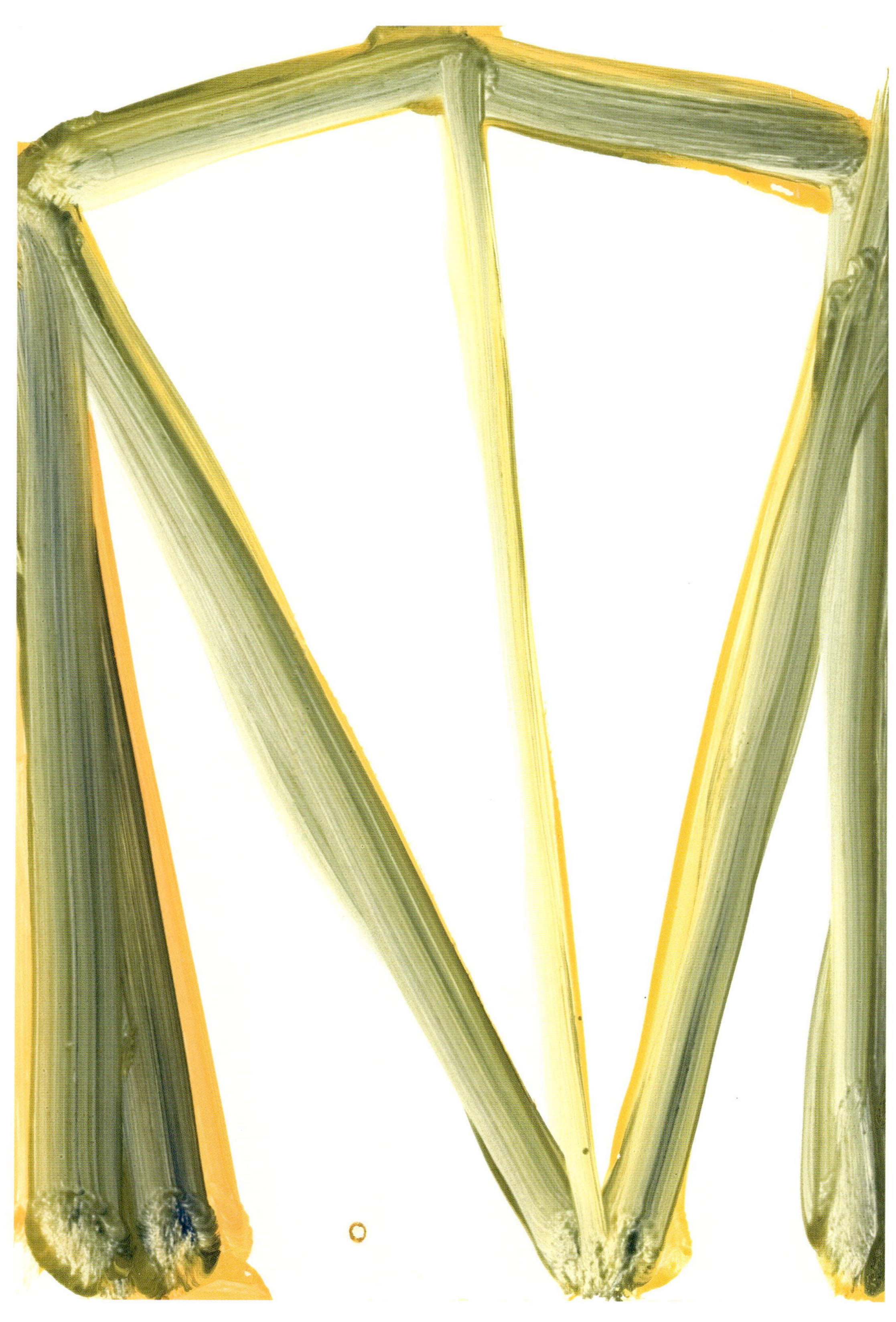

Taf. 71 **Kopf**, um 1989,
Aquarell, 29,5 × 21 cm

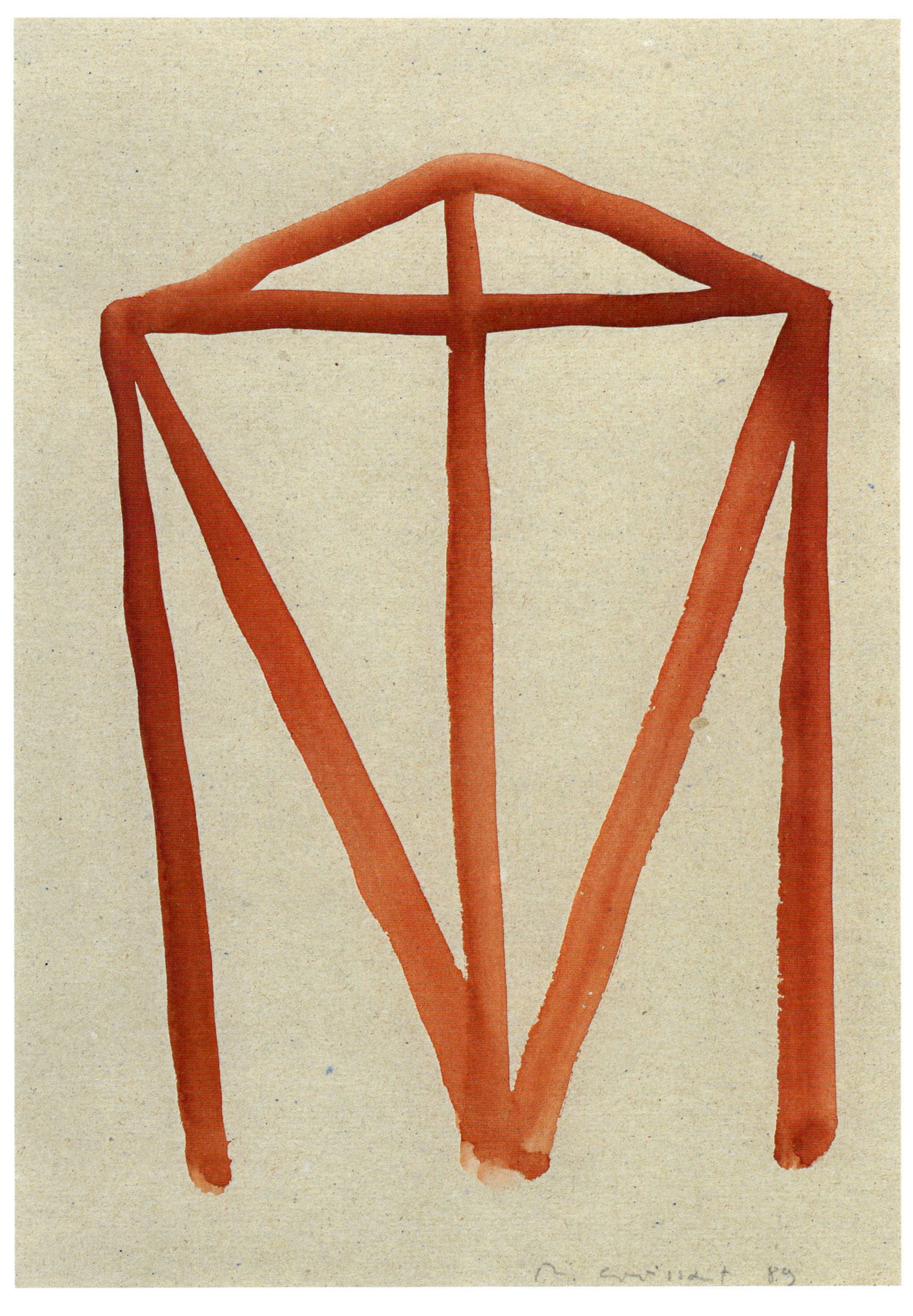

Taf. 72 **Kopf**, 1989,
Aquarell, 29,5 × 21 cm

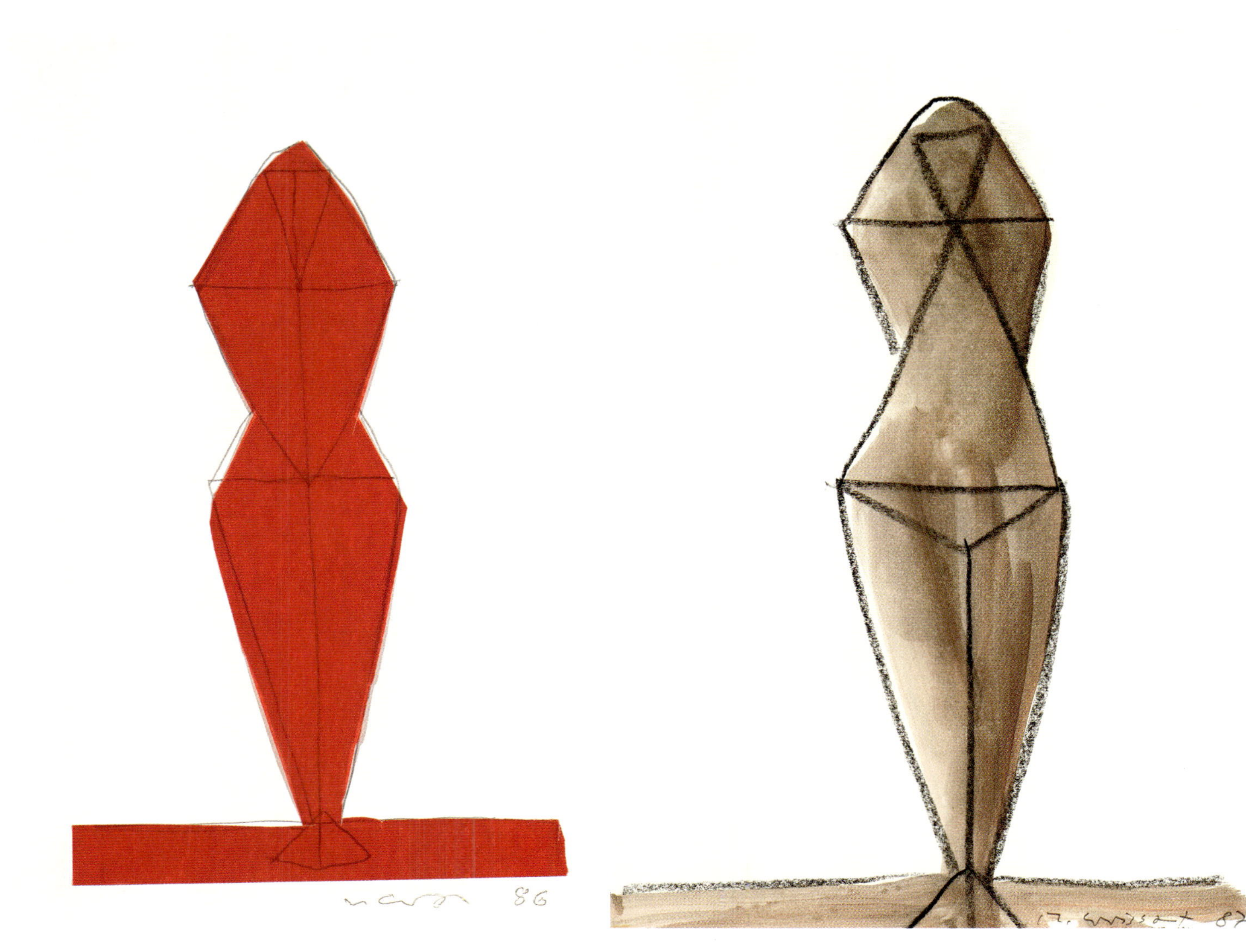

Taf. 73 **Figur (Apoll)**, 1986, Collage und Bleistift, 29,5 × 20,5 cm

Taf. 74 **Figur (Apoll)**, 1987, Aquarell über Wachskreide, 29,5 × 21 cm

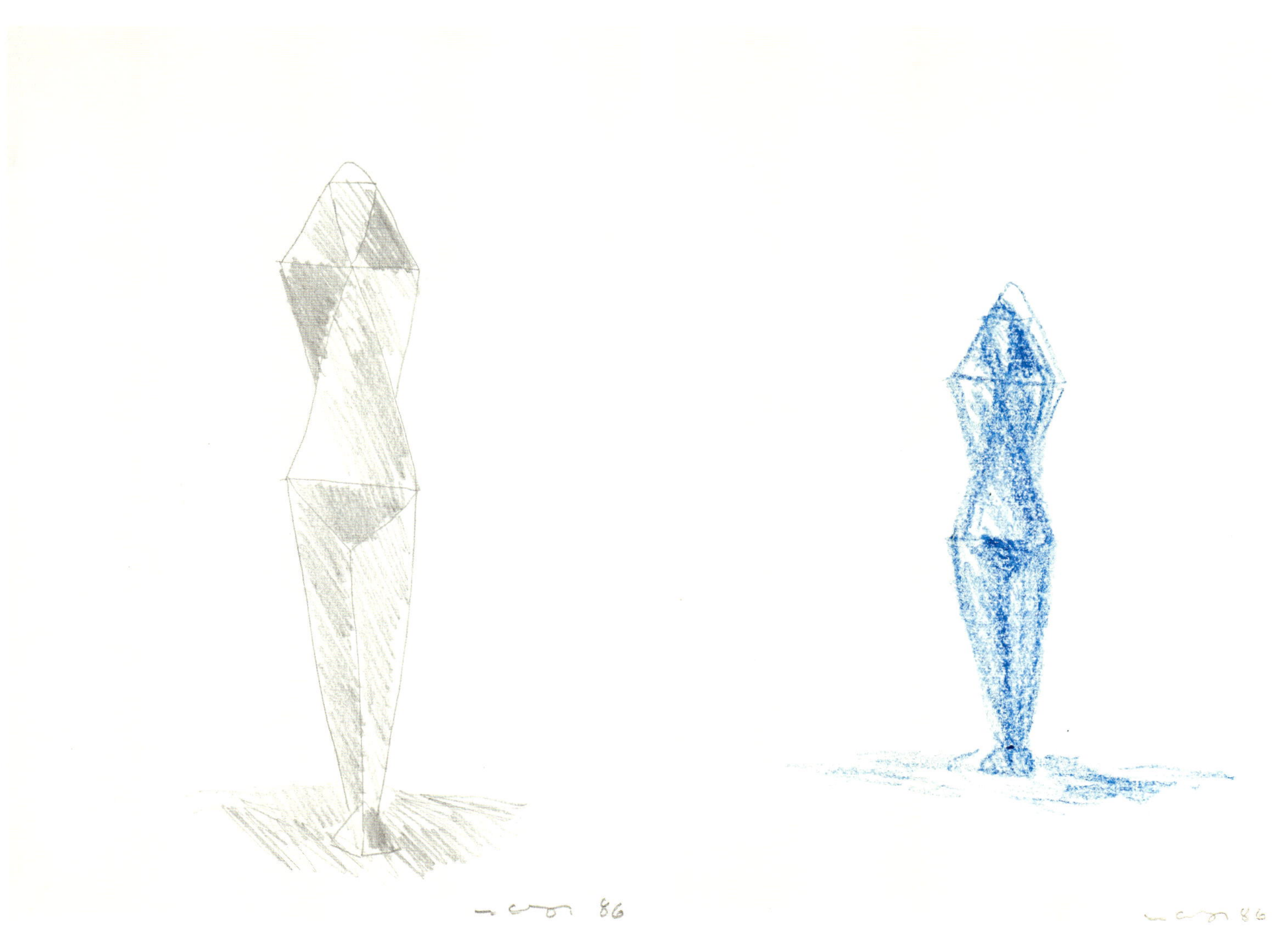

Taf. 75 **Figur**, 1986,
Bleistift, 29,5 × 21 cm

Taf. 76 **Figur**, 1986,
Wachskreide, 29,5 × 21 cm

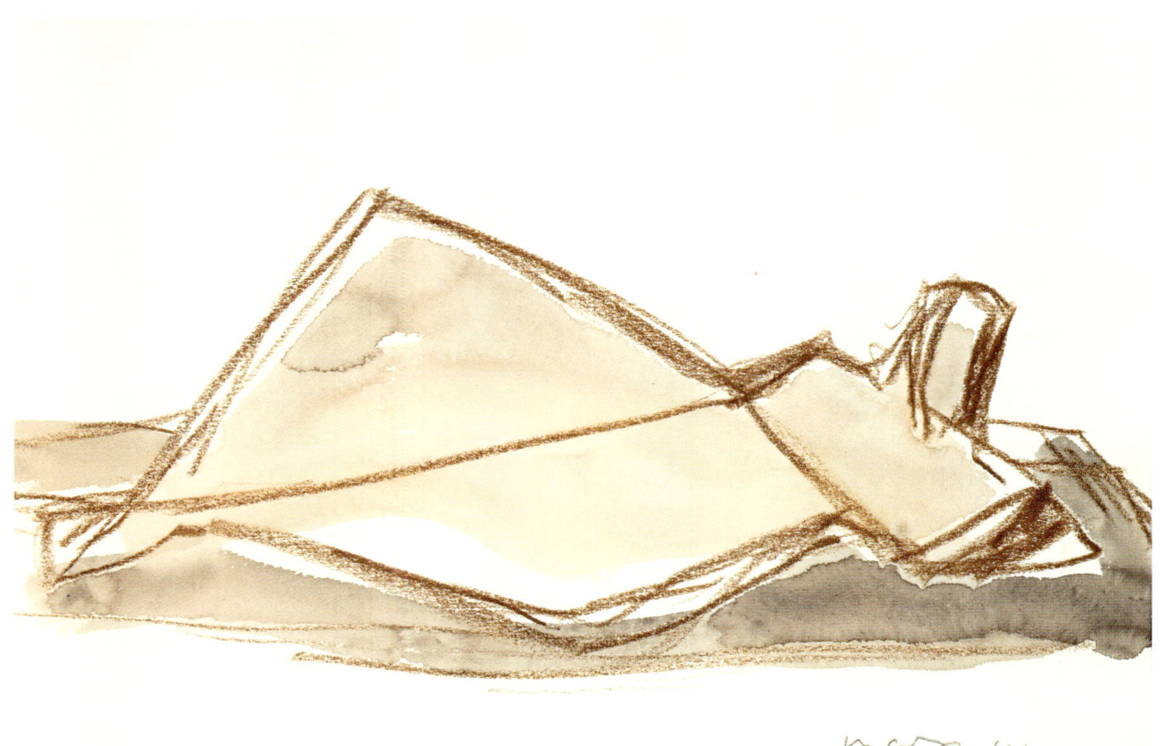

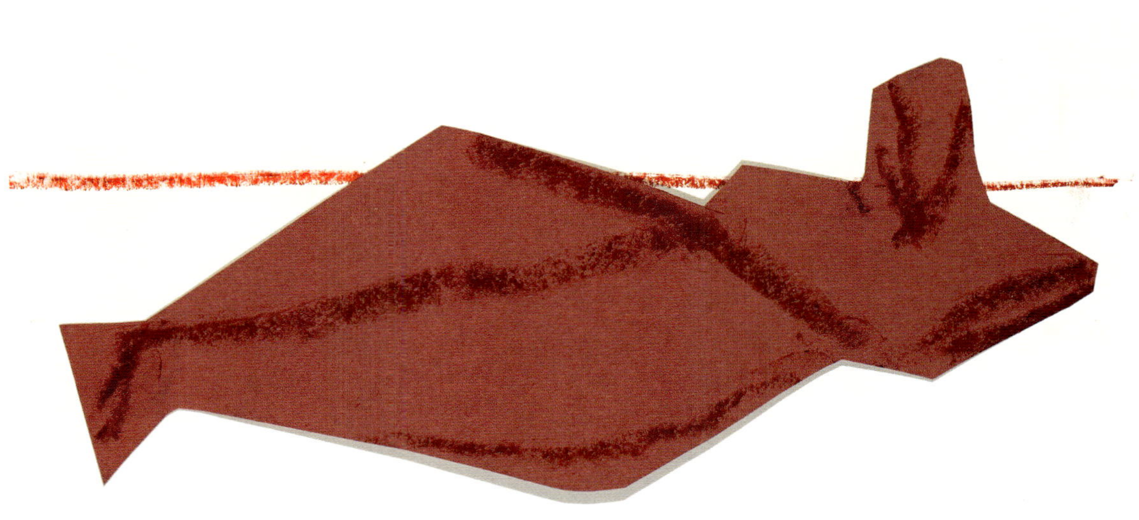

Taf. 77 **Liegende mit aufgestelltem Bein**, 1988, Aquarell über Wachskreide, 21 × 29,5 cm

Taf. 78 **Liegende mit aufgestelltem Bein**, 1988, Collage und Wachskreide, 20,5 × 29,5 cm

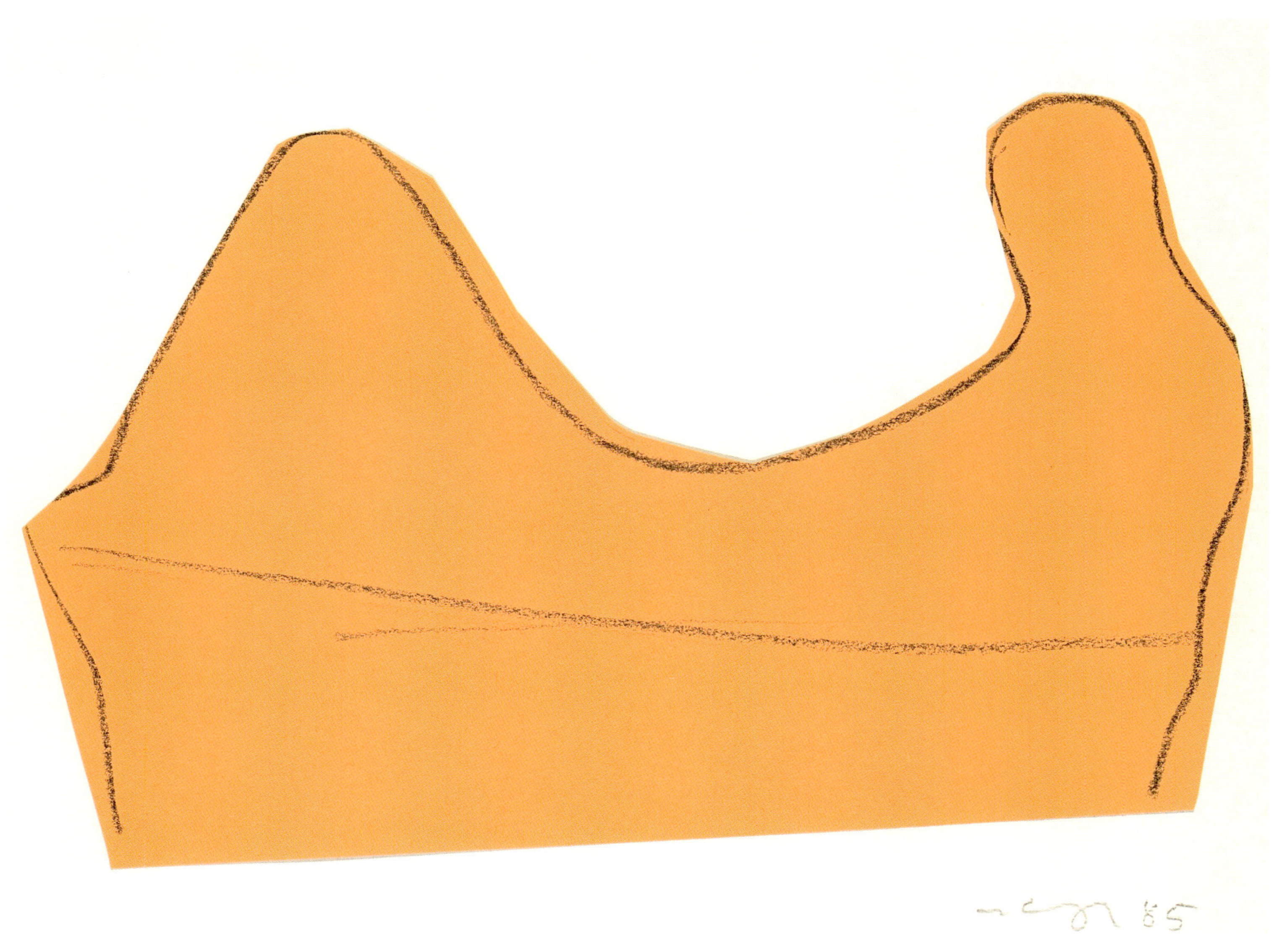

Taf. 79 **Liegende mit aufgestelltem Bein**, 1985, Graphit über Collage, 20,5 × 28 cm

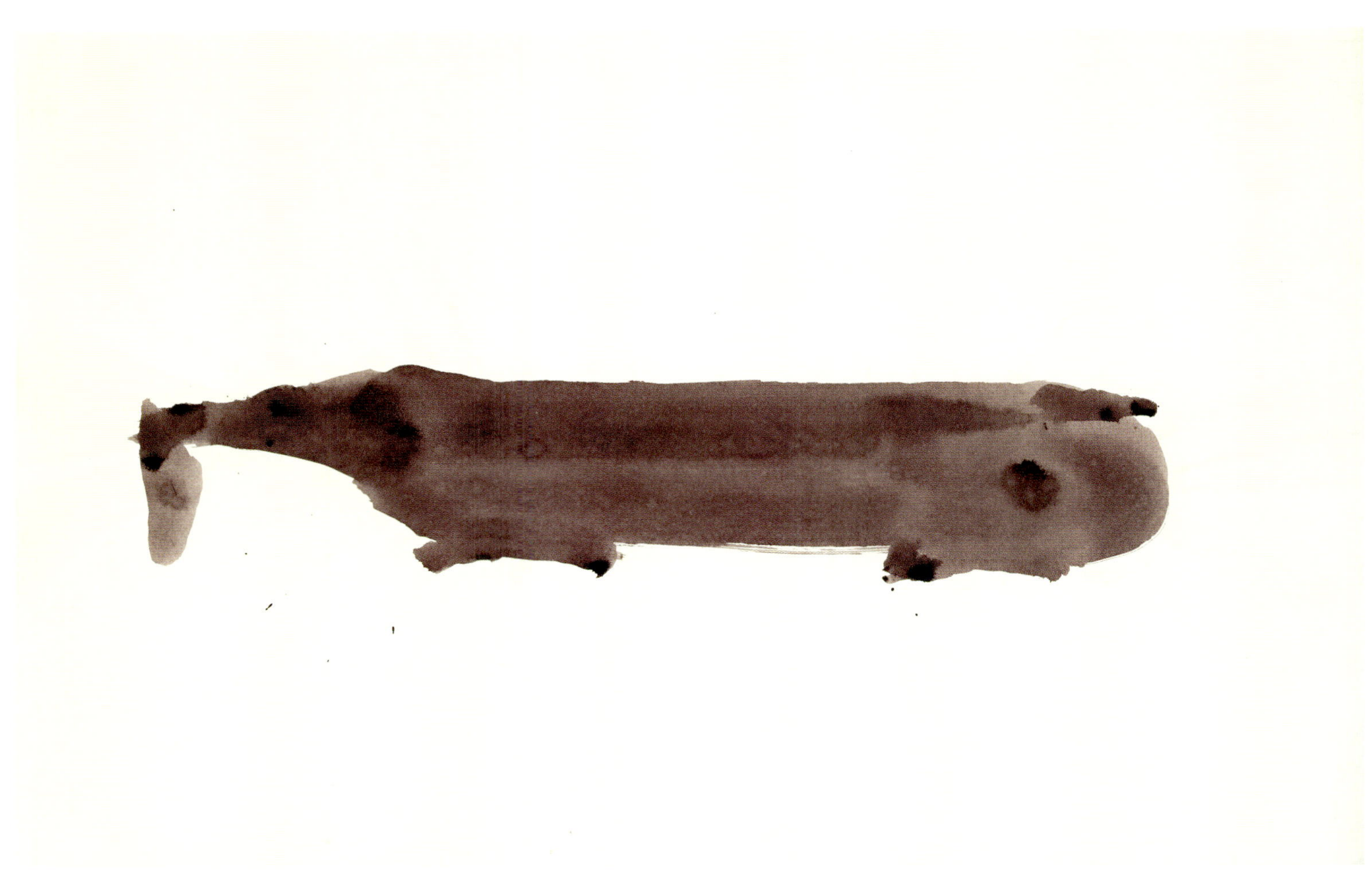

Taf. 80 **Liegende Kuh**, um 1985,
Aquarell, 39 × 62 cm

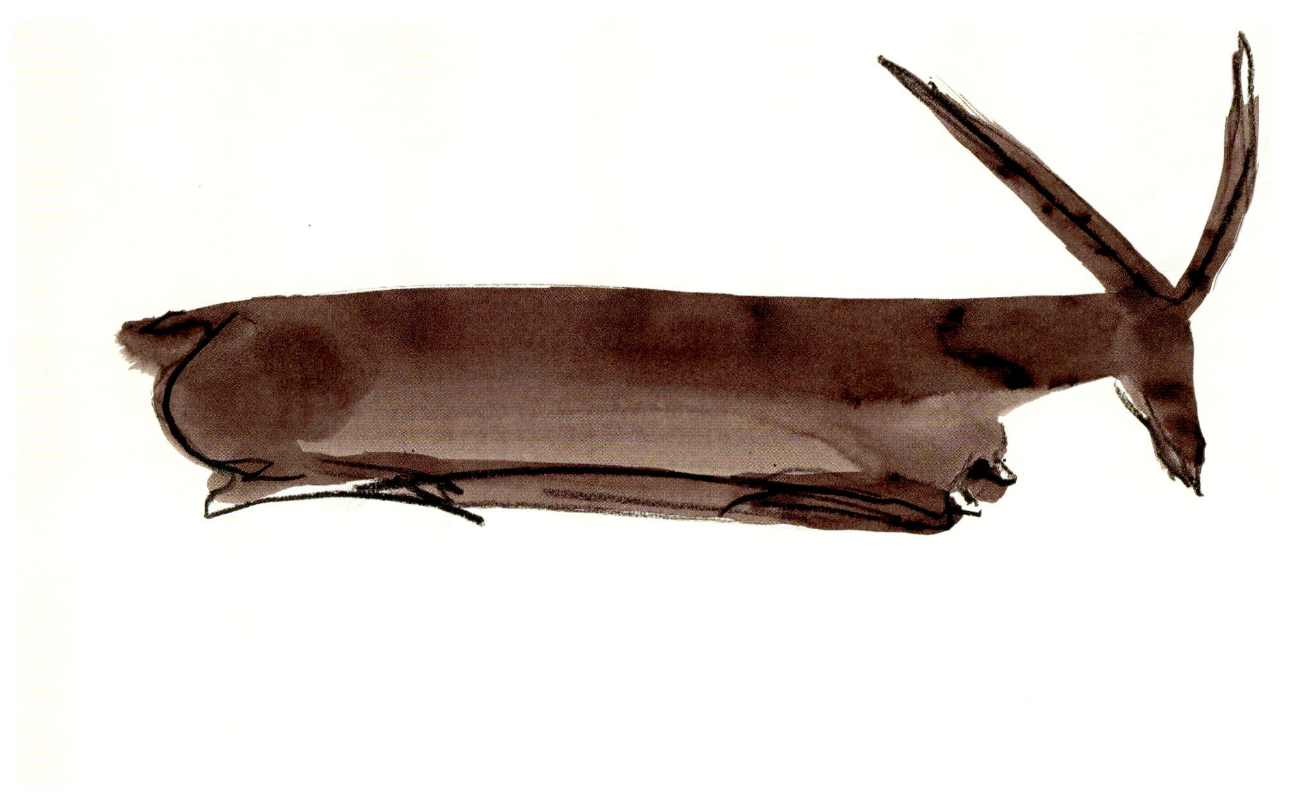

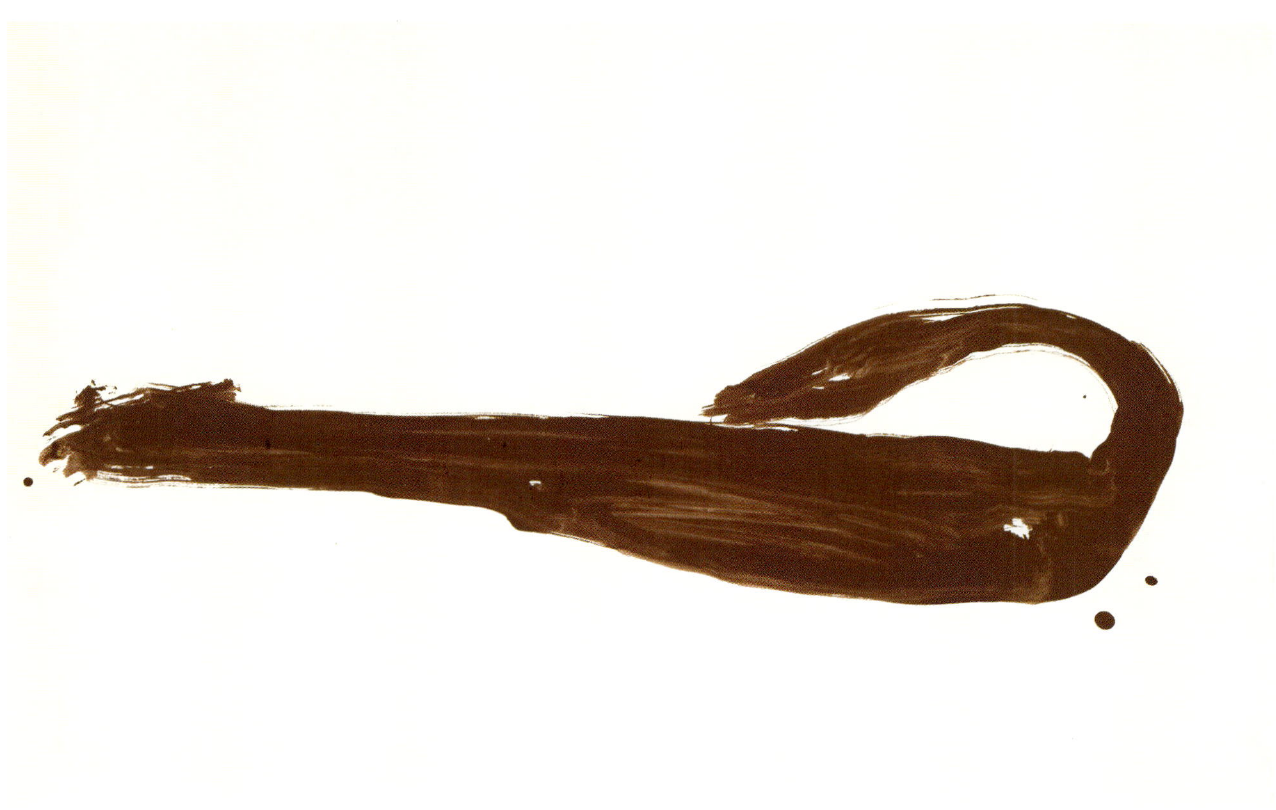

Taf. 81 **Liegende Antilope**, um 1985, Aquarell über Graphit, 38,5 × 62,5 cm

Taf. 82 **Schwan**, um 1982, Gouache, 31,5 × 50,5 cm

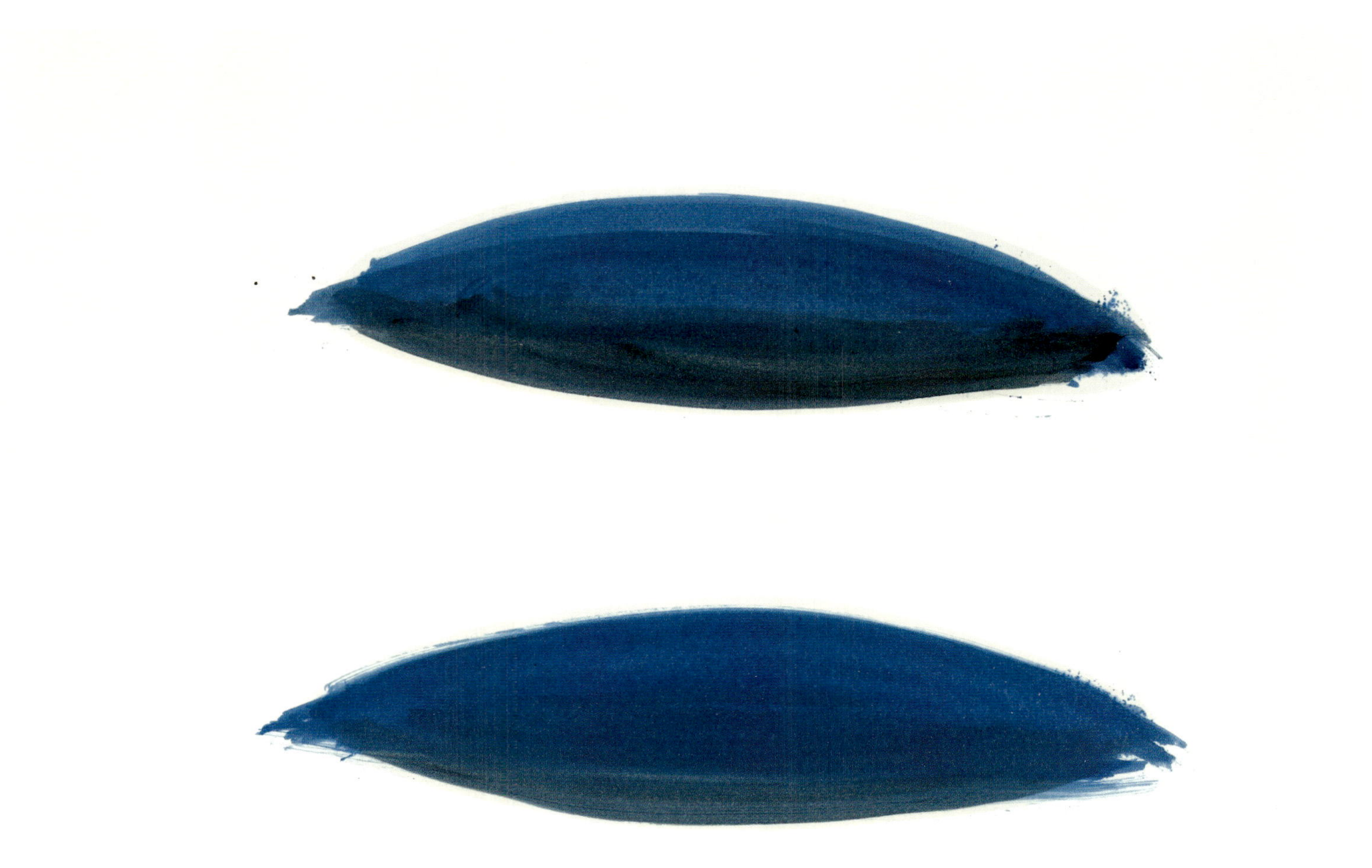

Taf. 83 **Zwei Fische**, um 1989,
Gouache, 29,5 × 42 cm

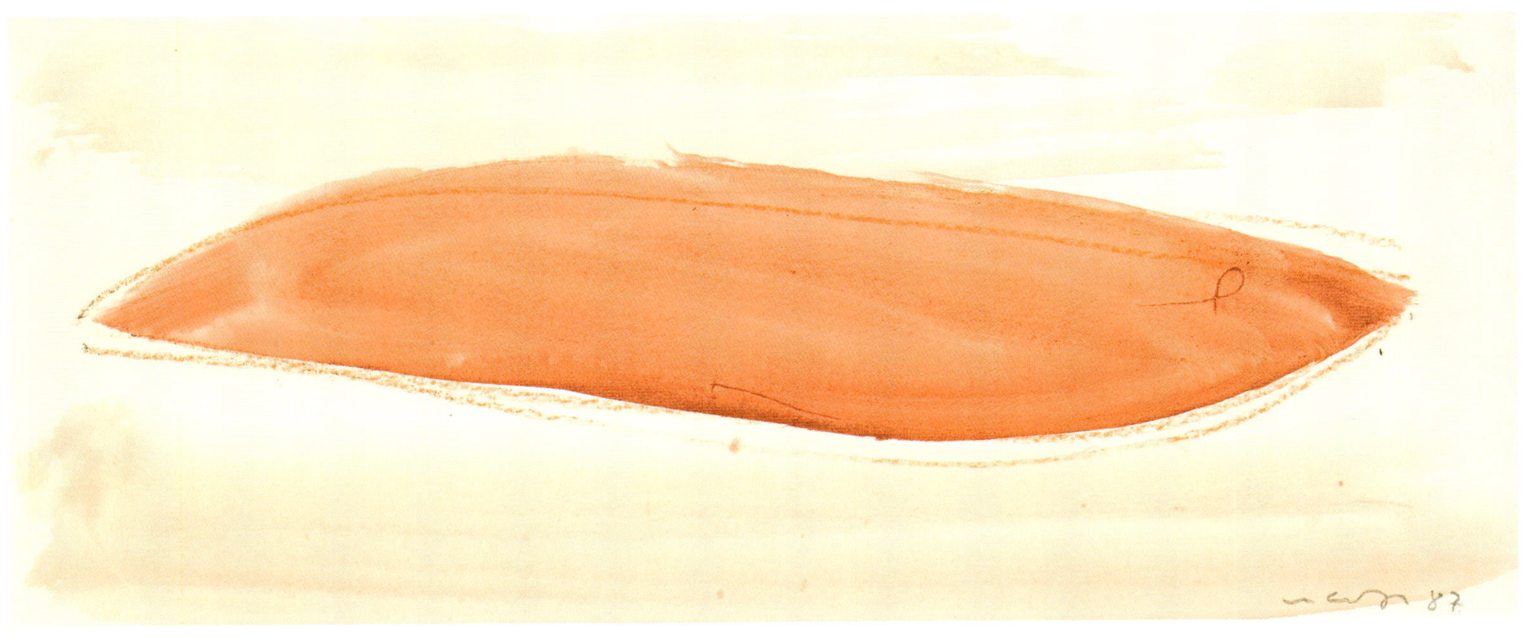

Taf. 84 **Fisch**, 1987,
Aquarell, 16 × 38,5 cm

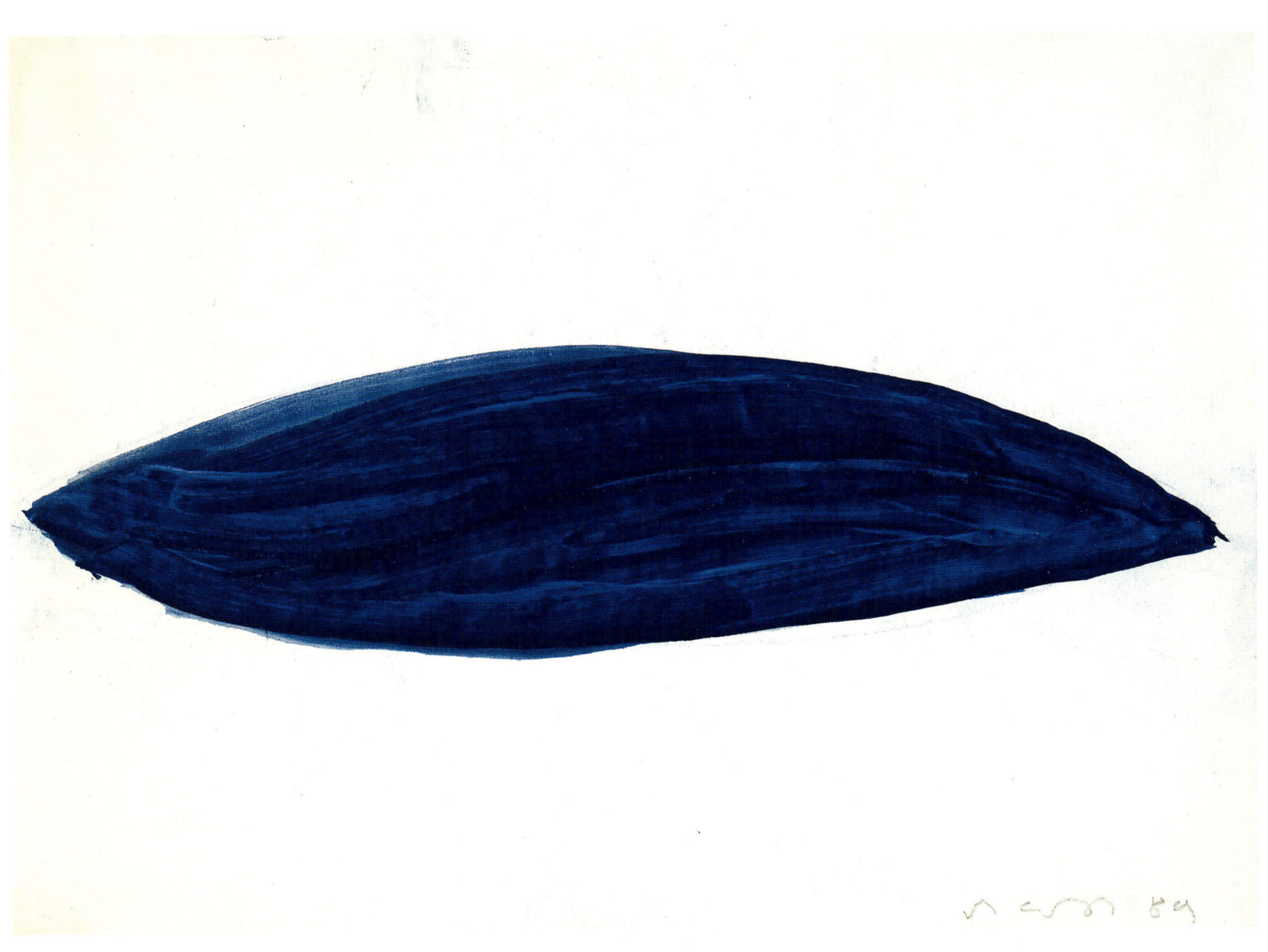

Taf. 85 **Fisch**, 1989,
Gouache, 24 × 33,5 cm

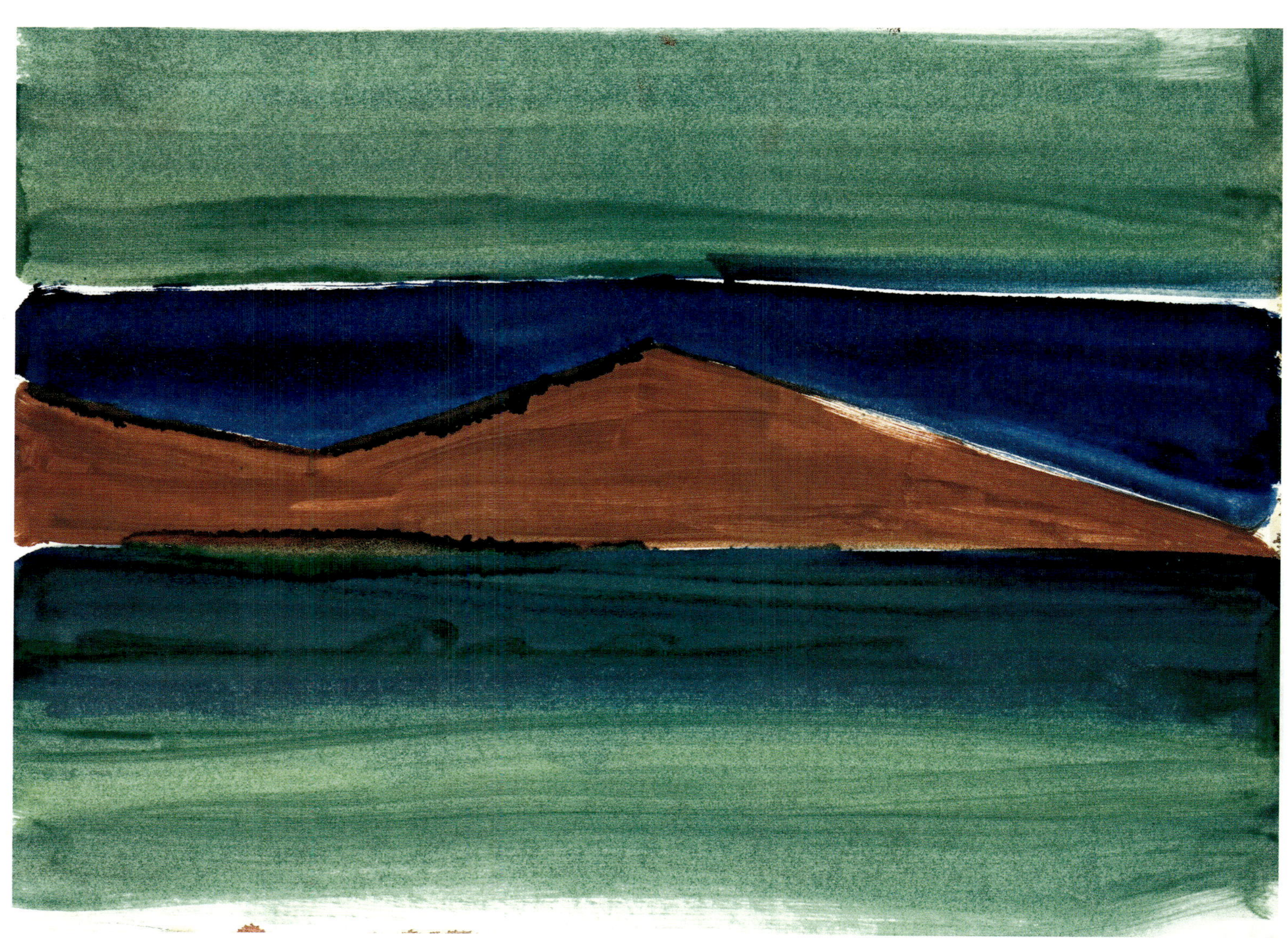

Taf. 86 **Komposition**, um 1988/89,
Gouache, 20,5 × 29,5 cm

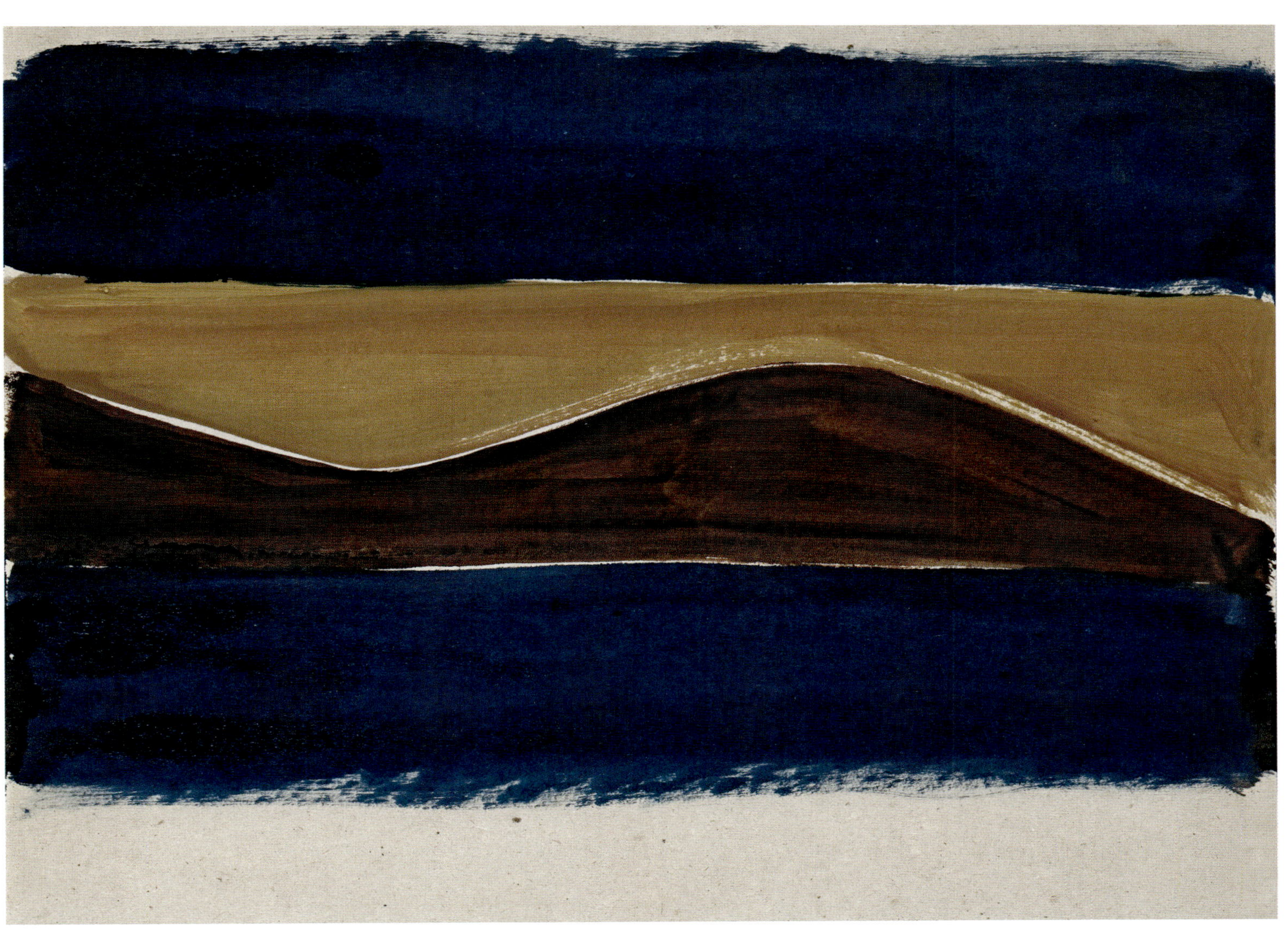

Taf. 87 **Komposition**, um 1988/89,
Gouache, 24 × 34 cm

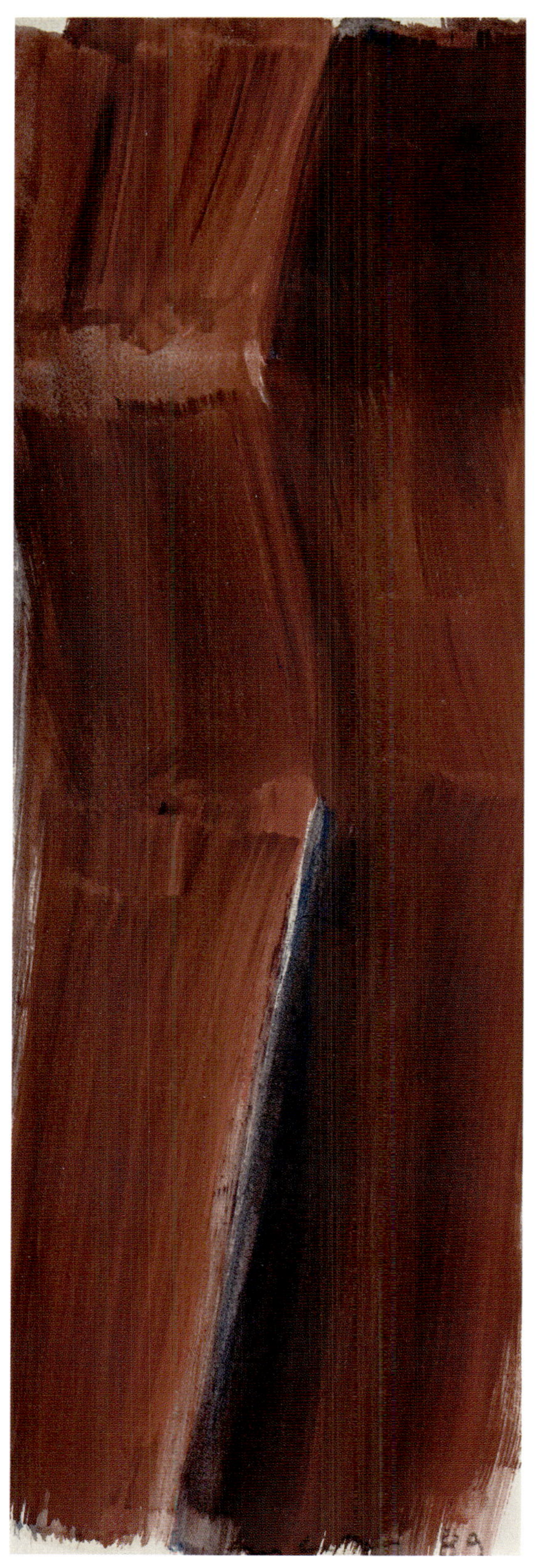

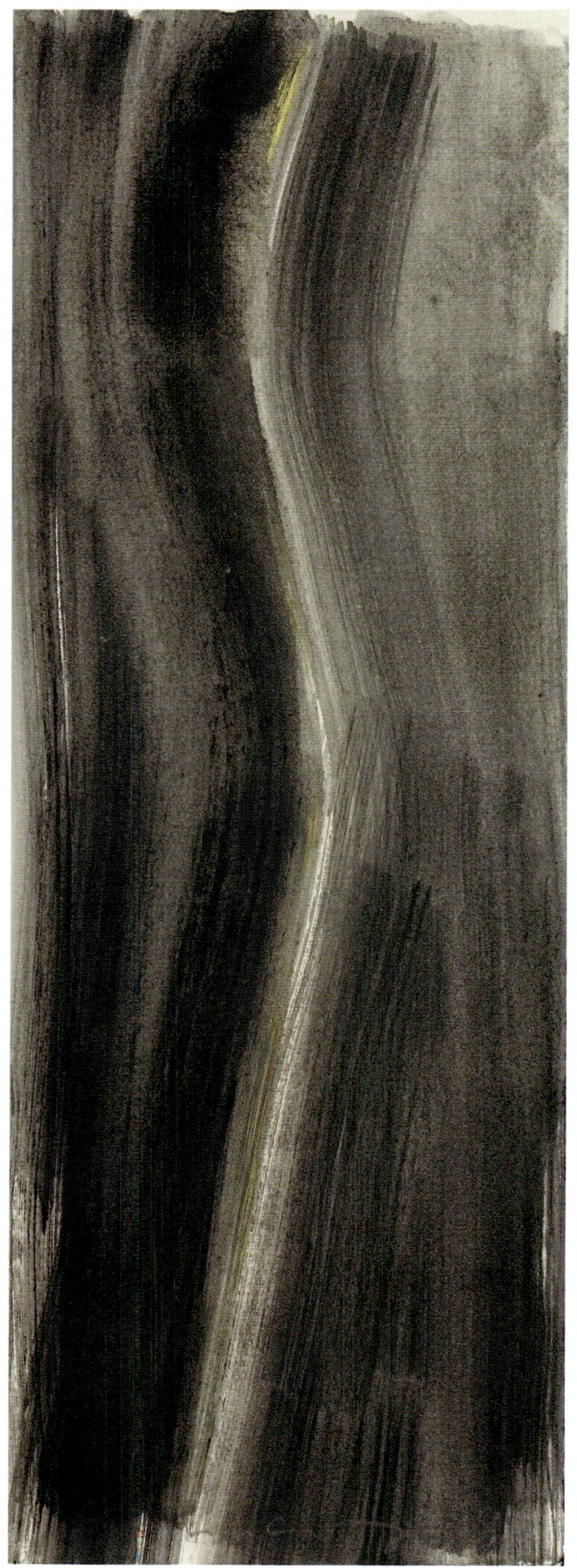

Taf. 88 **Komposition**, 1989,
Gouache, 31 × 11 cm

Taf. 89 **Komposition**, 1989,
Gouache, 31 × 11 cm

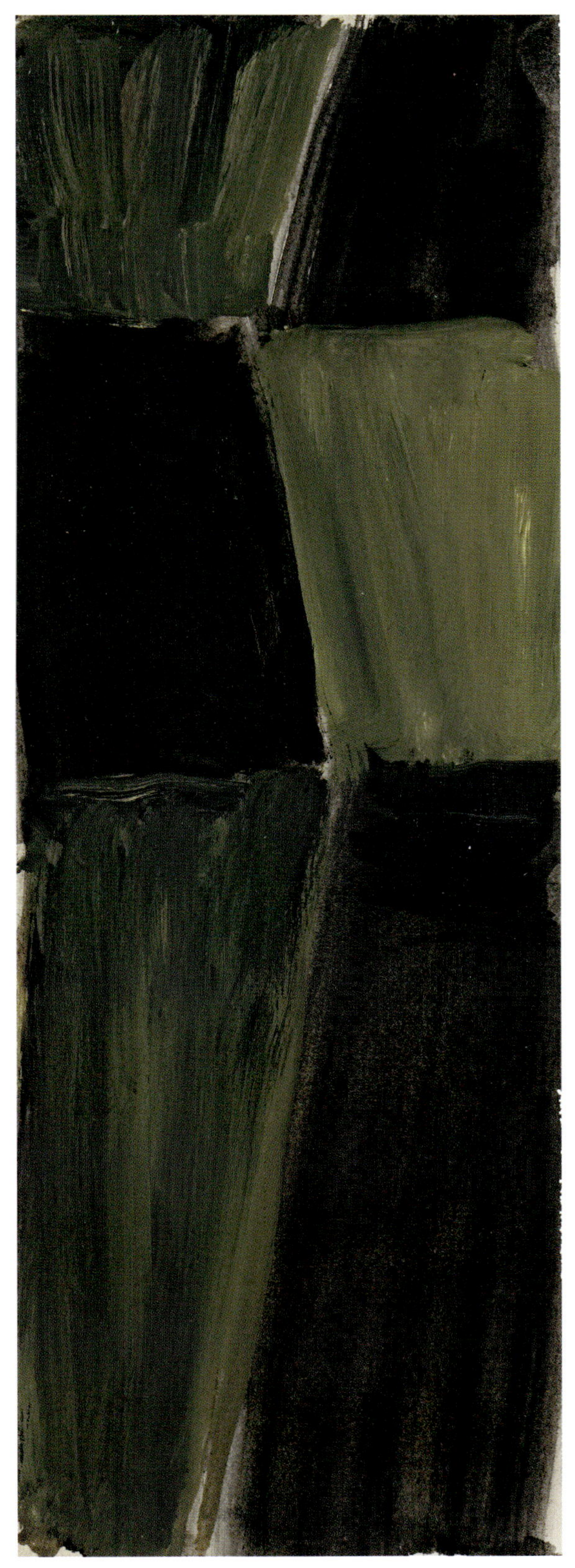

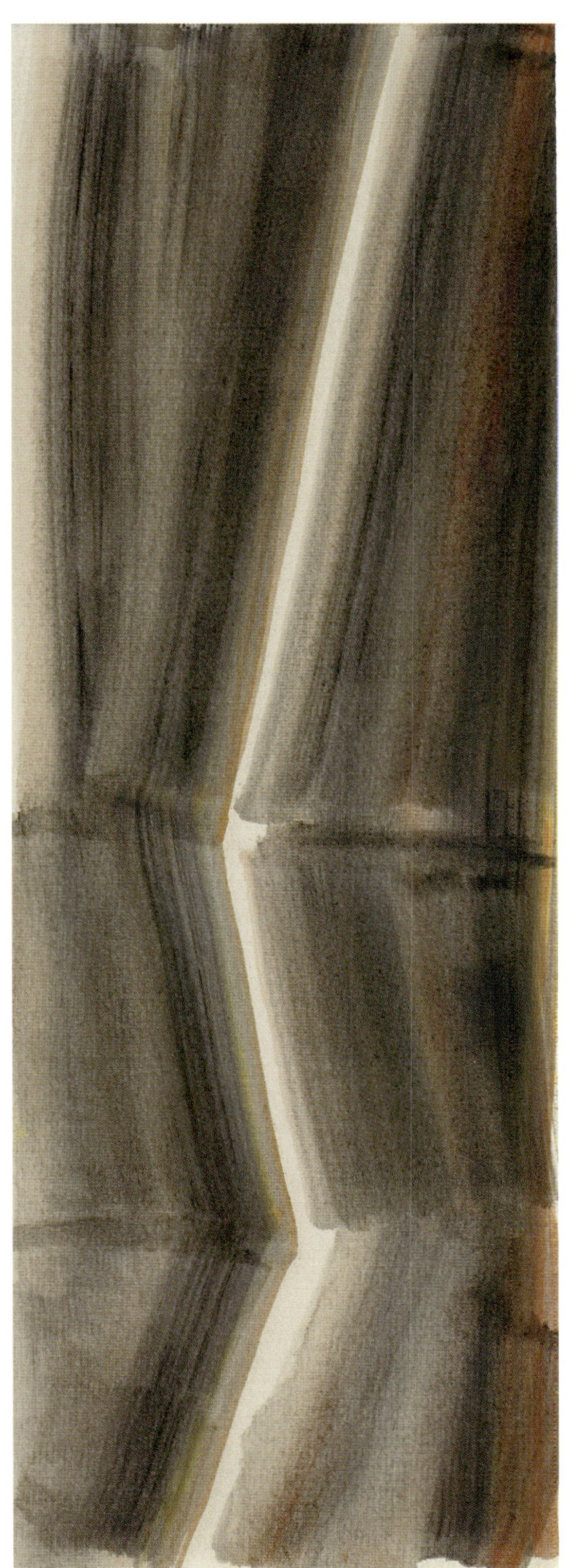

Taf. 90 **Komposition**, 1989,
Gouache, 31 × 11 cm

Taf. 91 **Komposition**, 1989,
Gouache, 31 × 11 cm

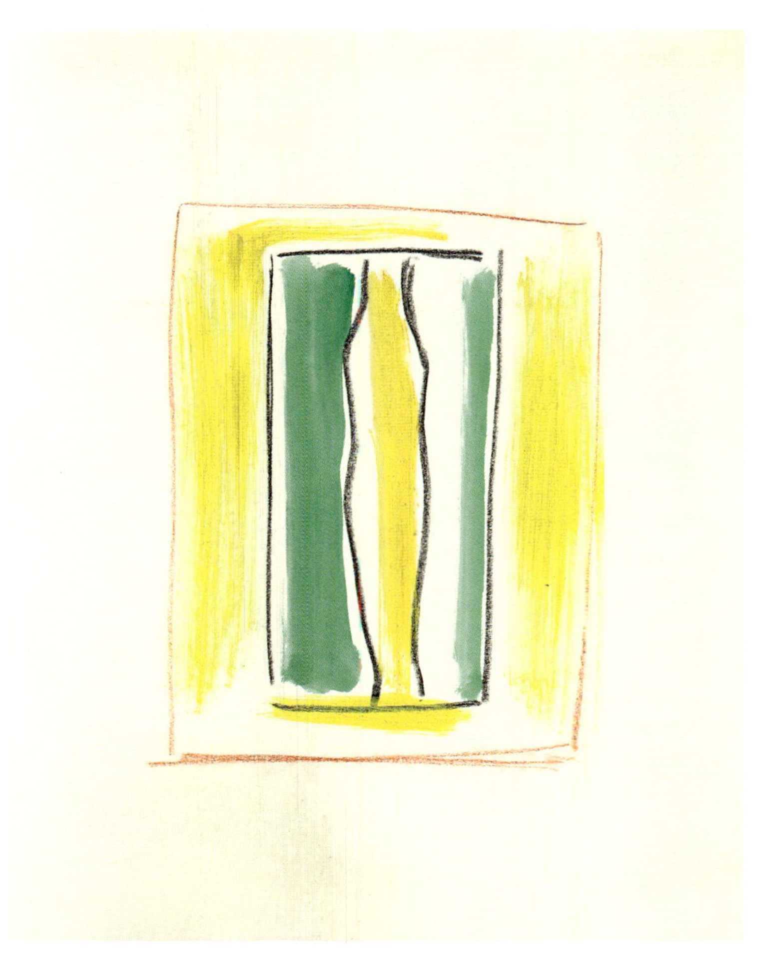

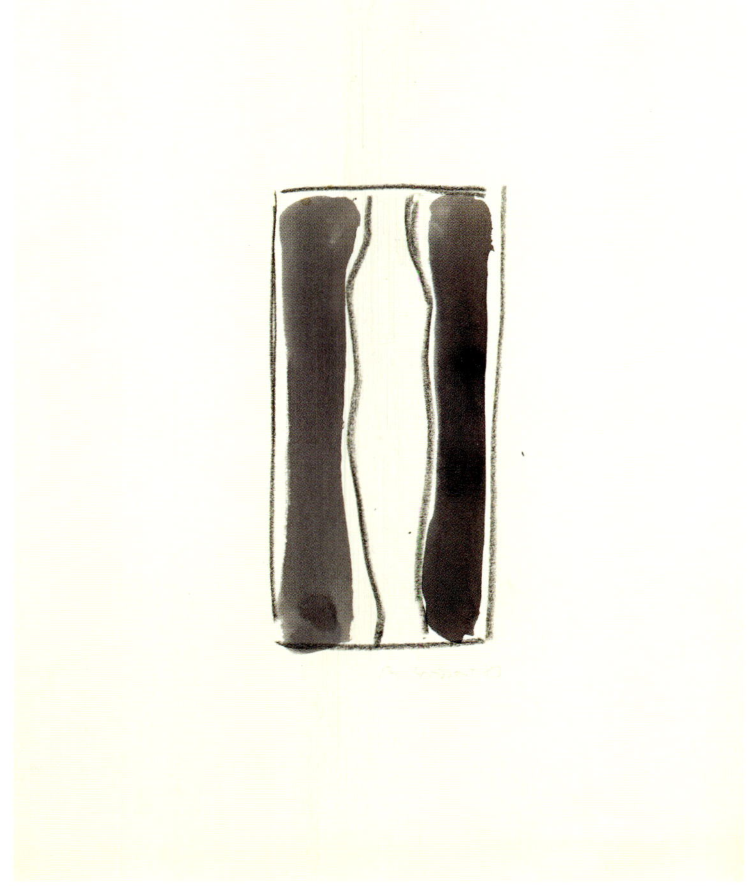

Taf. 92 **Figur**, um 1983, Aquarell und Wachskreiden, 53 × 43 cm

Taf. 93 **Figur**, 1983, Aquarell und Wachskreide, 53 × 43 cm

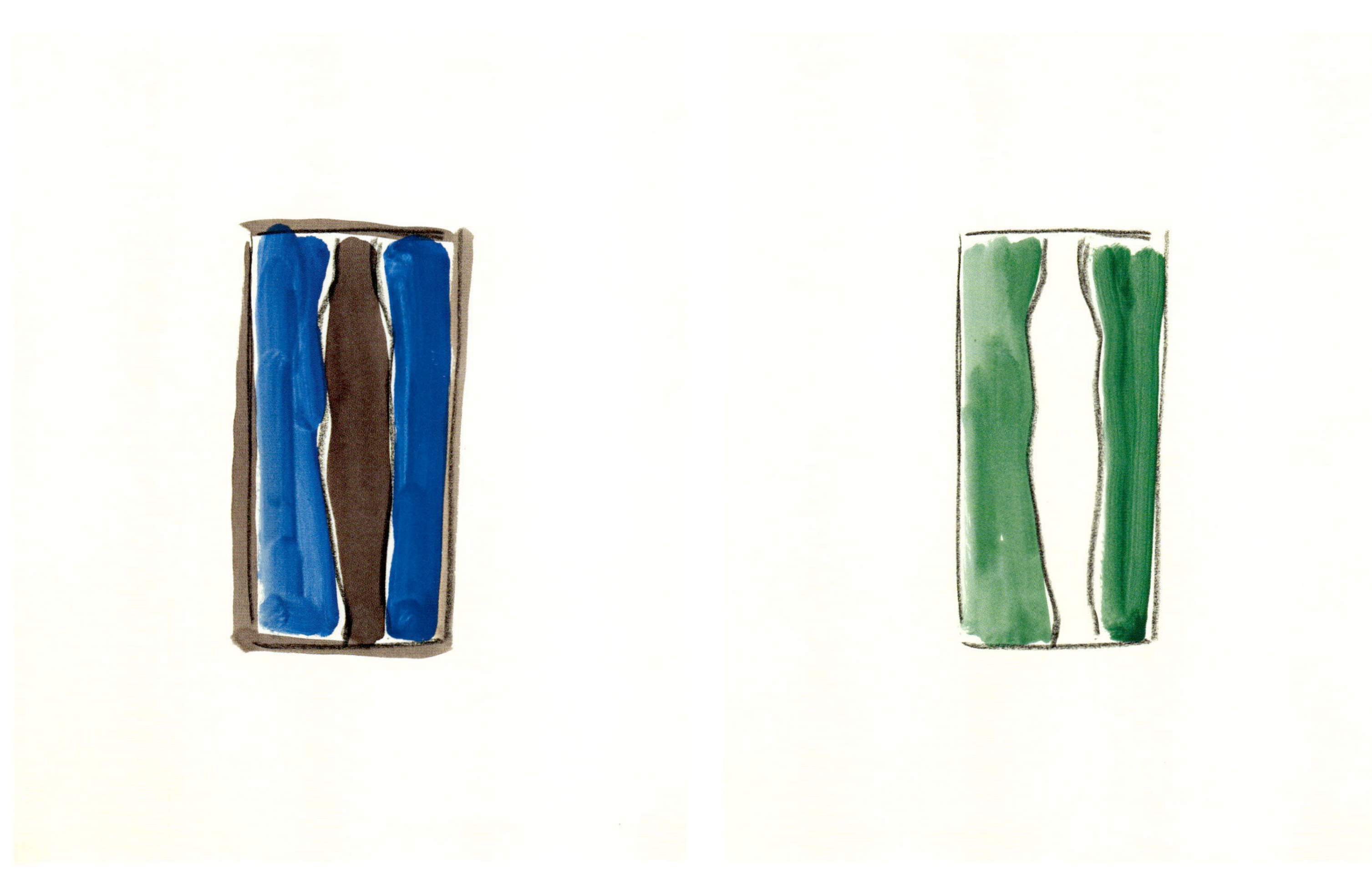

Taf. 94 **Figur**, um 1983, Aquarell und Wachskreide, 53 × 43 cm

Taf. 95 **Figur**, um 1983, Aquarell und Wachskreide, 53 × 43 cm

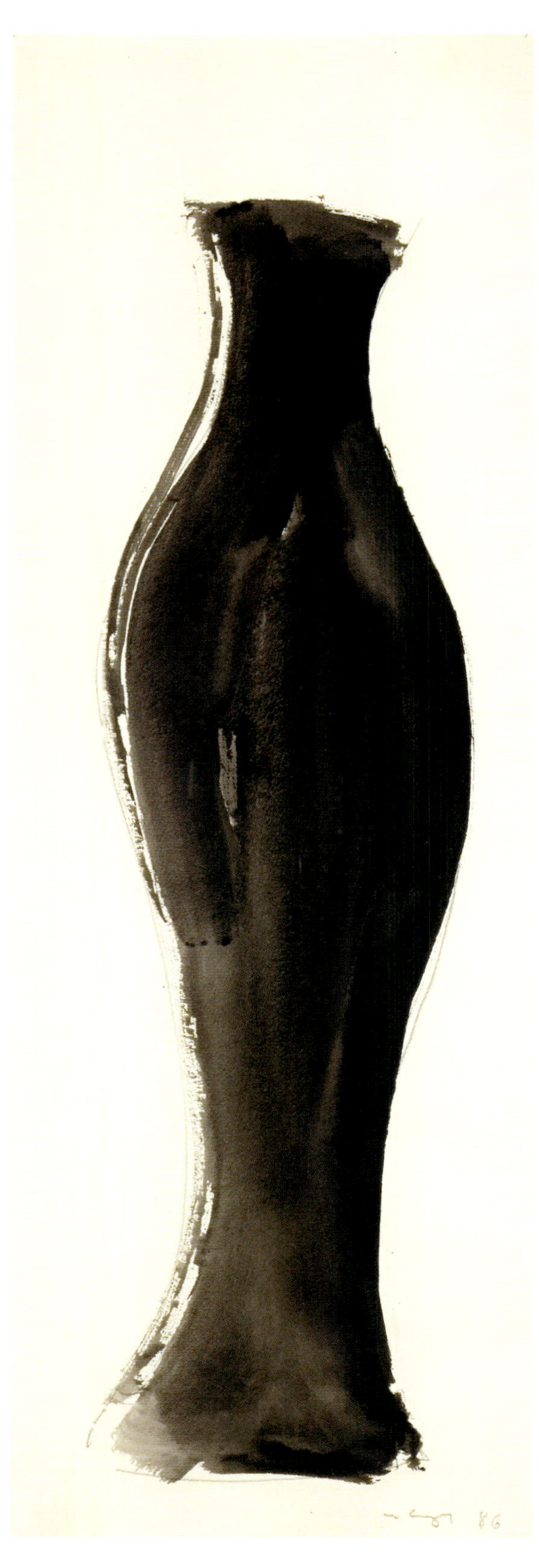

Taf. 96 **Figur (Amphore)**, 1986,
Tusche, 61 × 21,5 cm

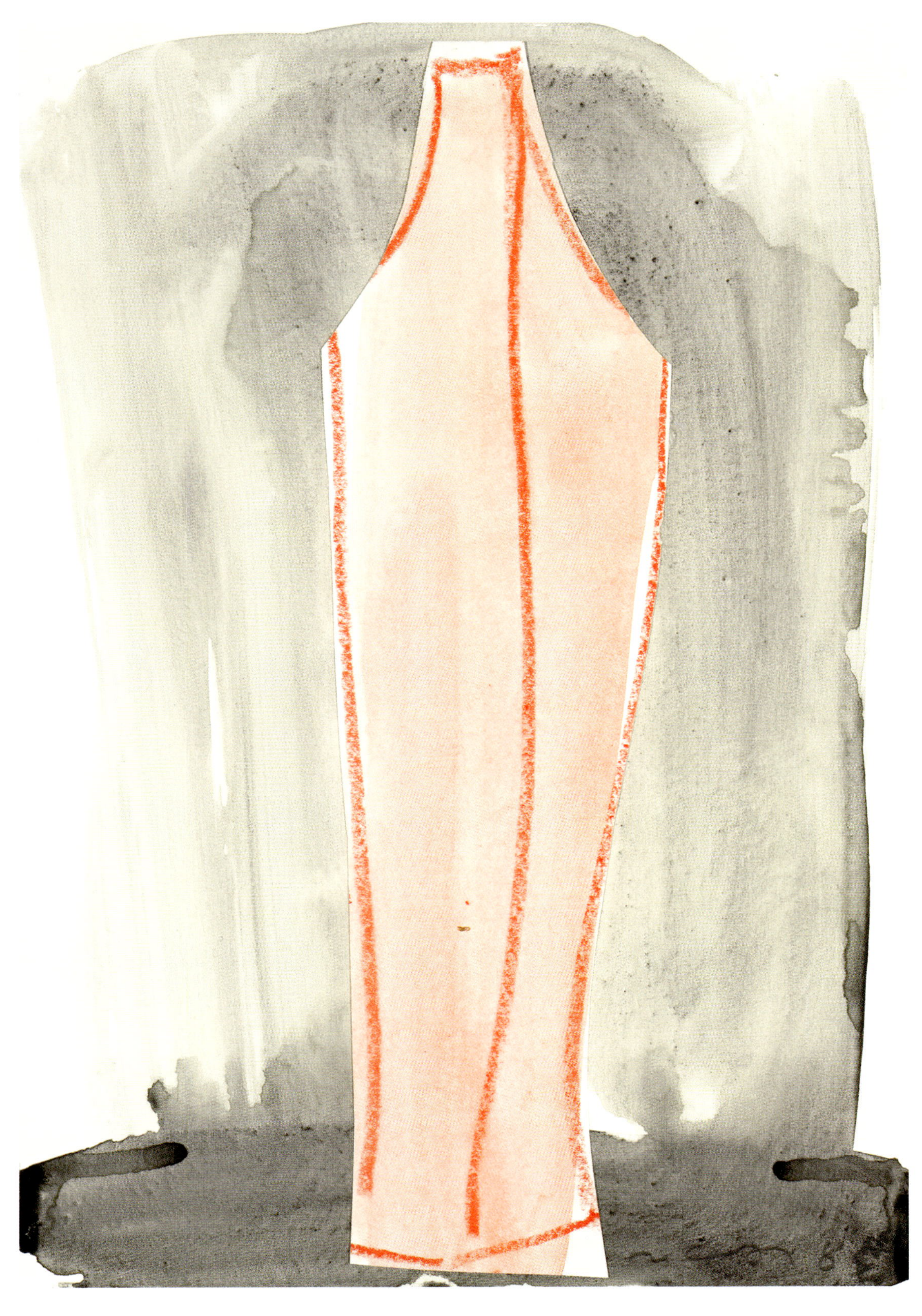

Taf. 97 **Figur**, Mitte 1980er Jahre, Aquarell, Collage und Wachskreide, 29,5 × 21 cm

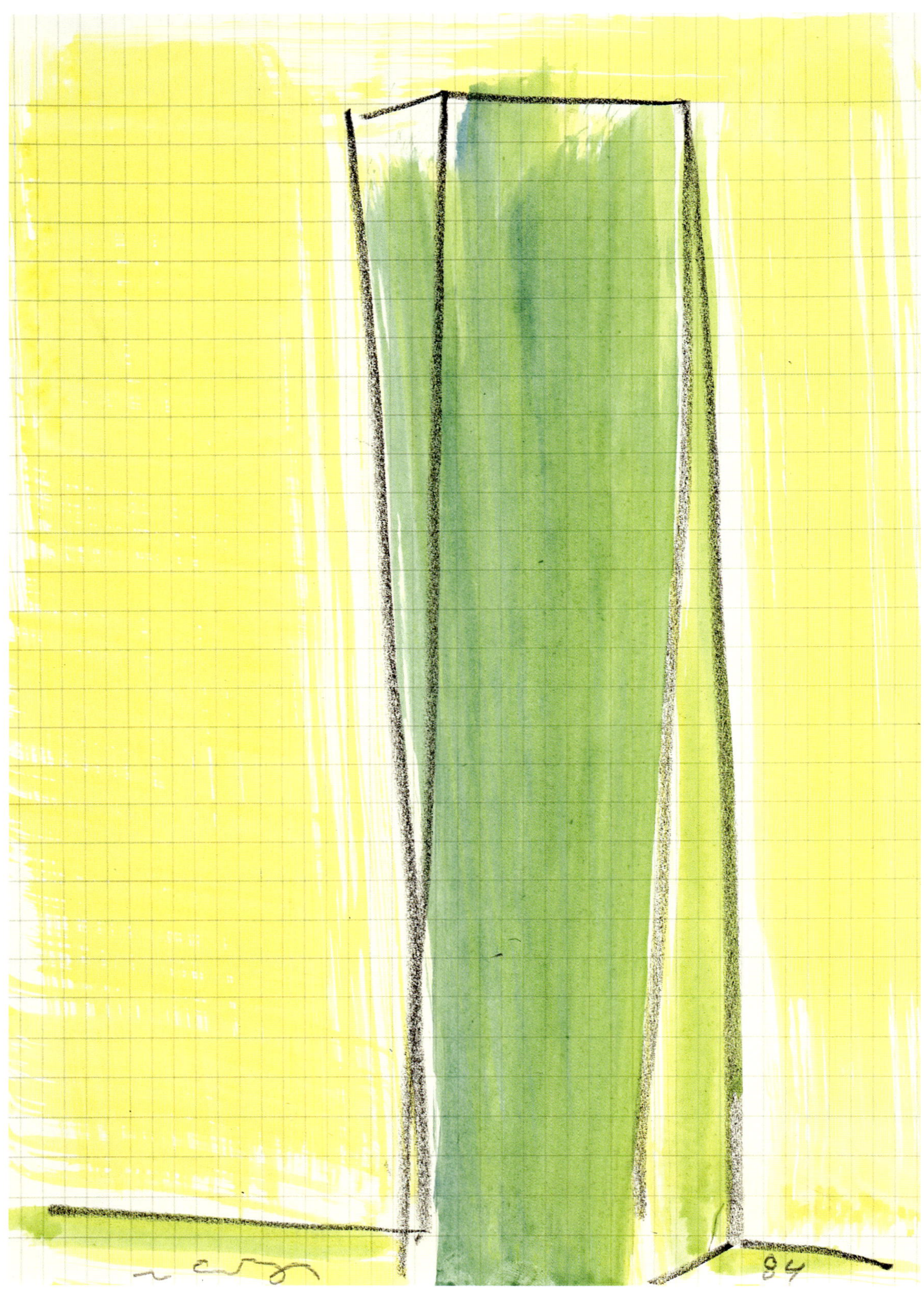

Taf. 98 **Figur**, 1984, Aquarell
über Graphit, 29 × 21 cm

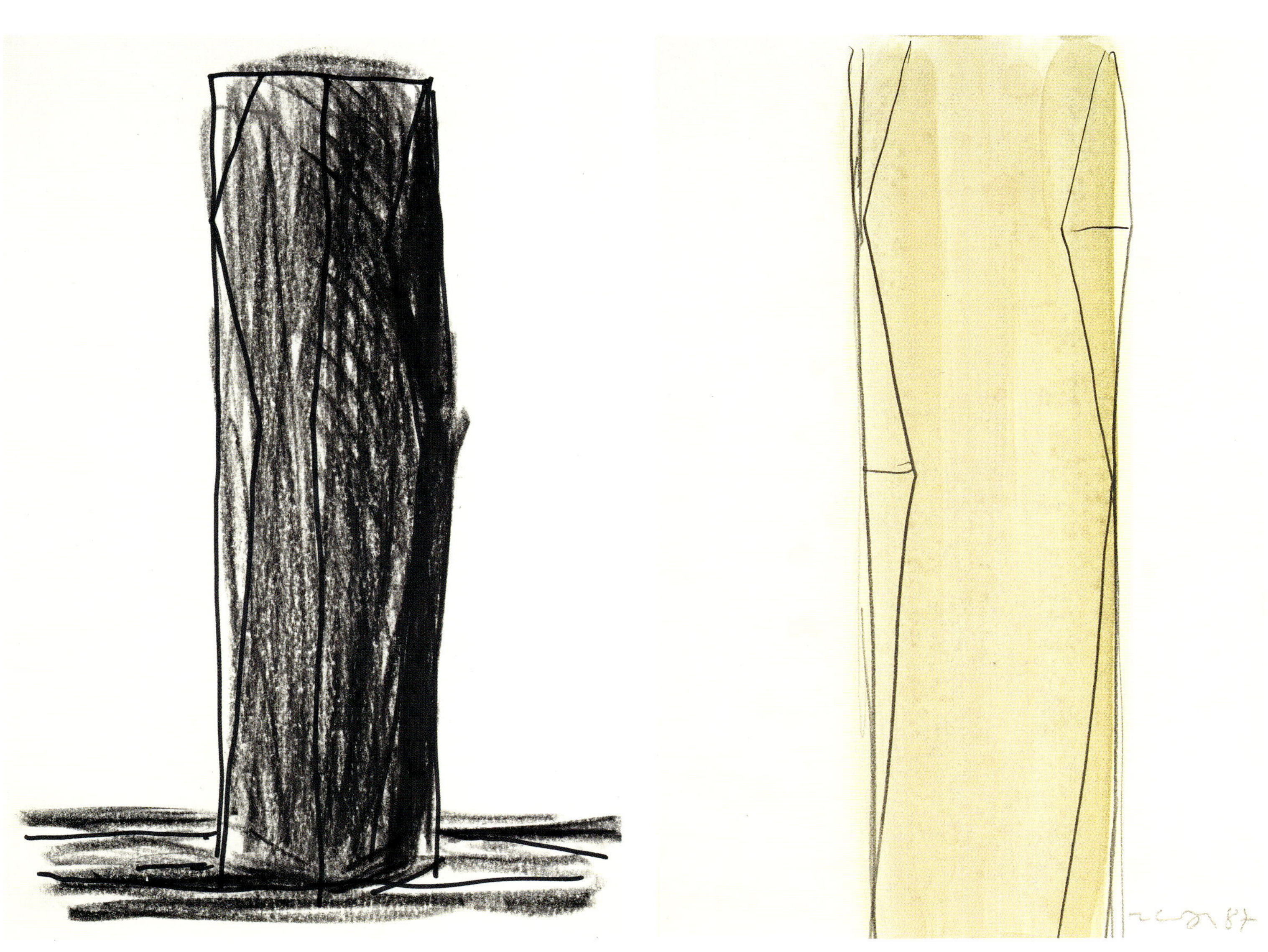

Taf. 99 **Figur (Blitz)**, um 1987/88,
Wachskreide, 29,5 × 21 cm

Taf. 100 **Figur (Blitz)**, 1987,
Aquarell über Bleistift, 29,5 × 21 cm

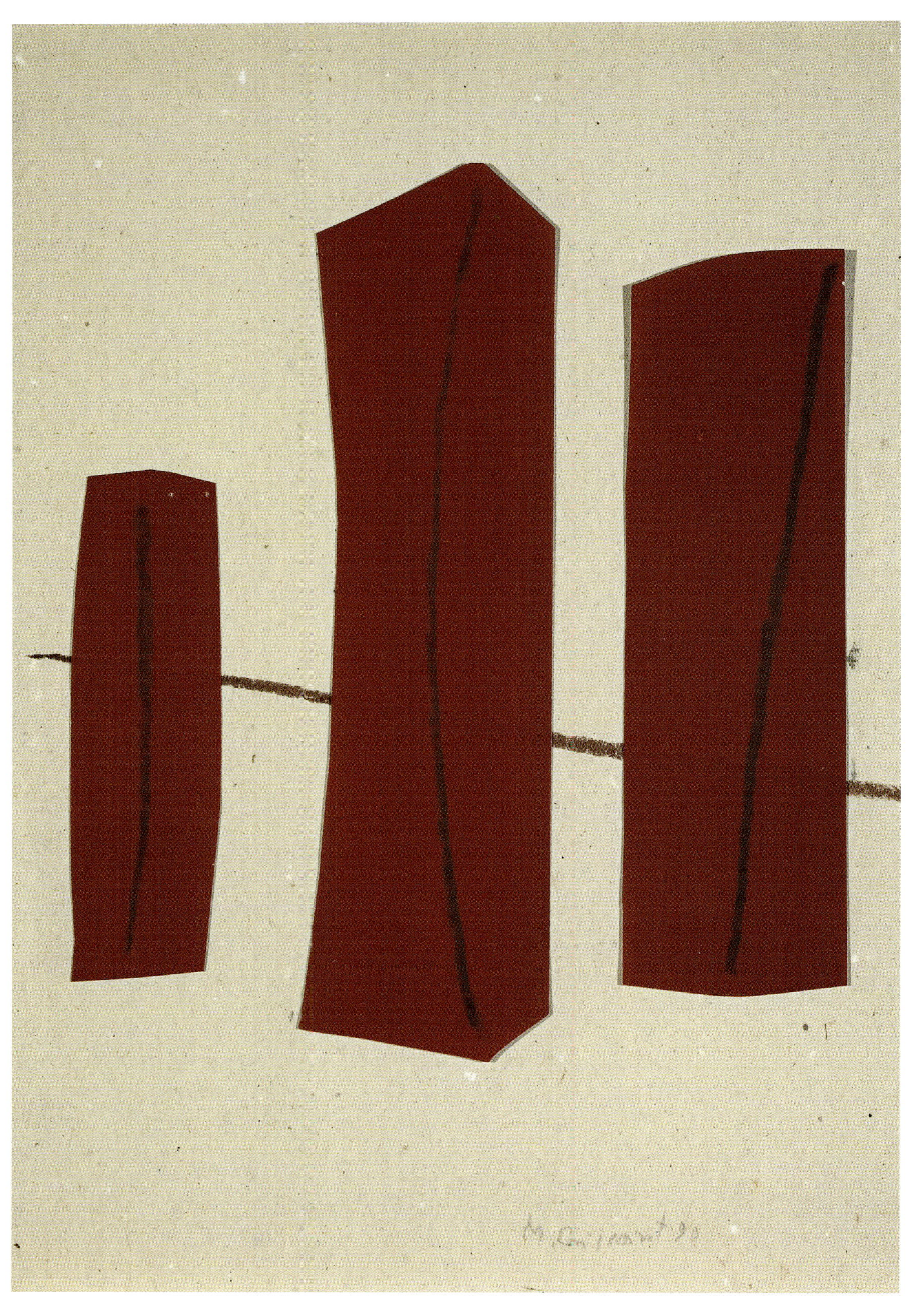

Taf. 101 **Drei Stelen**, 1990,
Collage und Wachskreide,
34 × 24 cm

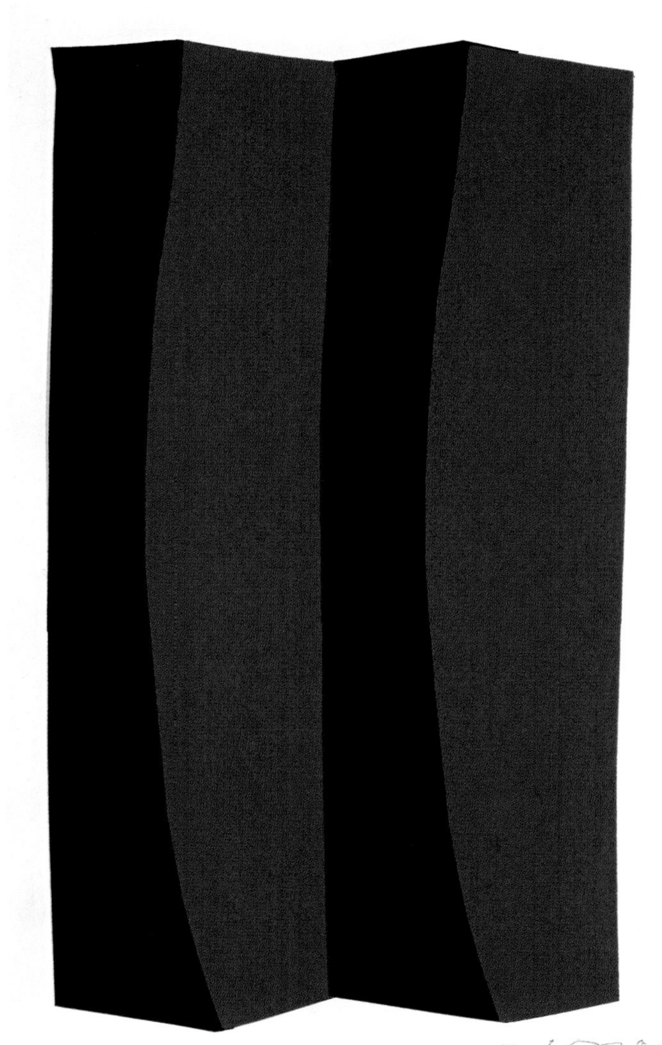

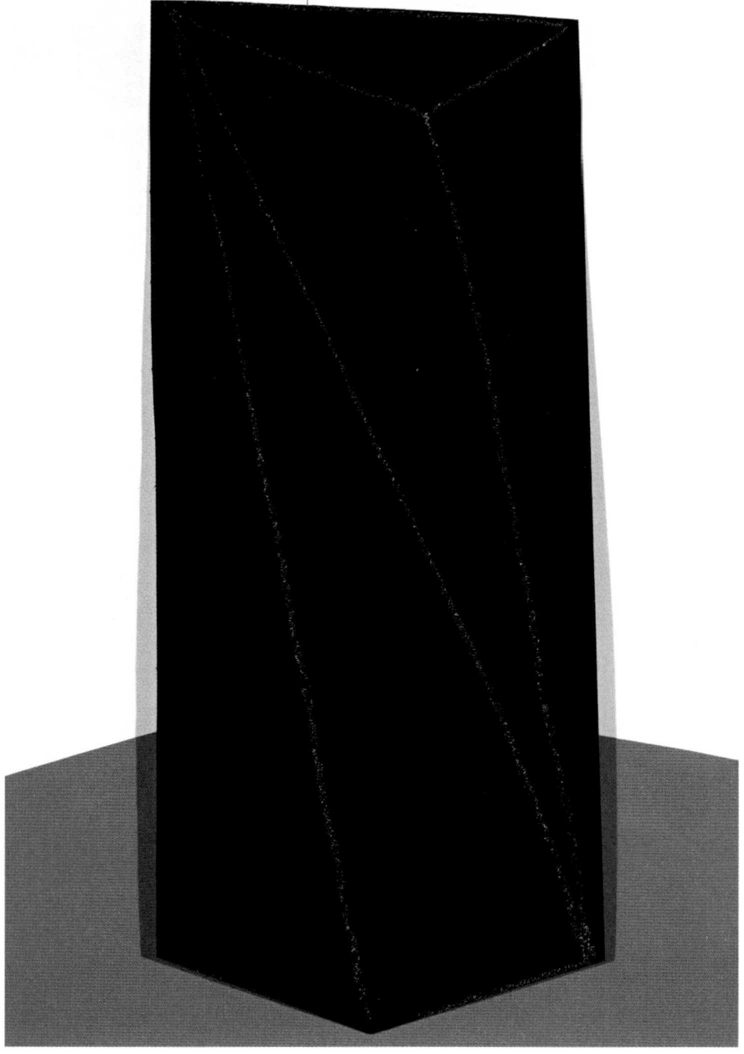

Taf. 102 **Doppelstele**, 1990, Collage, 29,5 × 21cm

Taf. 103 **Doppelstele**, Anfang 1990er Jahre, Collage und Wachskreide, 29,5 × 21 cm

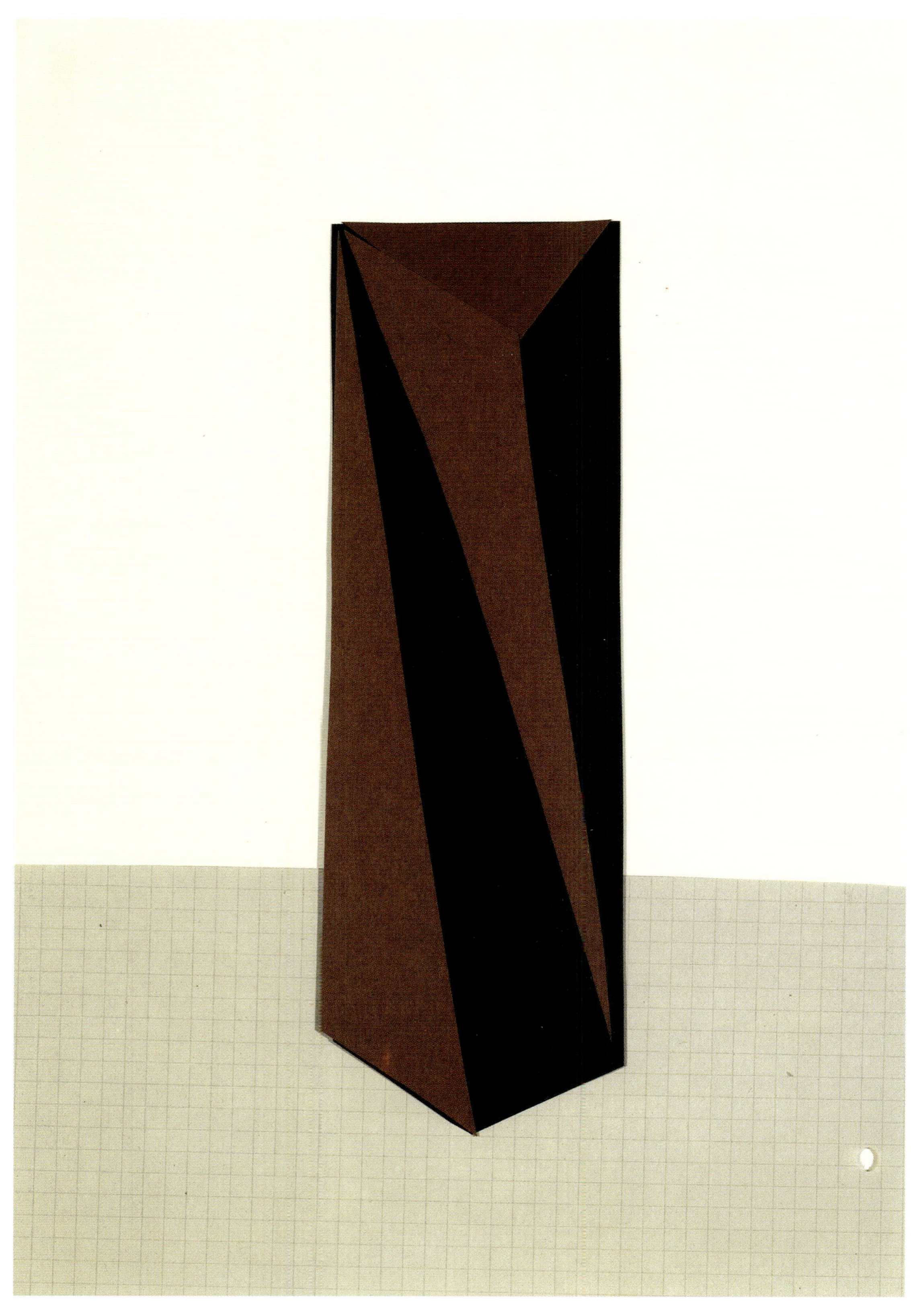

Taf. 104 **Doppelstele**, Anfang 1990er Jahre, Collage und Bleistift, 29,5 × 21 cm

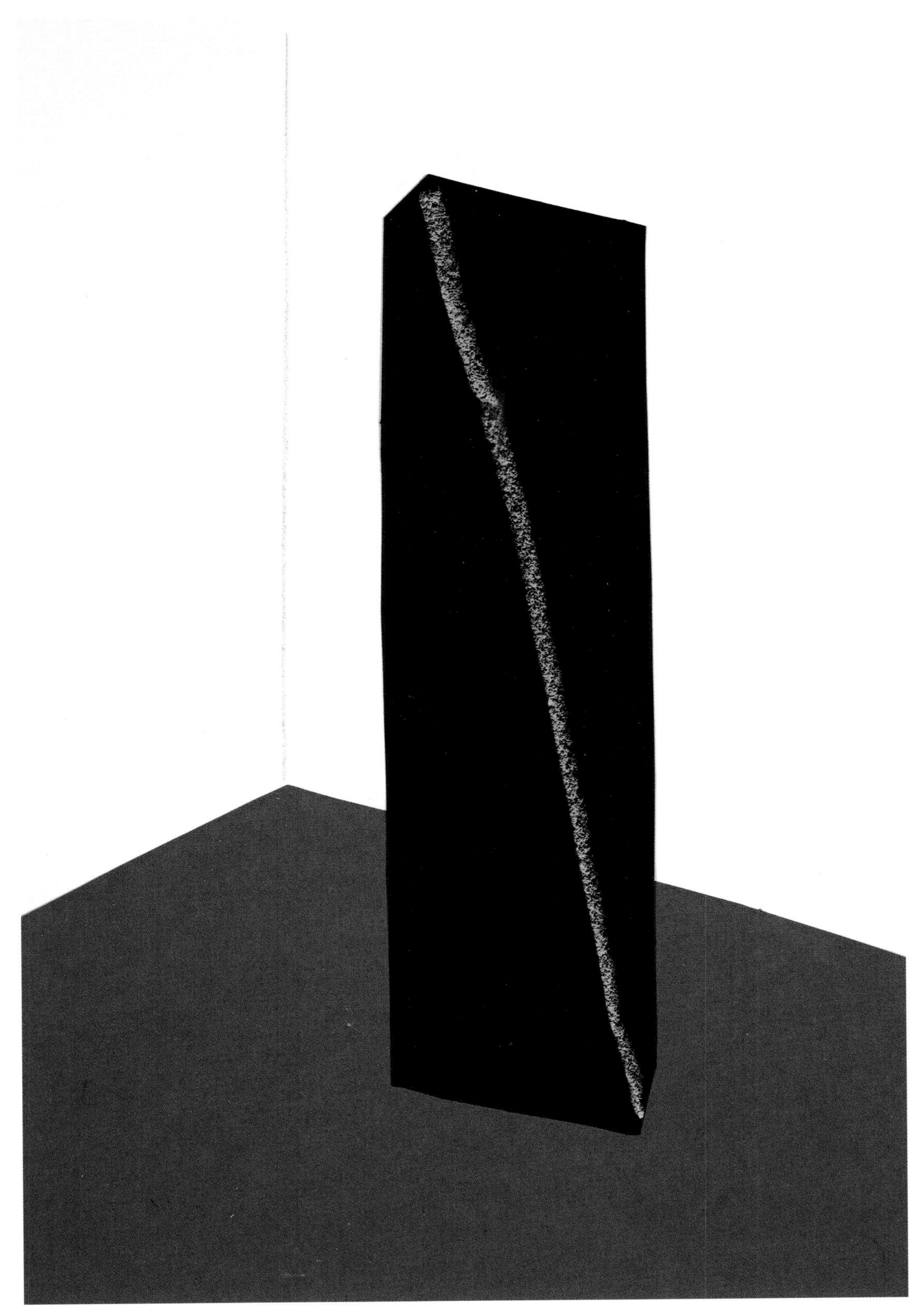

Taf. 105 **Stele**, Anfang 1990er Jahre, Collage und Wachskreide, 29,5 × 21 cm

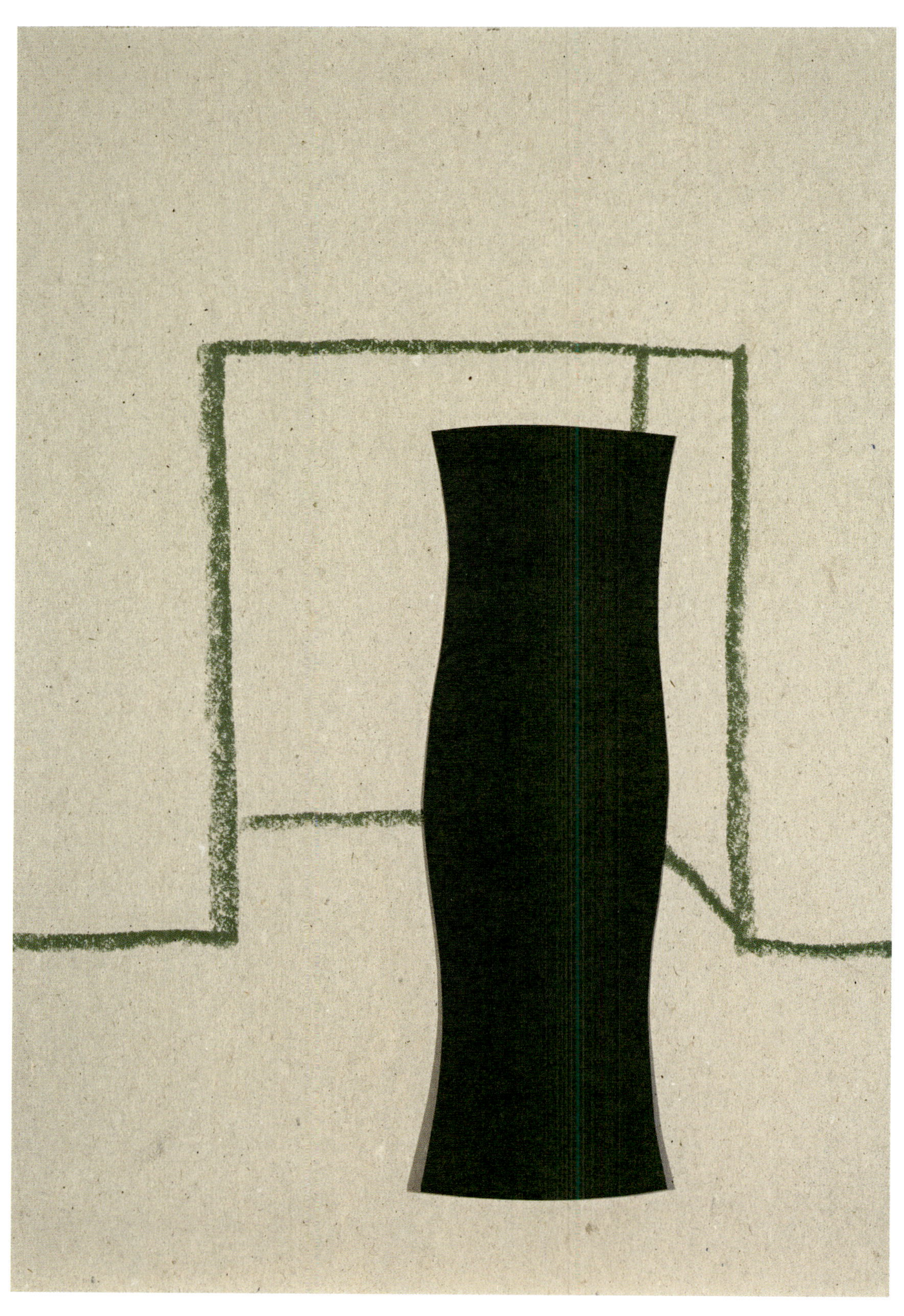

Taf. 106 **Stele im Raum**,
Mitte 1990er Jahre, Collage
und Wachskreide, 33,5 × 24 cm

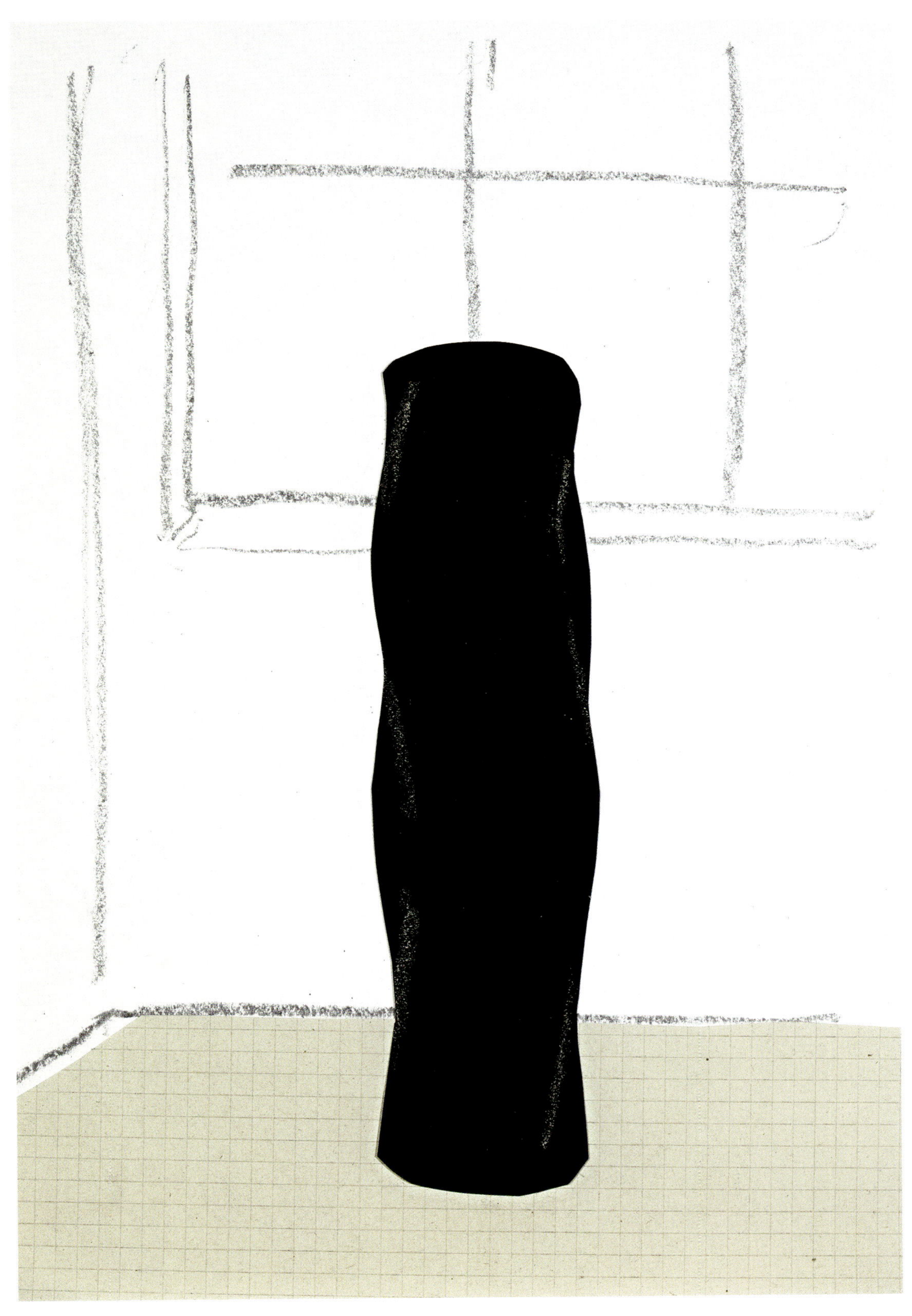

Taf. 107 **Stele im Atelier**,
Mitte 1990er Jahre, Collage
und Wachskreide, 29,5 × 21 cm

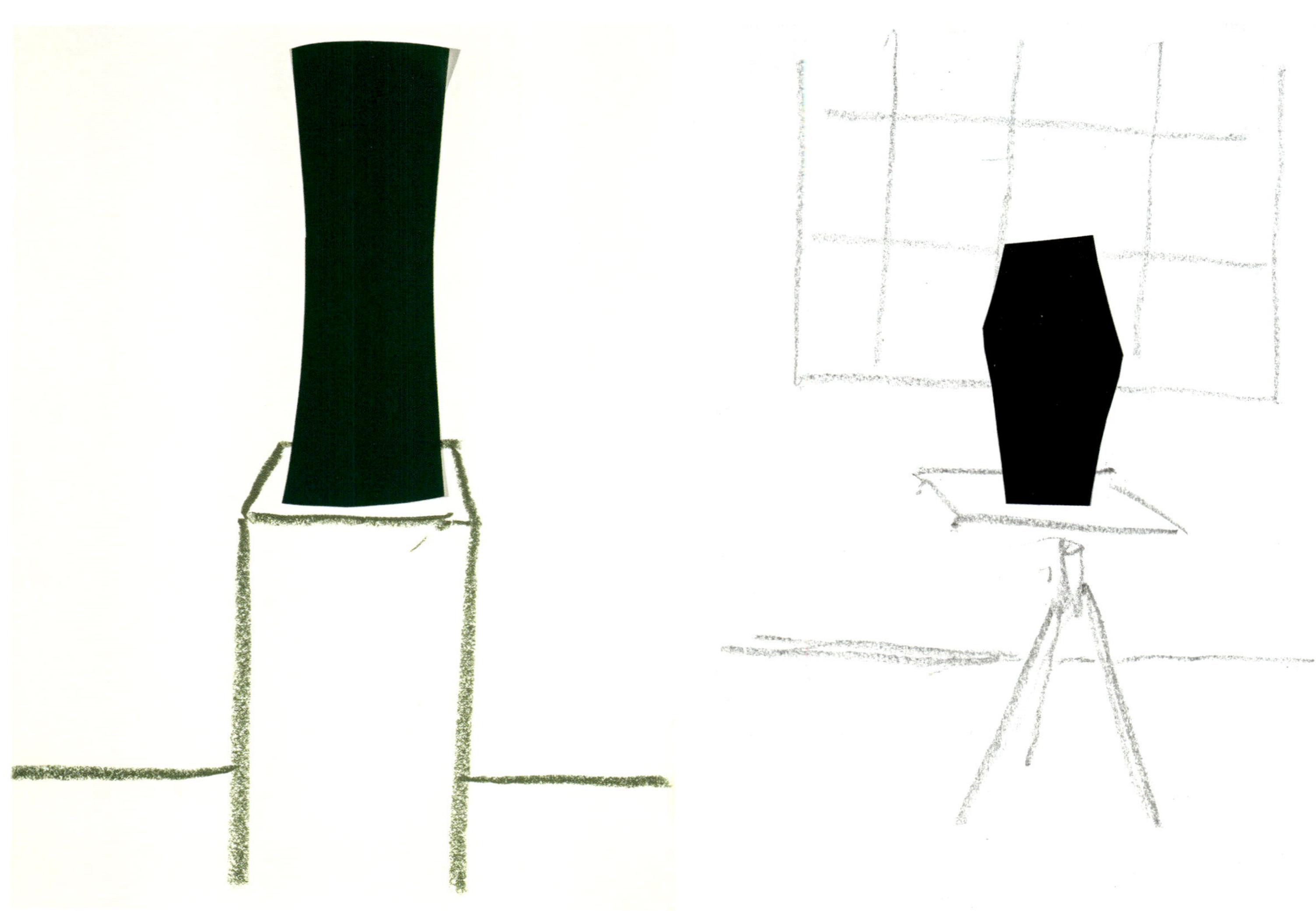

Taf. 108 **Stele auf einem Sockel**, Mitte 1990er Jahre, Collage und Wachskreide, 32 × 24 cm

Taf. 109 **Stele auf dem Modellierbock**, Mitte 1990er Jahre, Collage und Wachskreide, 29,5 × 21 cm

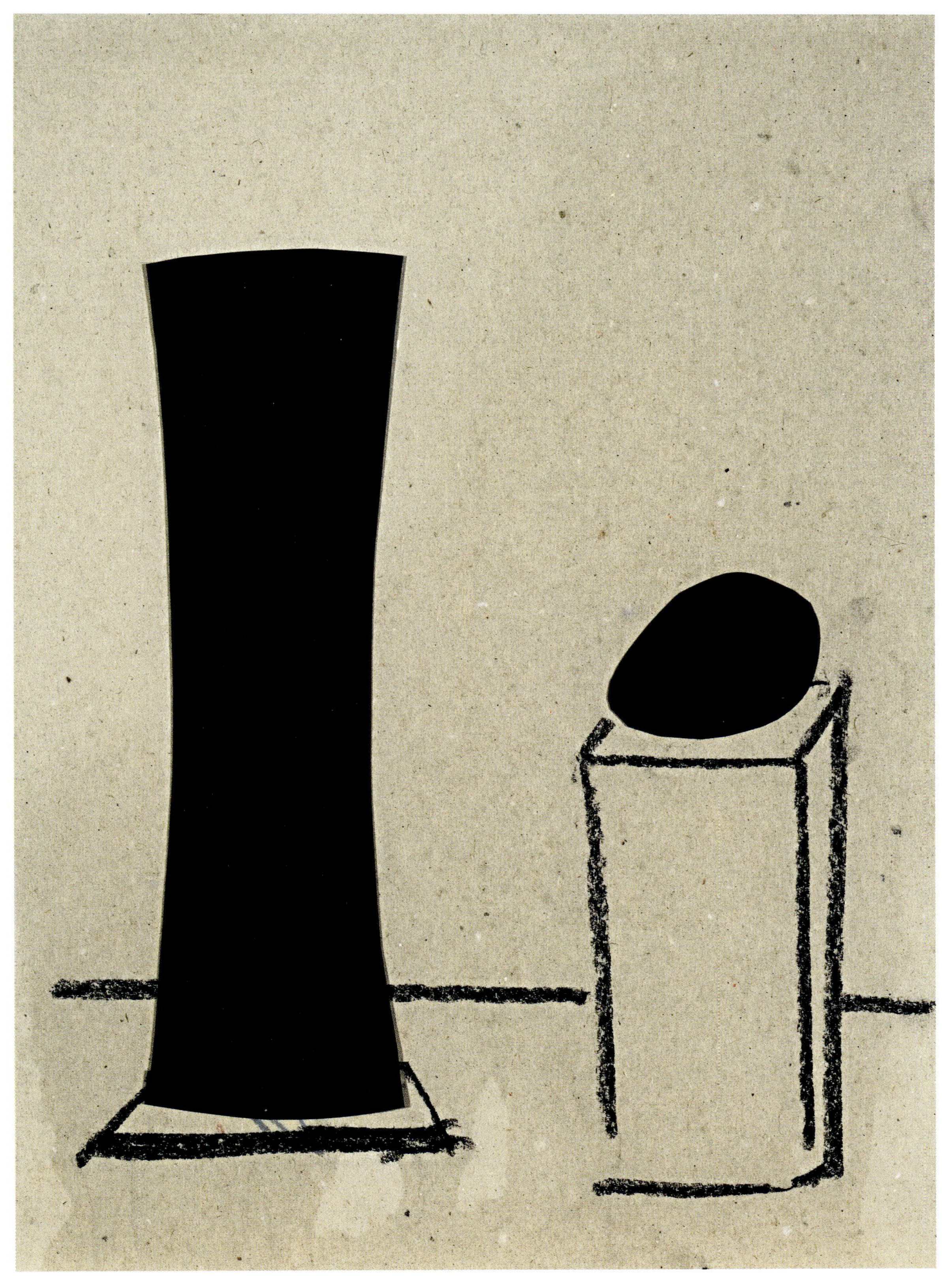

Taf. 110 **Stele und Kopf**, Mitte der 1990er Jahre, Collage und Wachskreide, 34 × 24 cm

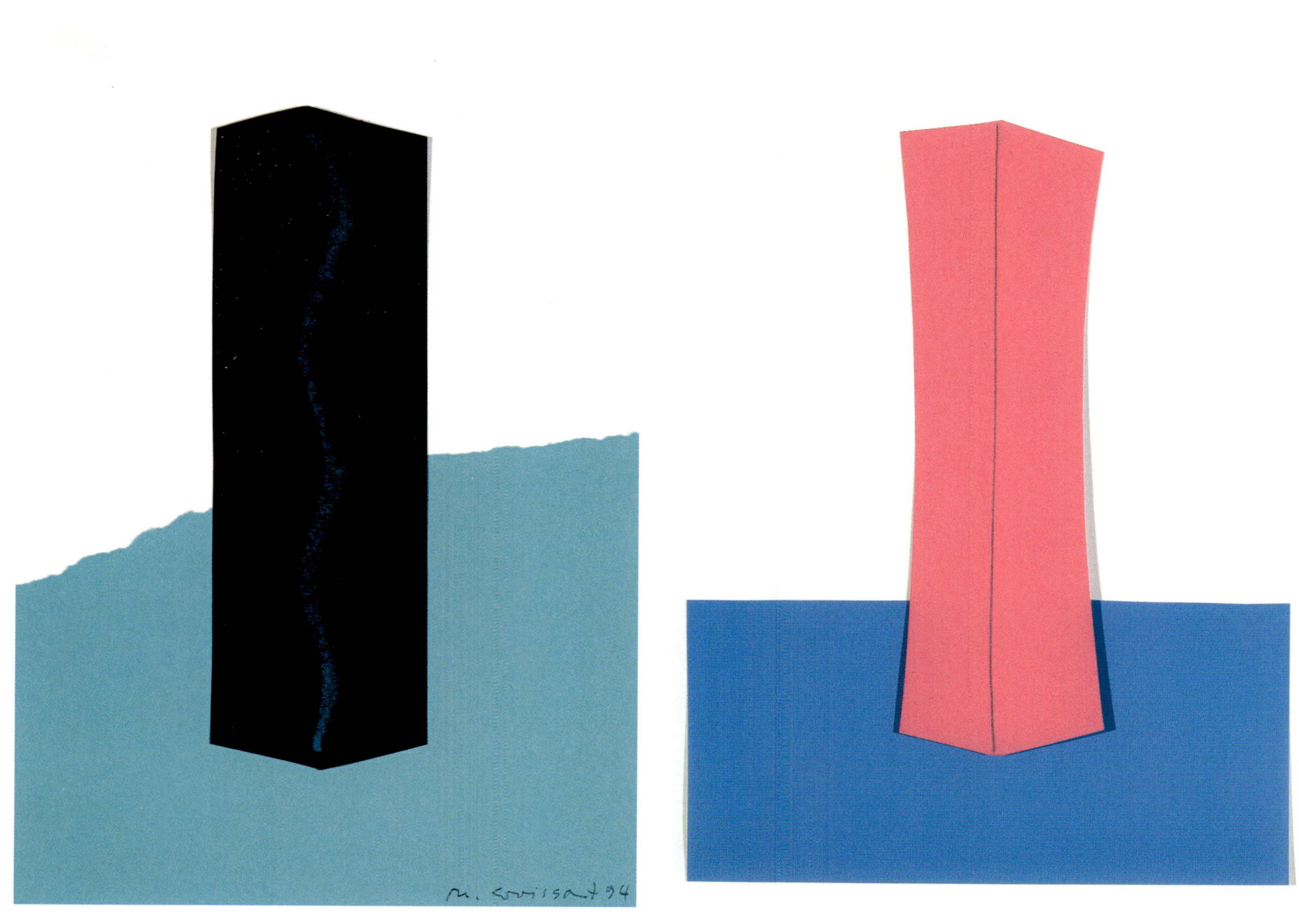

Taf. 111 **Stele**, 1994, Collage und Wachskreide, 29,5 × 21 cm

Taf. 112 **Stele**, Mitte der 1990er Jahre, Collage und Bleistift, 29,5 × 21 cm

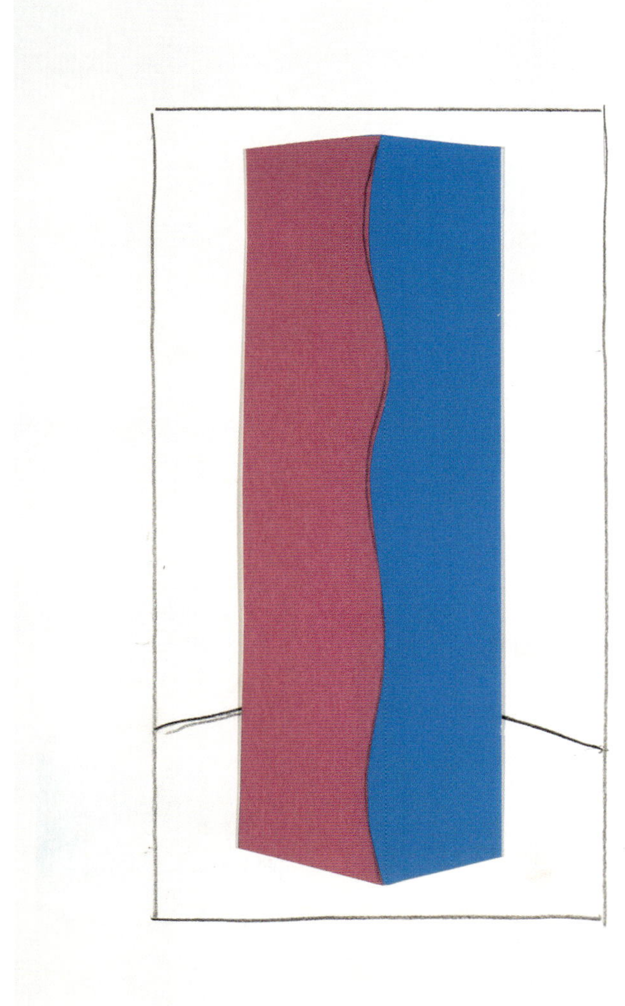

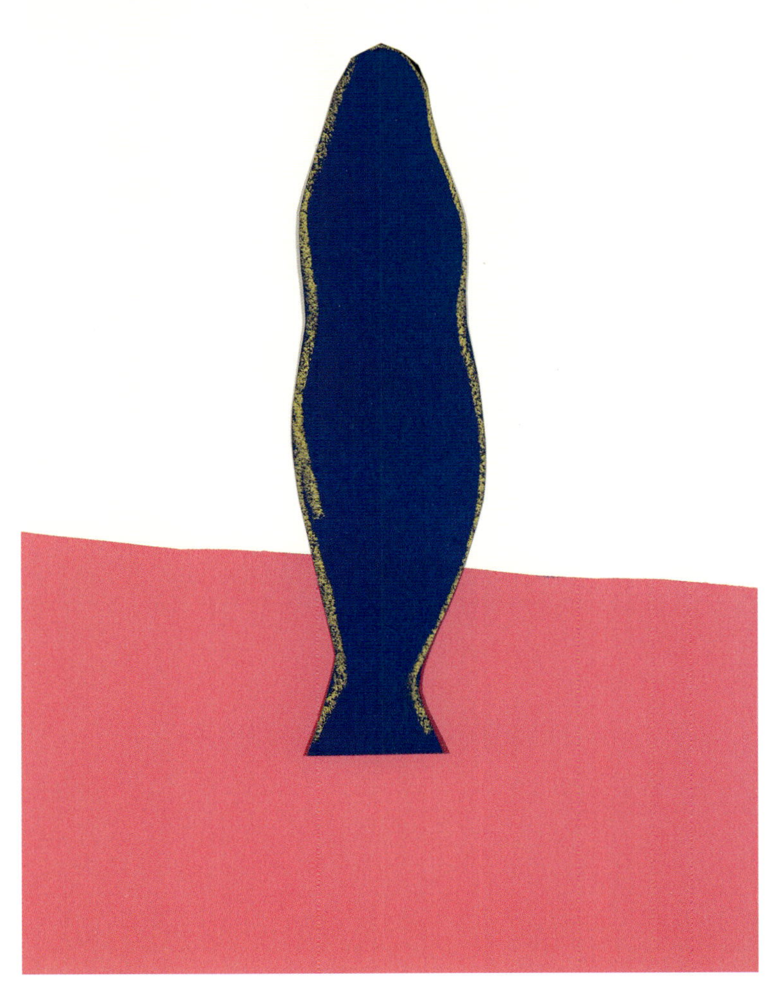

Taf. 113 **Stele**, Mitte der 1990er Jahre, Collage und Bleistift, 29,5 × 21 cm

Taf. 114 **Figur**, Mitte der 1990er Jahre, Collage und Wachskreide, 29,5 × 21 cm

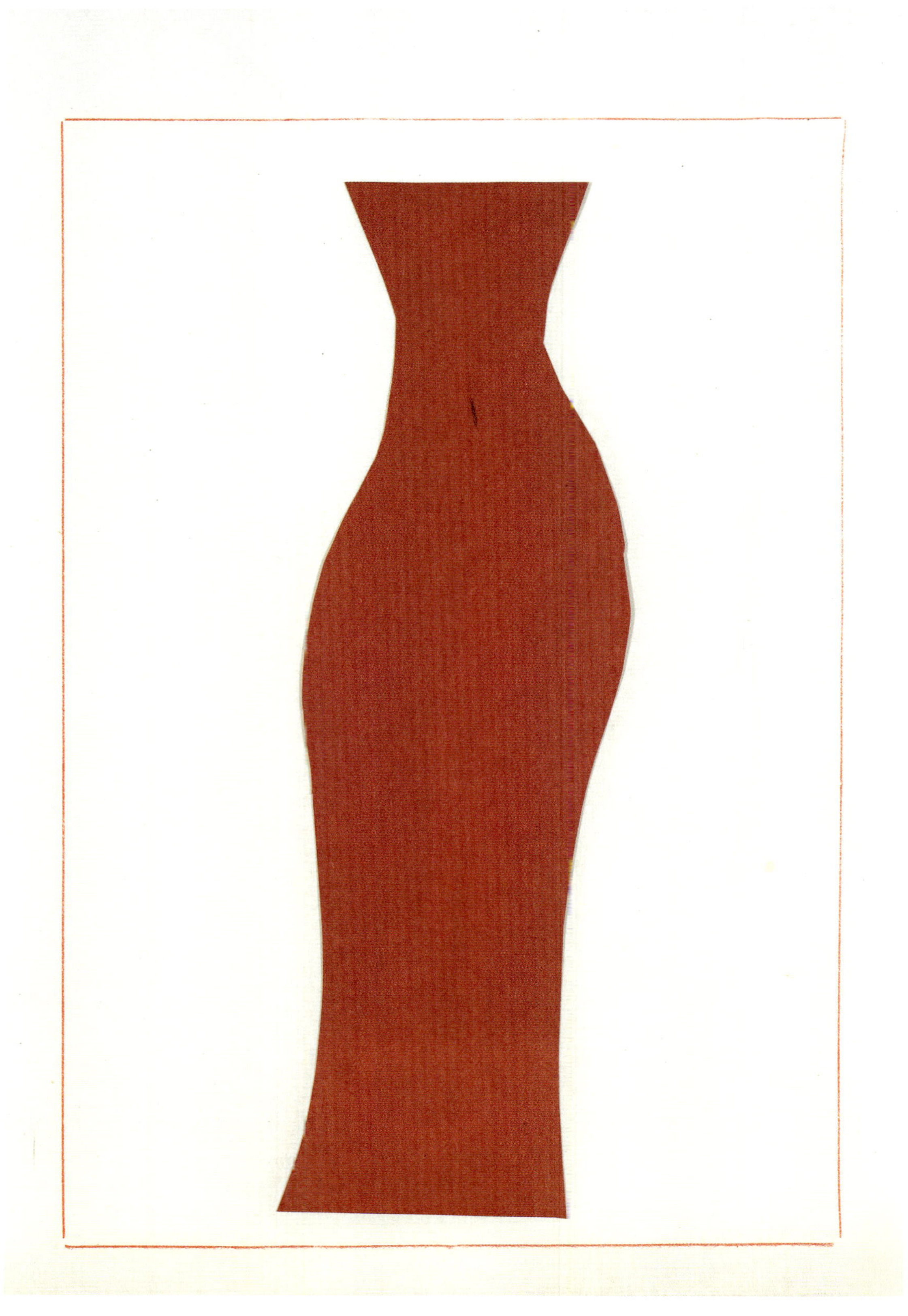

Taf. 115 **Figur (Amphore)**,
um 1997, Collage, 25,5 × 18 cm

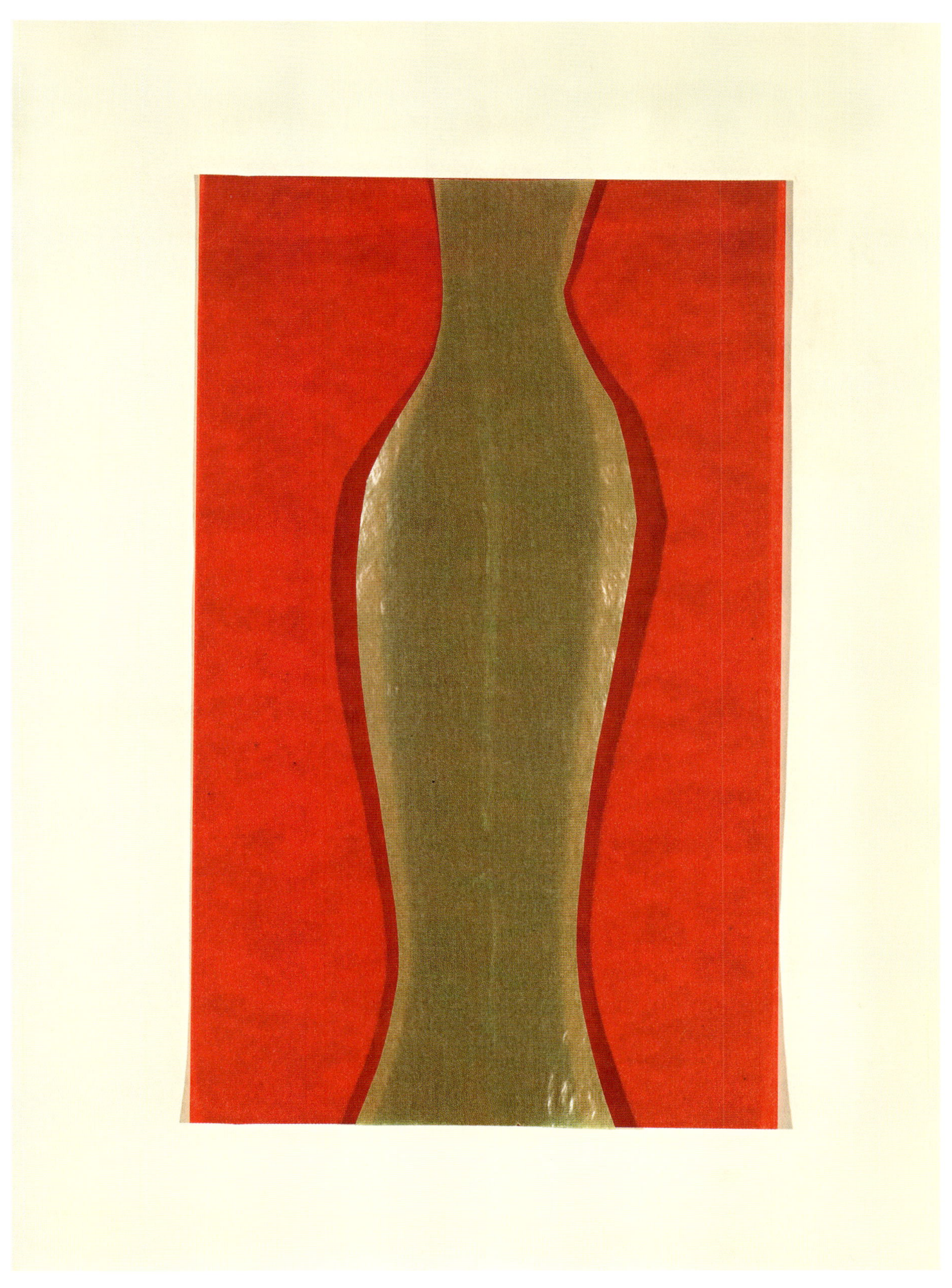

Taf. 116 **Figur (Amphore)**,
um 1997, Collage, 40 × 30 cm

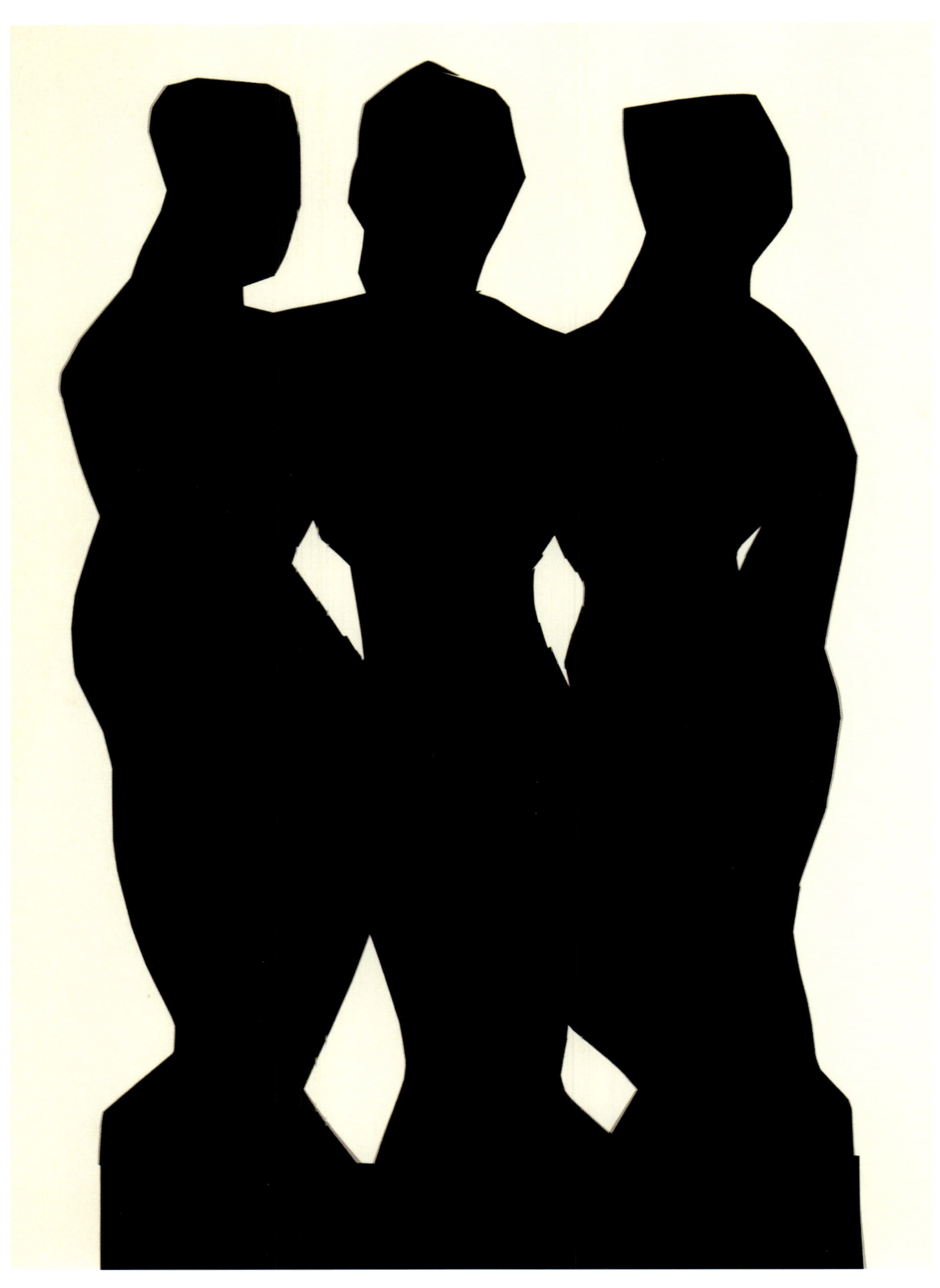

Taf. 117 **Drei Grazien**,
um 1997, Collage, 32 × 24 cm

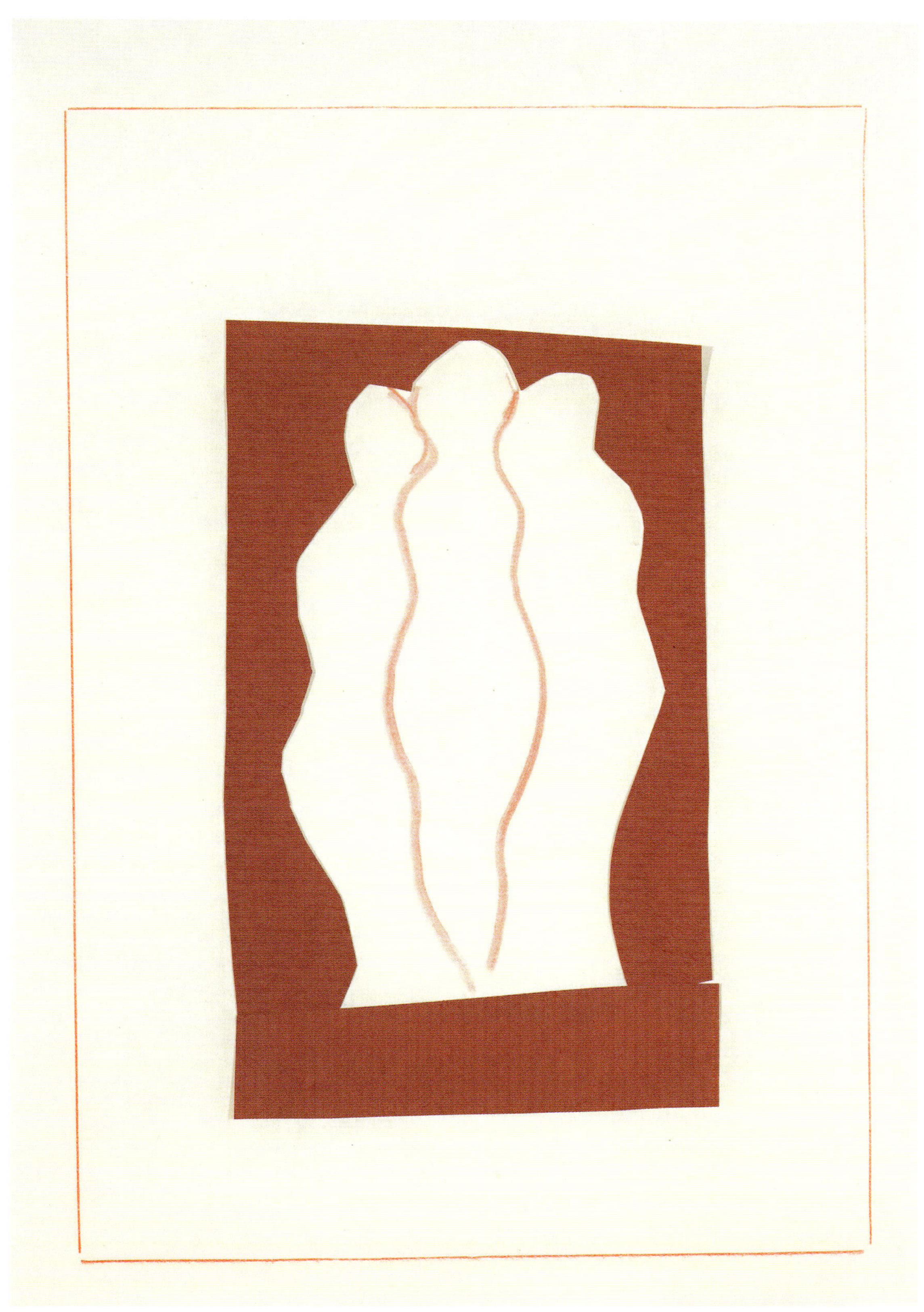

Taf. 118 **Drei Grazien**, um 1998,
Collage und Farbstift, 25,5 × 18 cm

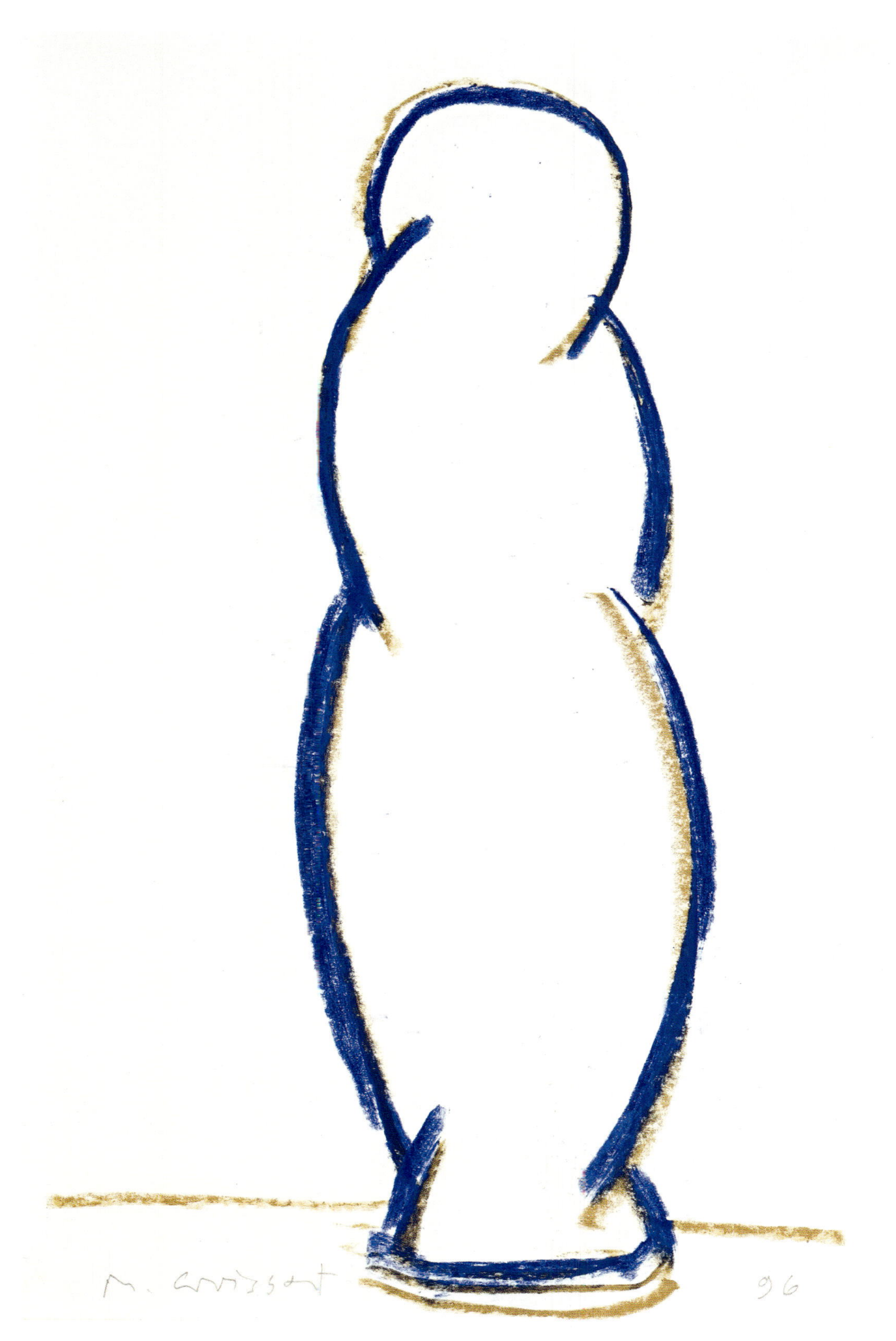

Taf. 119 **Figur**, 1996,
Wachskreiden, 29,5 × 21 cm

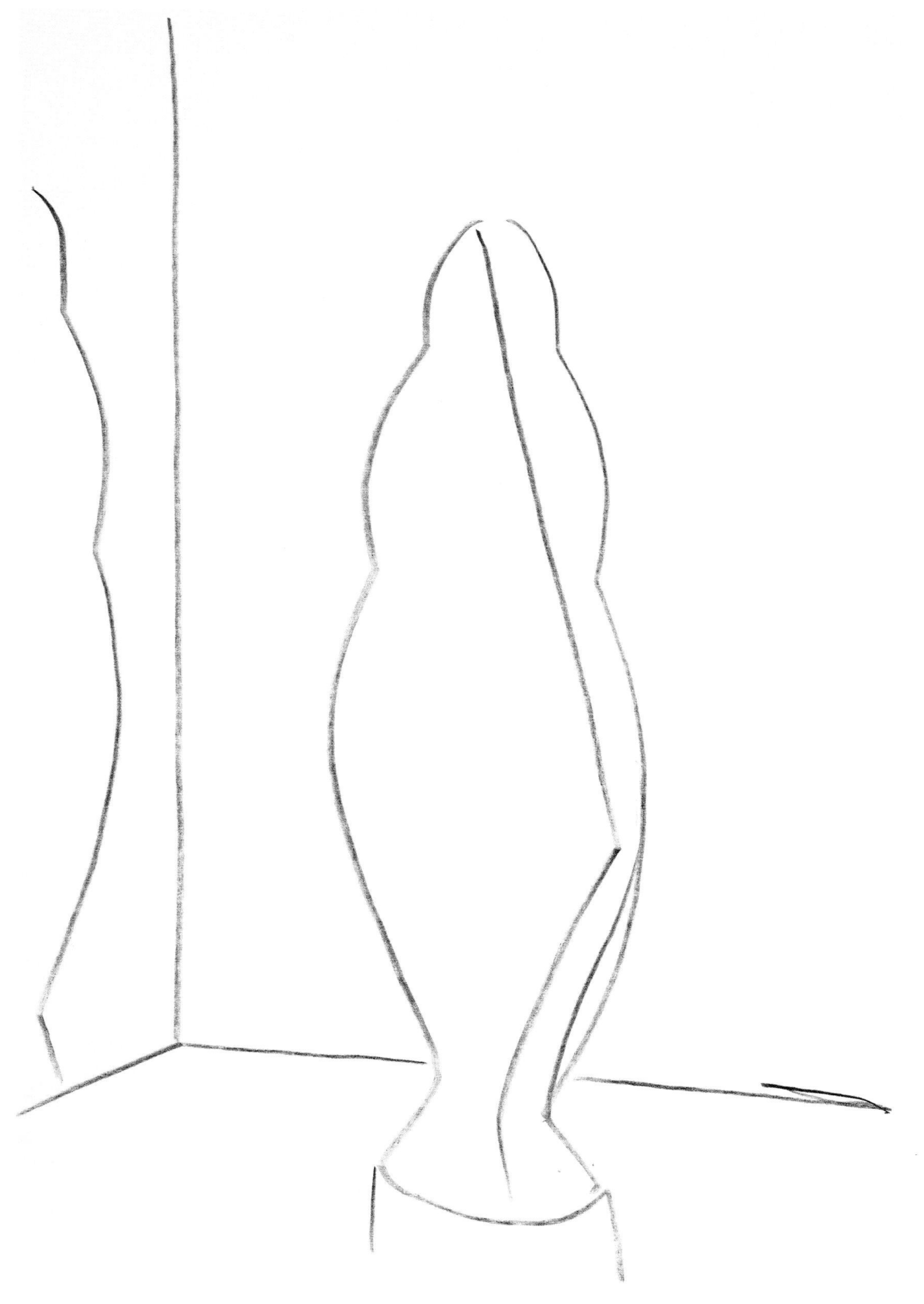

Taf. 120 **Figur im Raum**,
um 1997, Bleistift, 29,5 × 21 cm

Taf. 121 **Figur**, Ende 1990er Jahre,
Wachskreide, 32 × 24 cm

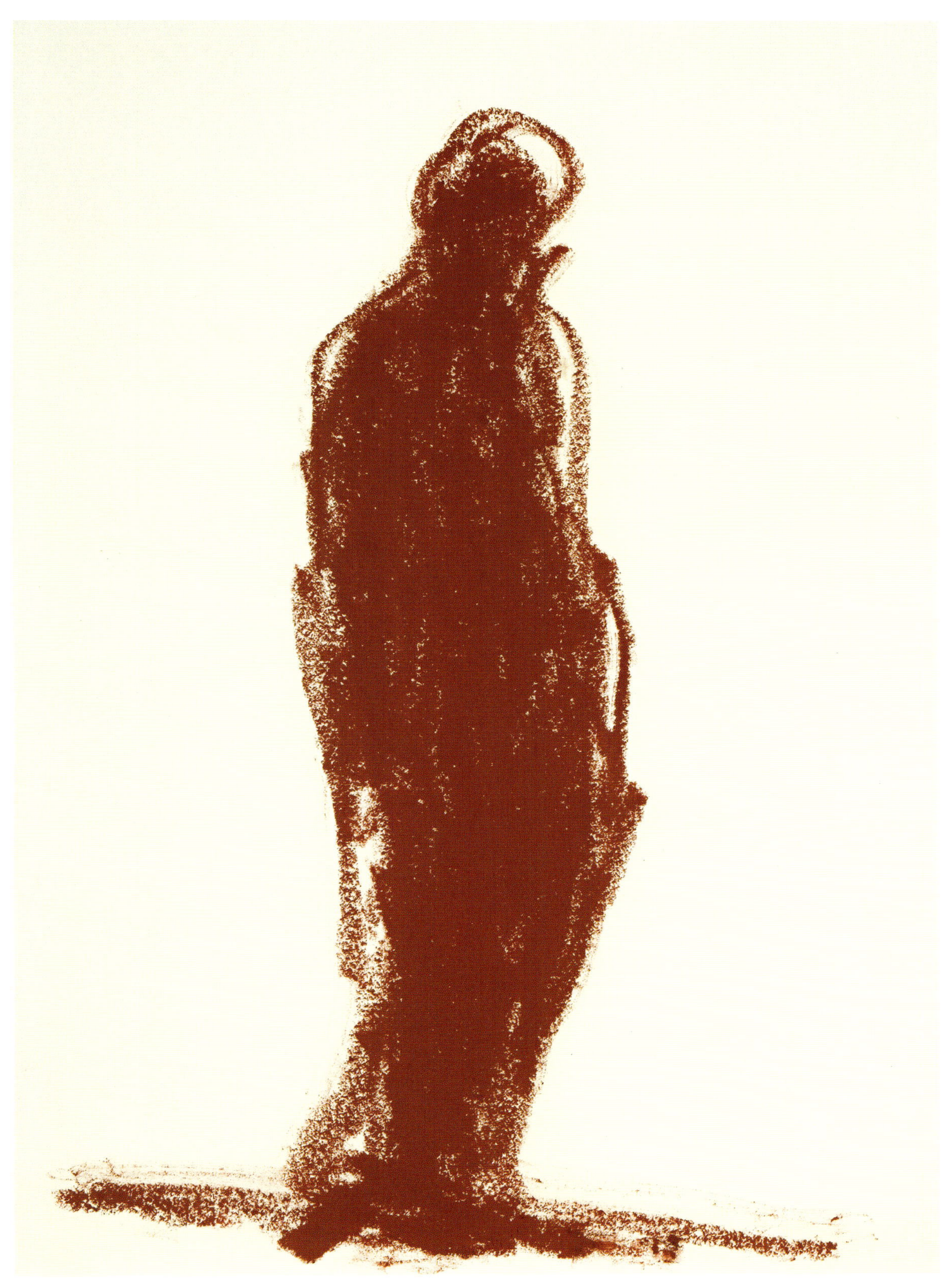

Taf. 122 **Figur**, Ende 1990er Jahre,
Wachskreide, 32 × 24 cm

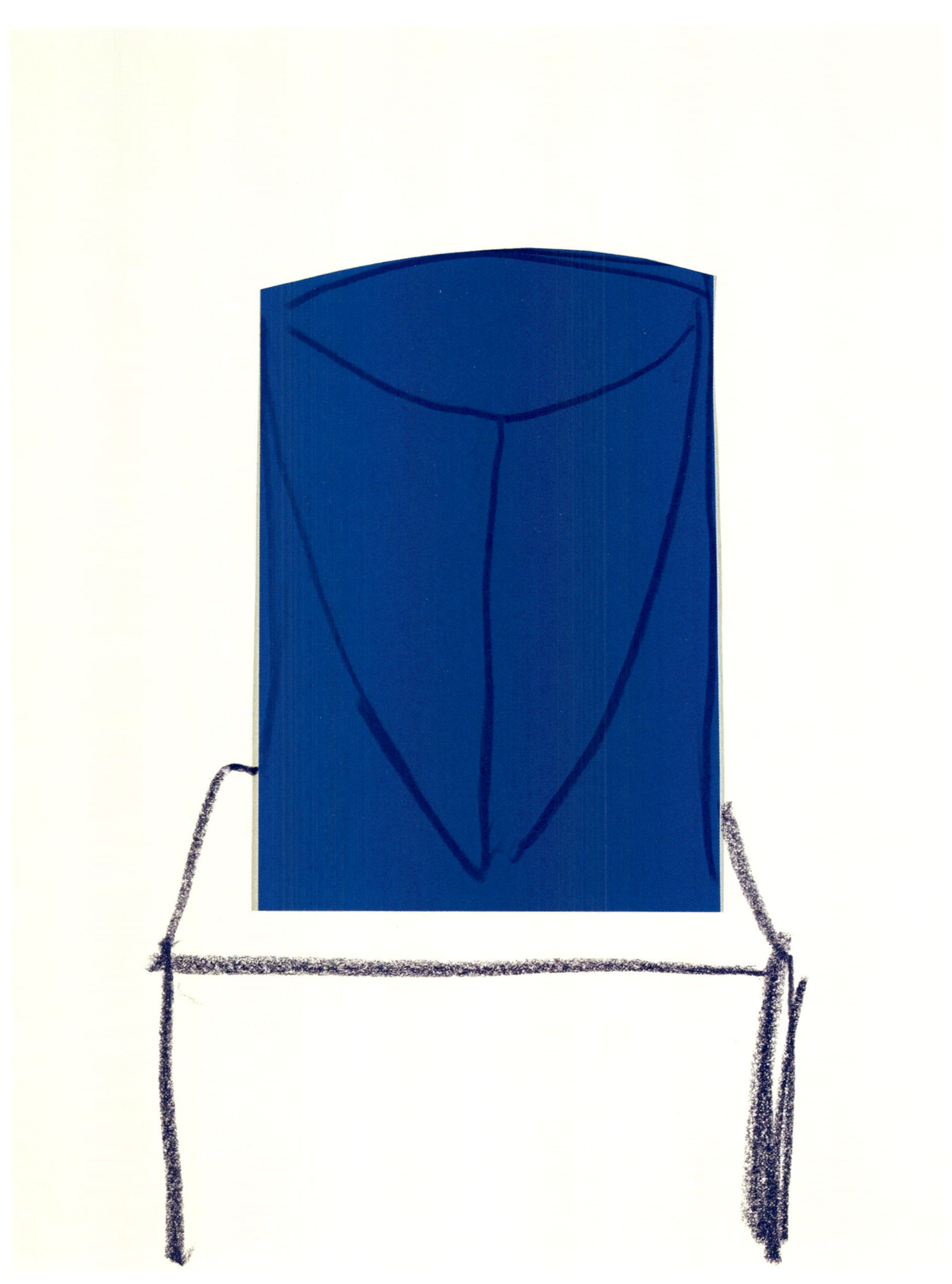

Taf. 123 **Kopf**, Mitte 1990er Jahre, Collage und Wachskreide, 32 × 22 cm

Taf. 124 **Kopf**, 1993, Collage
und Wachskreide, 29,5 × 21 cm

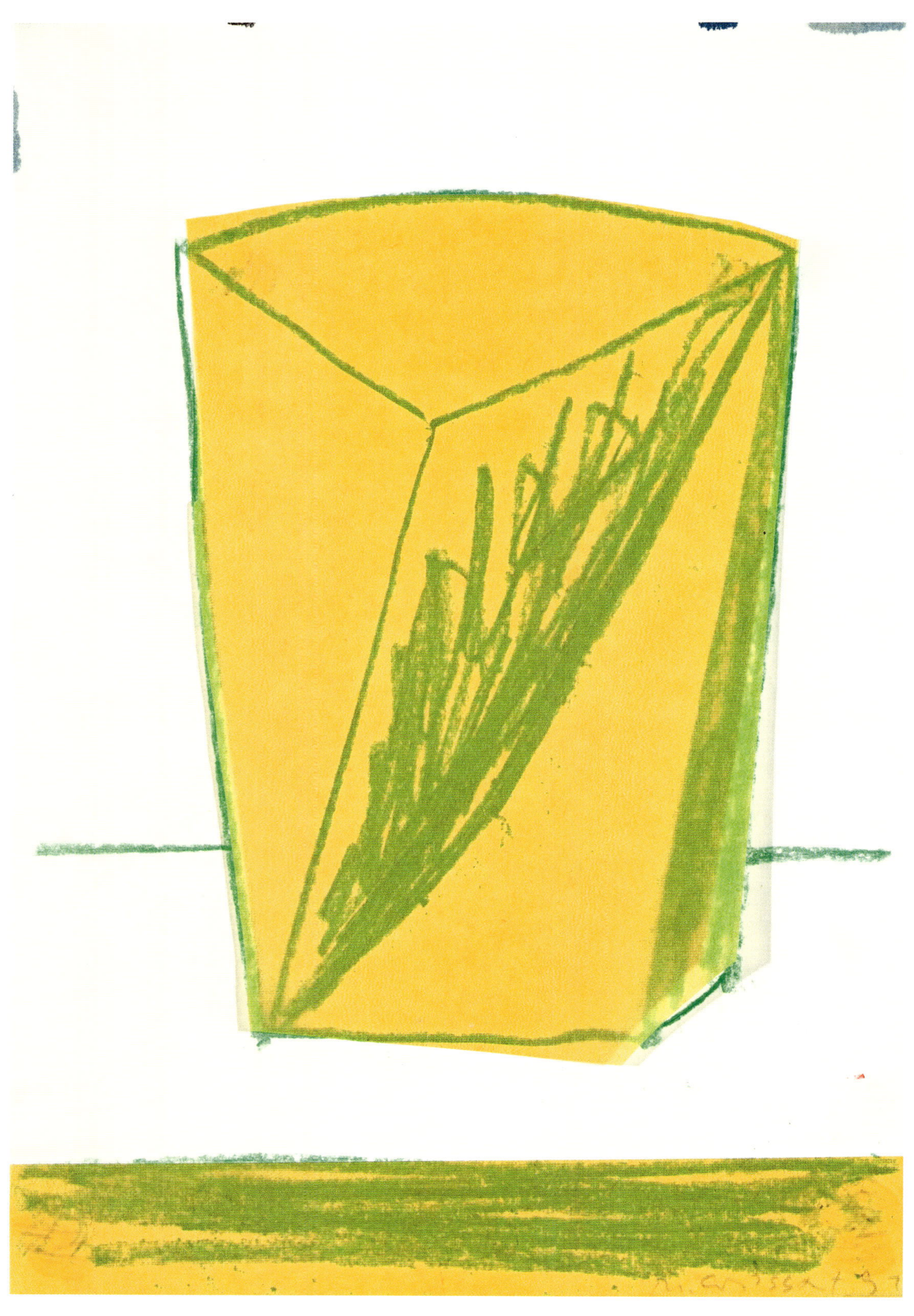

Taf. 125 **Kopf**, 1991, Collage
und Wachskreide, 29,5 × 21 cm

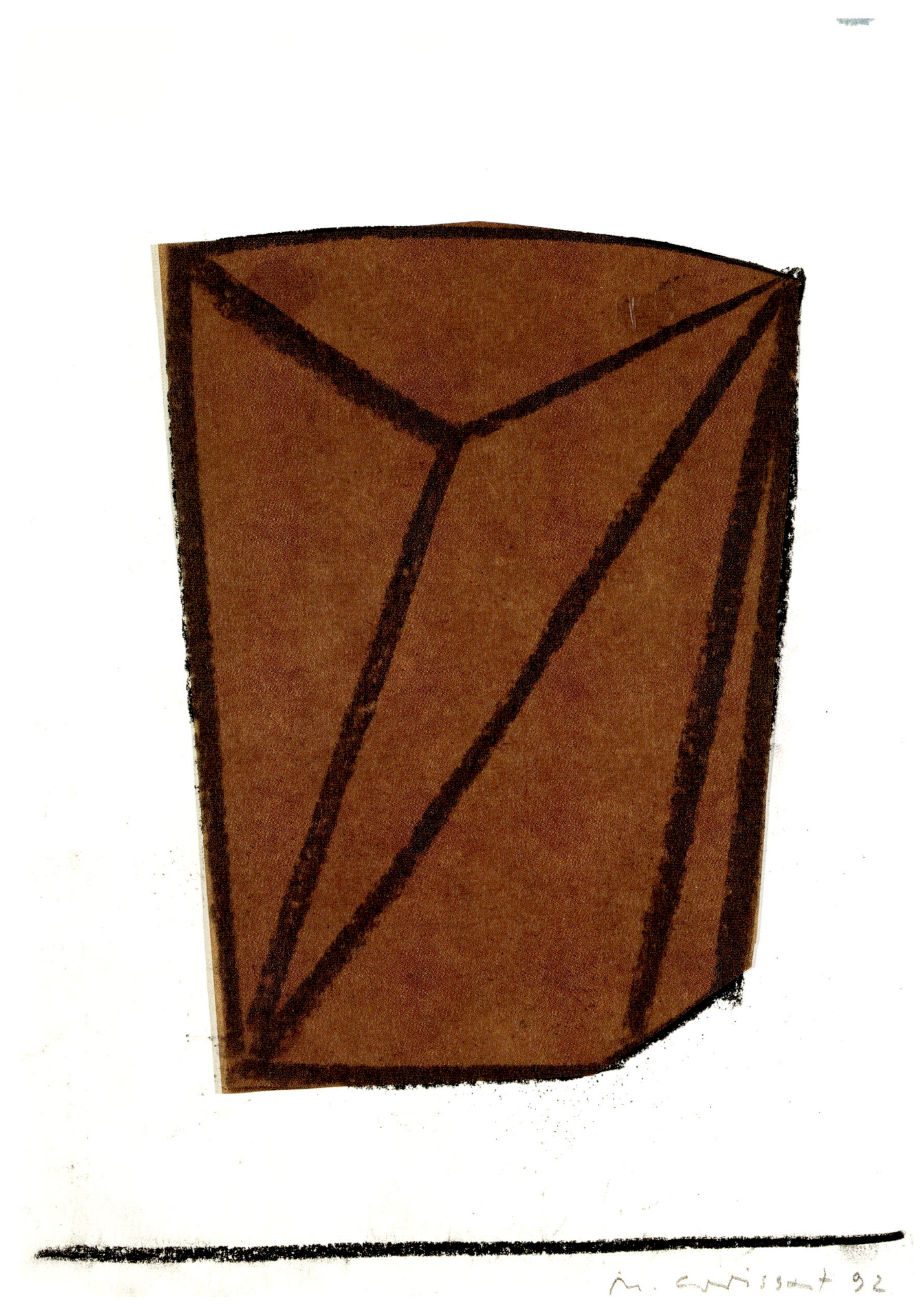

Taf. 126 **Kopf**, 1992, Collage
und Wachskreide, 29,5 × 21 cm

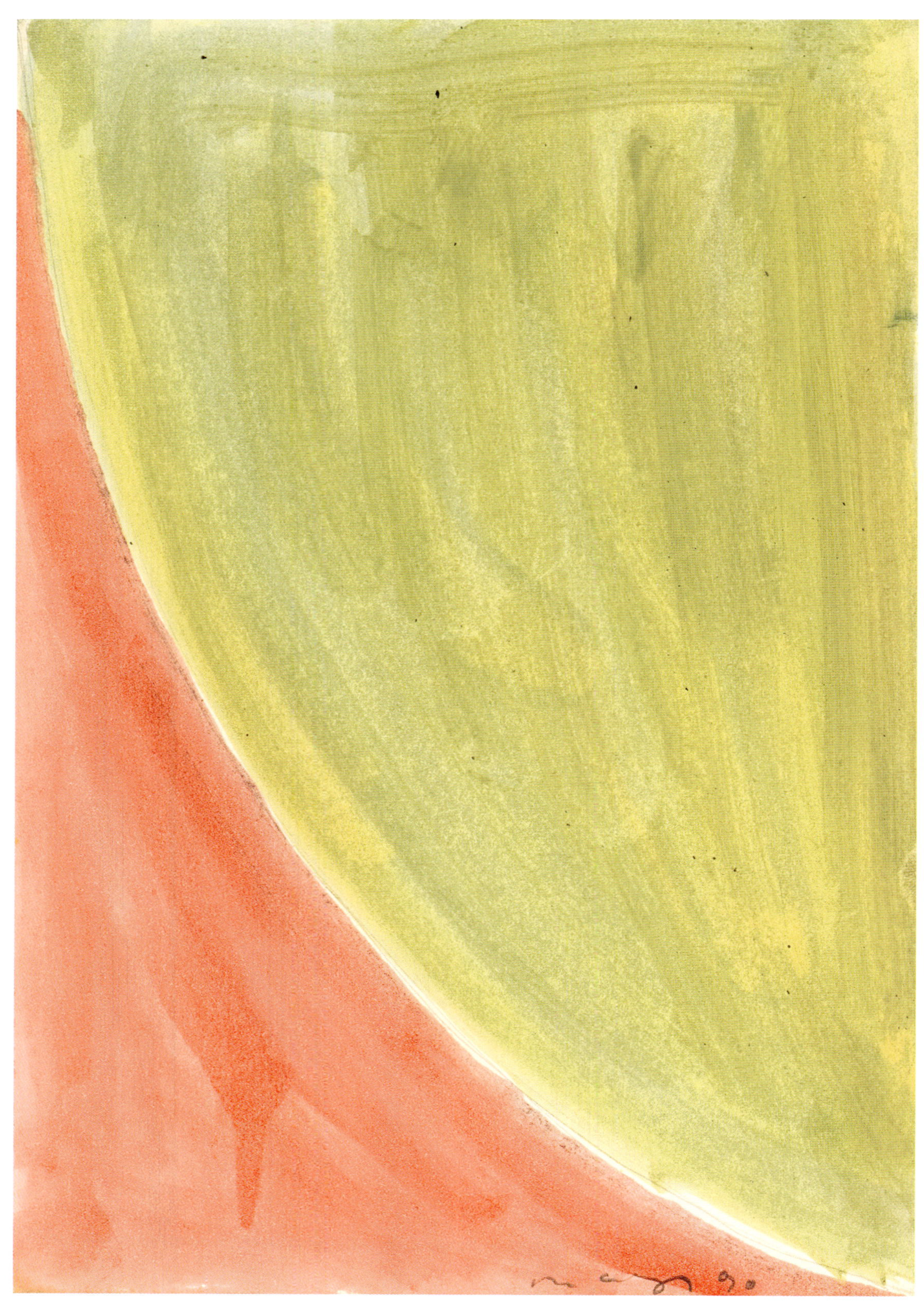

Taf. 127 **Kopf**, 1990,
Aquarell, 29,5 × 21 cm

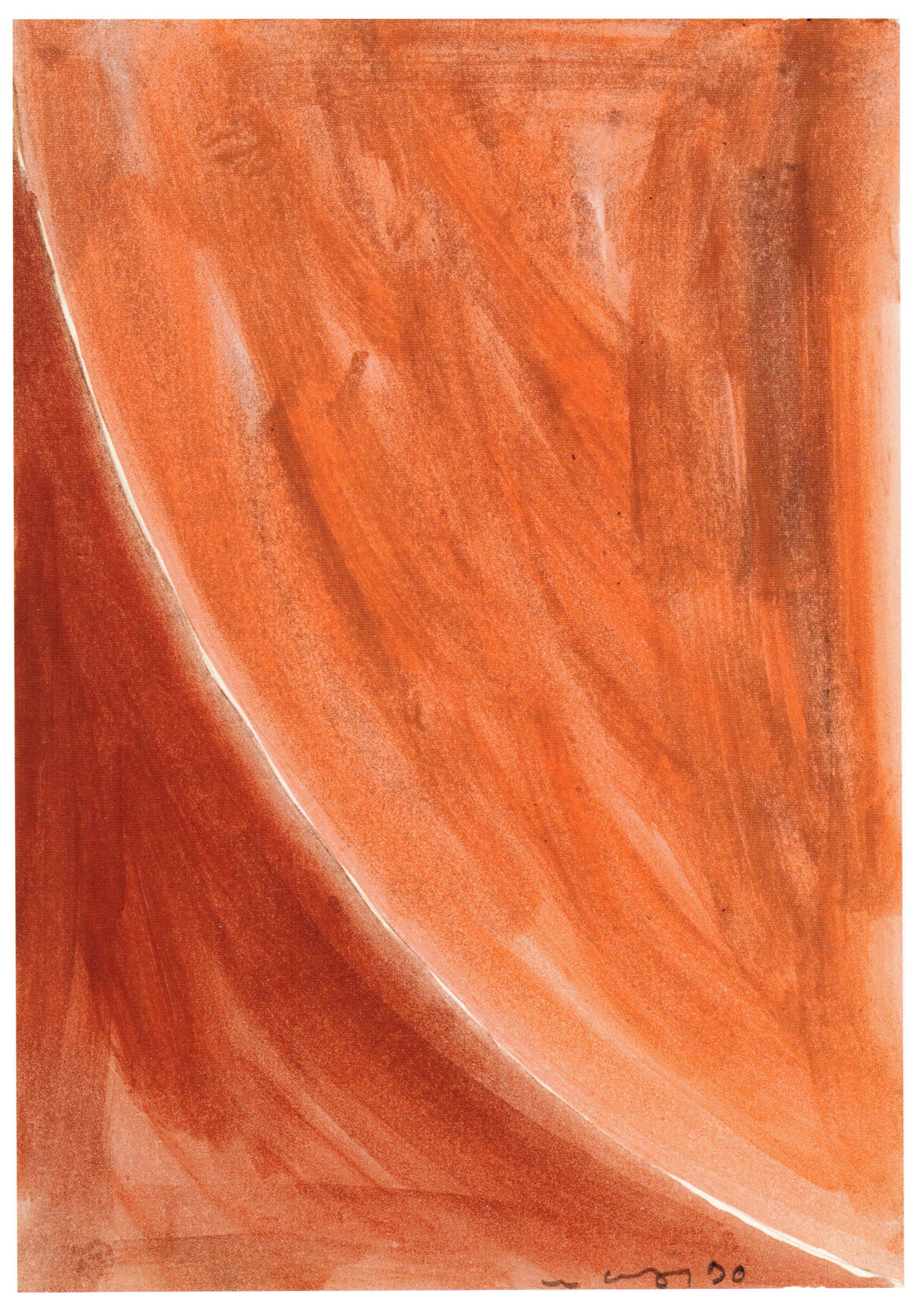

Taf. 128 **Kopf**, 1990,
Aquarell, 29,5 × 21 cm

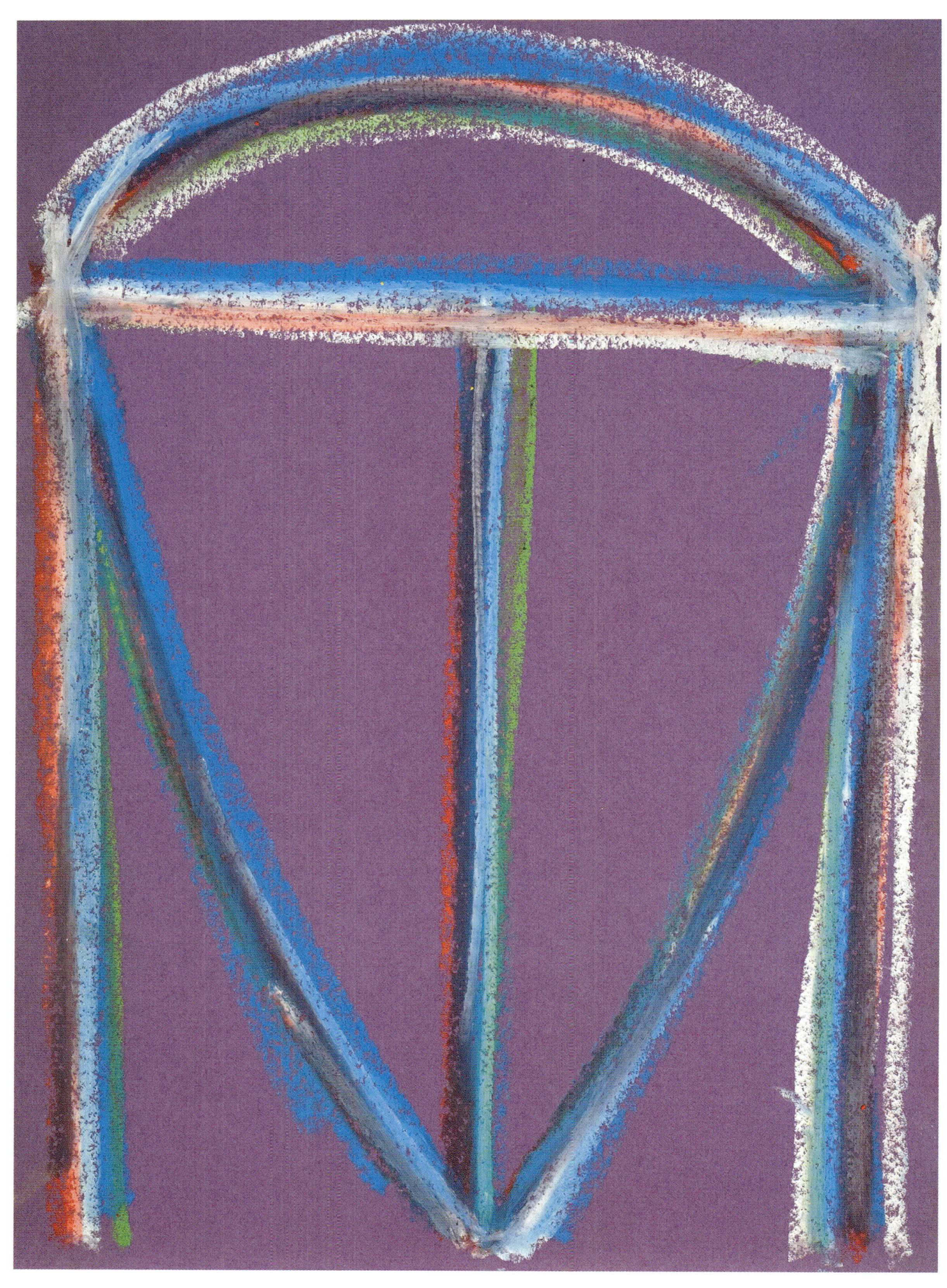

Taf. 129 **Kopf**, Anfang 1990er Jahre,
Pastell, 32 × 24 cm

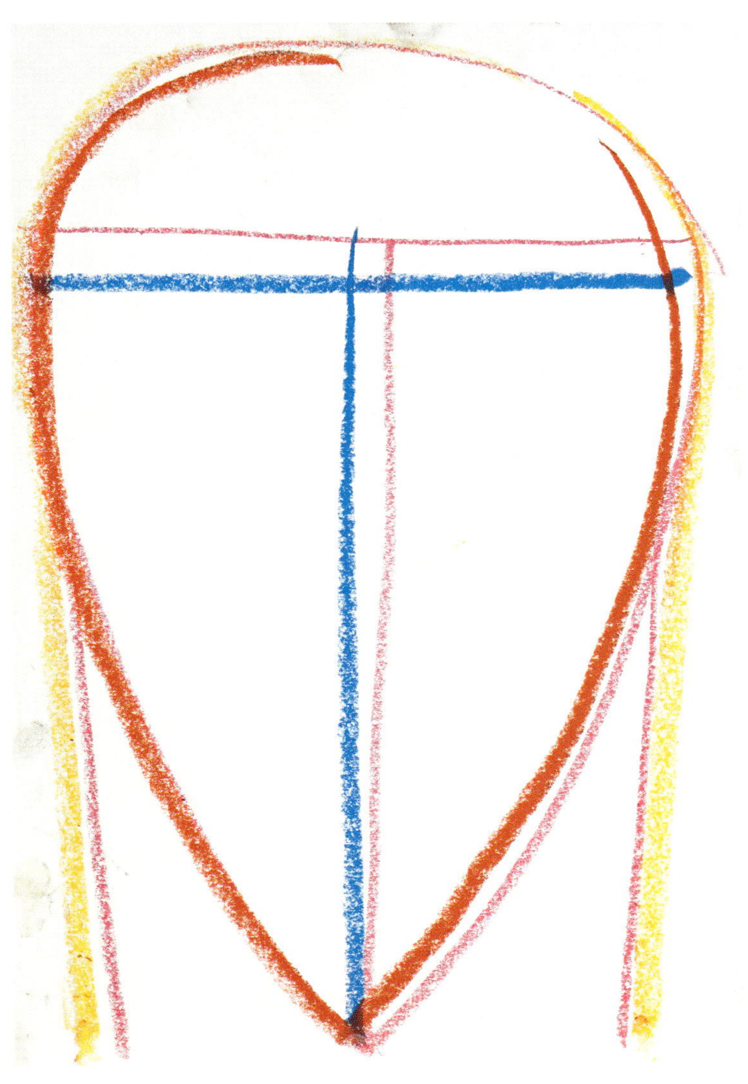

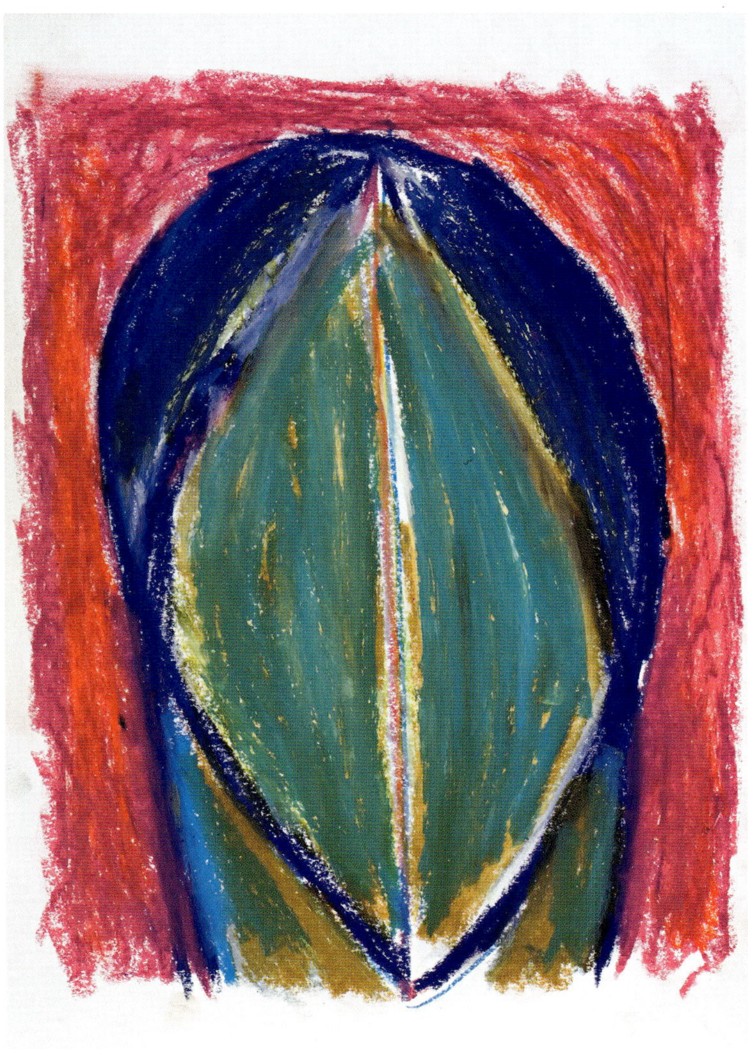

Taf. 130 **Kopf**, Anfang 1990er Jahre, Wachskreiden, 29,5 × 21 cm

Taf. 131 **Kopf**, Anfang 1990er Jahre, Wachskreiden, 29,5 × 21 cm

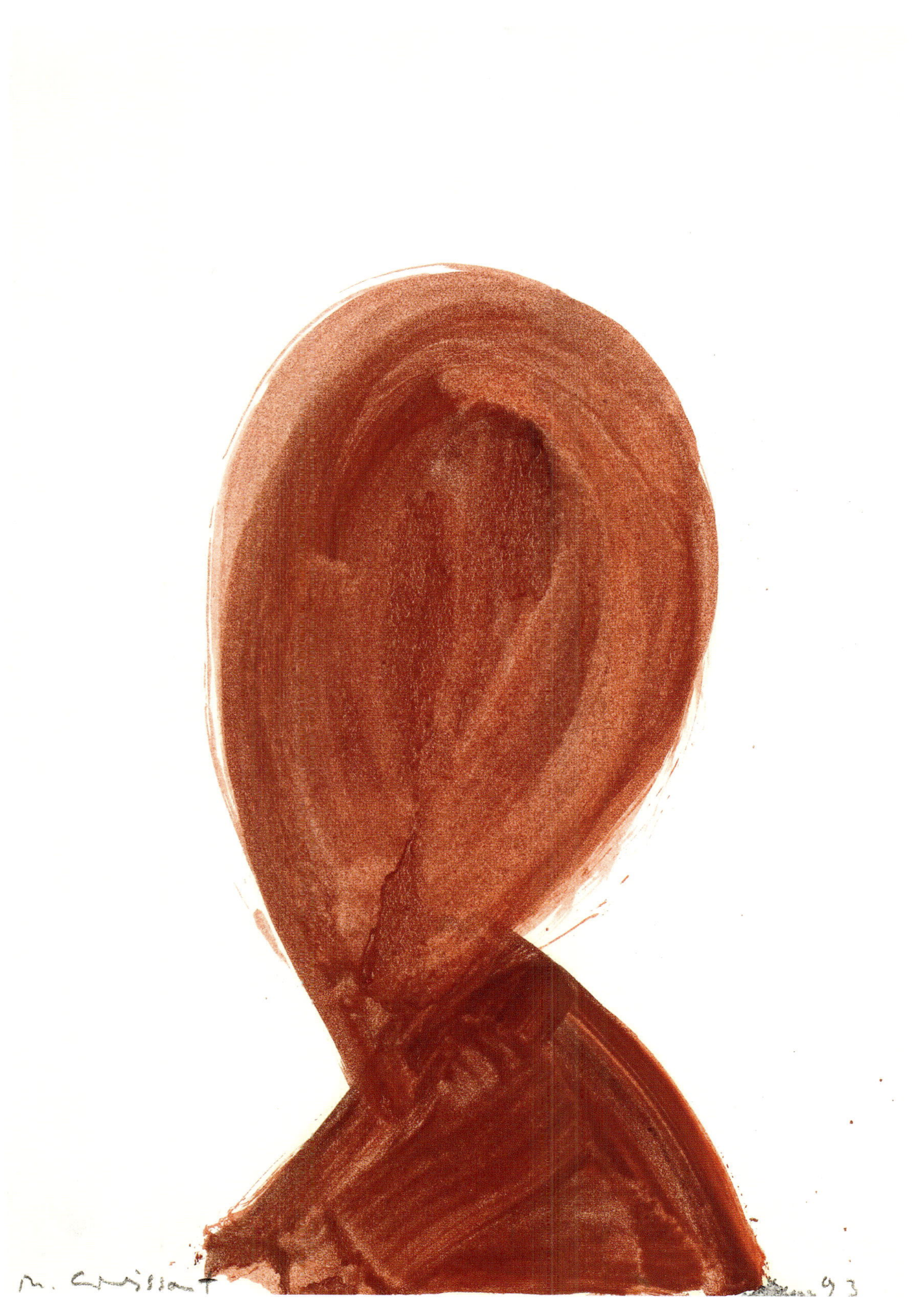

Taf. 132 **Kopf und Schulter**,
1993, Aquarell, 29,5 × 21 cm

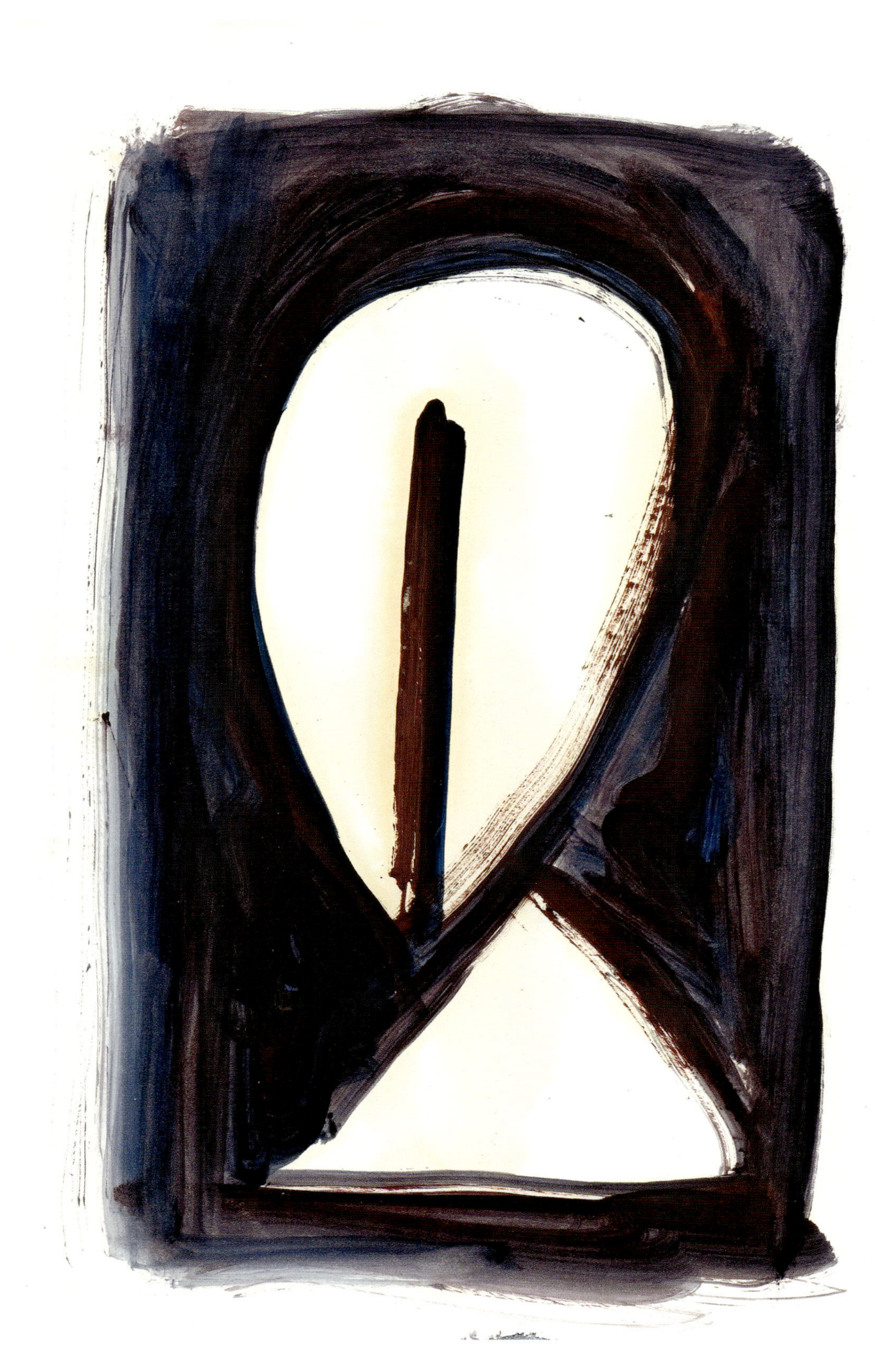

Taf. 133 **Kopf und Schulter**, um 1993, Gouache, 41,5 × 29,5 cm

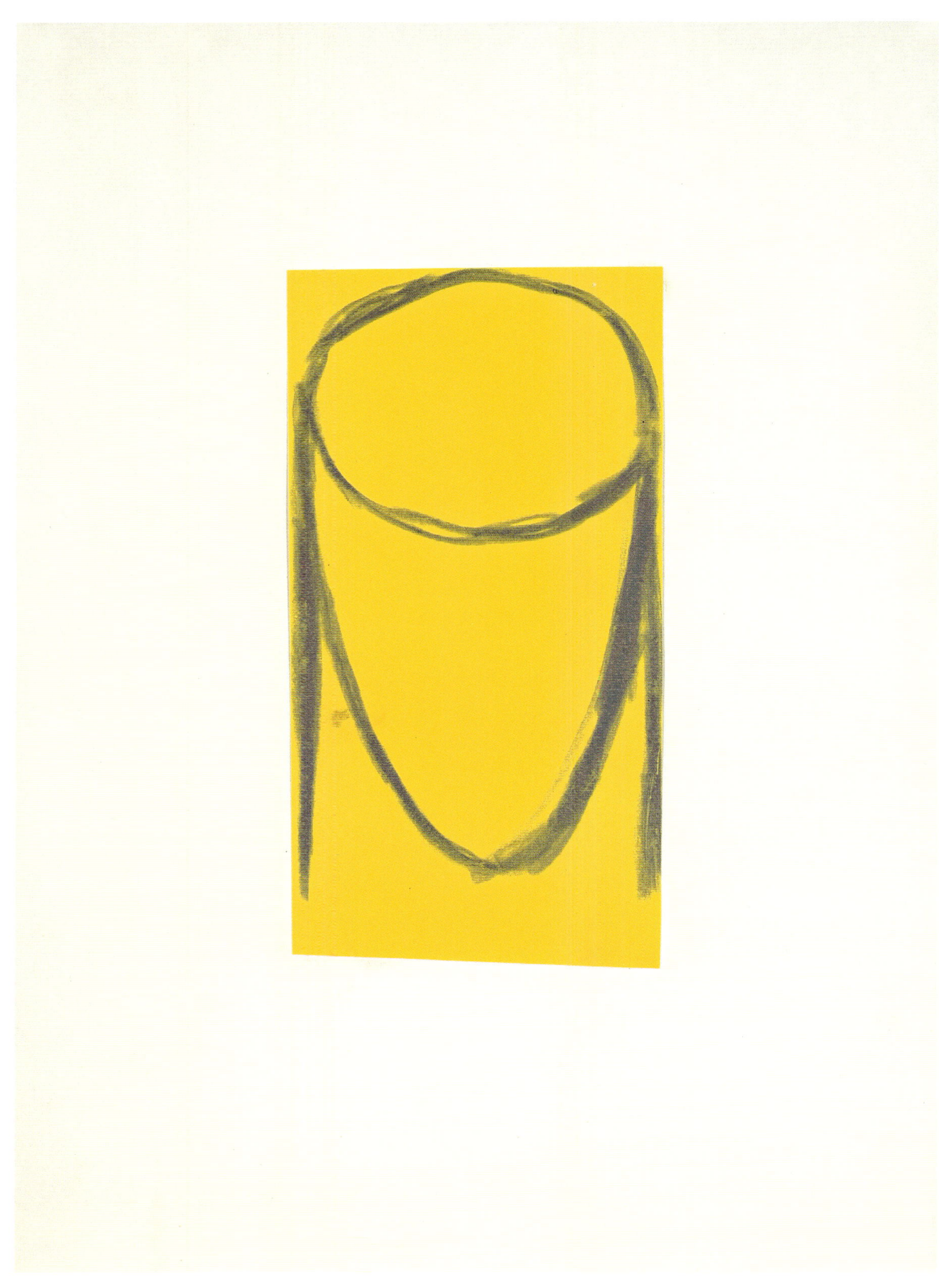

Taf. 134 **Kopf**, um 1995,
Wachskreide auf collagiertem
Papier, 32 × 24 cm

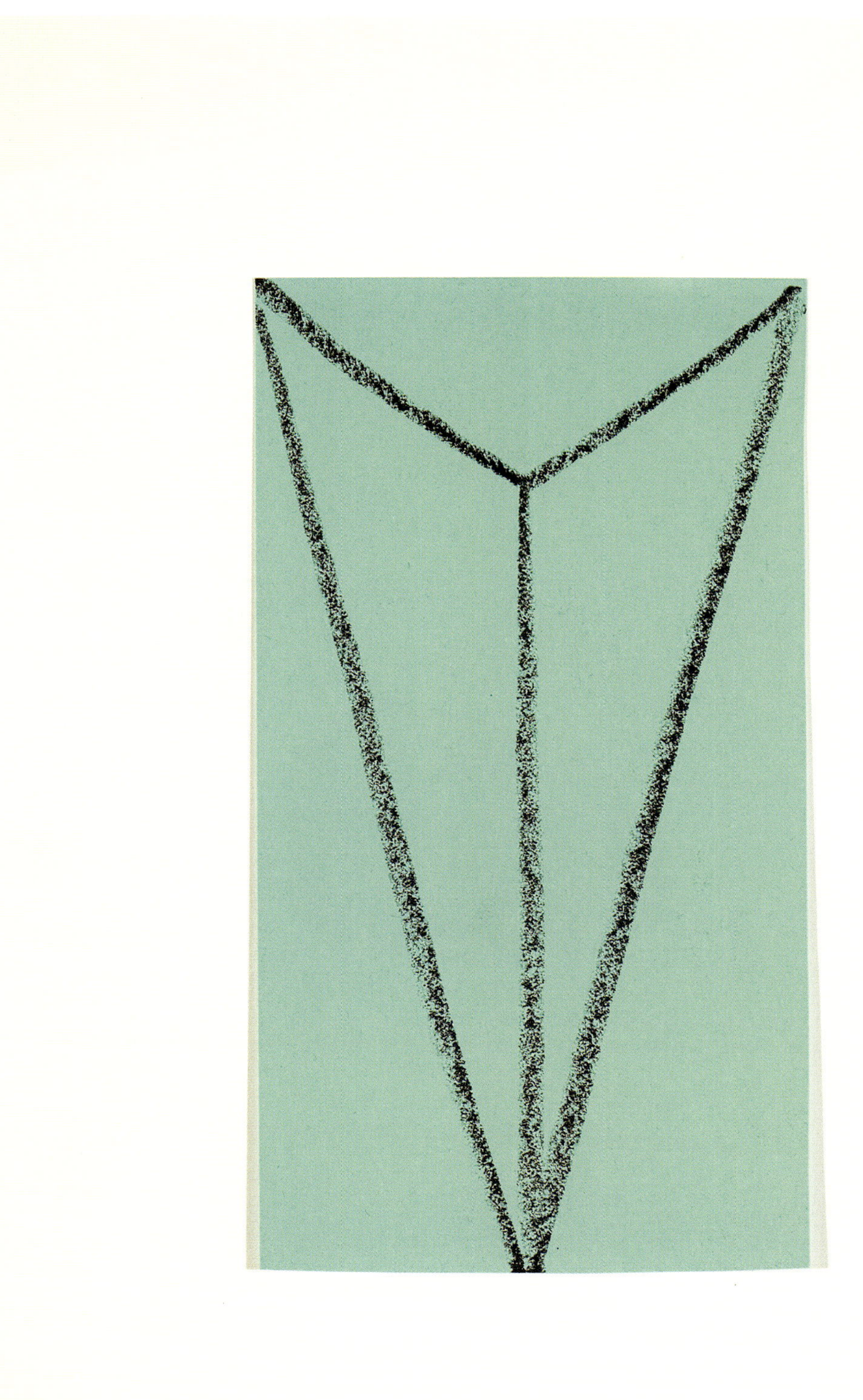

Taf. 135 **Kopf**, um 1995,
Wachskreide auf collagiertem
Papier, 29,5 × 21 cm

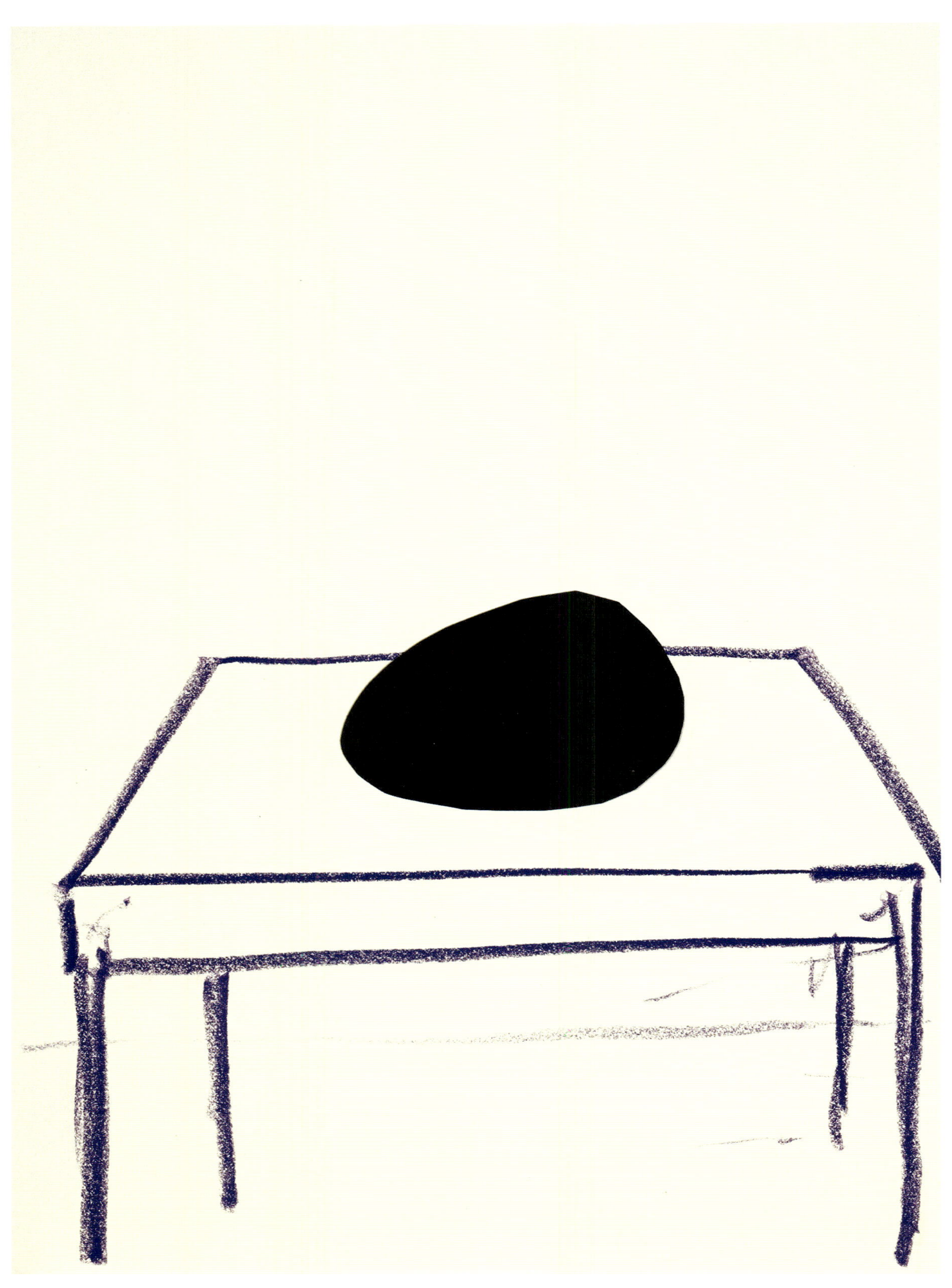

Taf. 136 **Kopf auf einem Tisch**,
Mitte 1990er Jahre, Collage
und Wachskreide, 32 × 24 cm

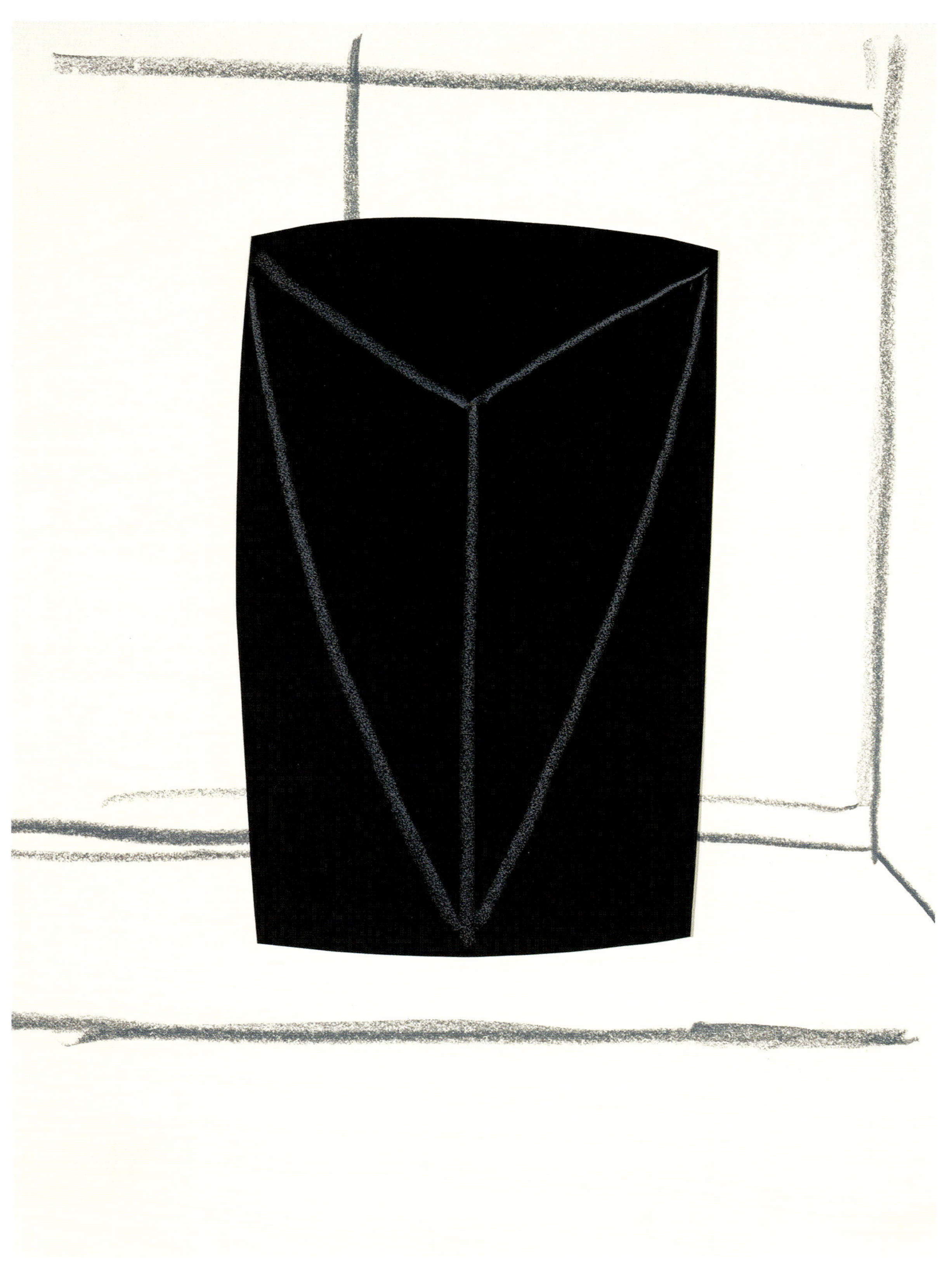

Taf. 137 **Kopf vor dem Fenster**, Mitte der 1990er Jahre, Collage und Wachskreide, 32 × 24 cm

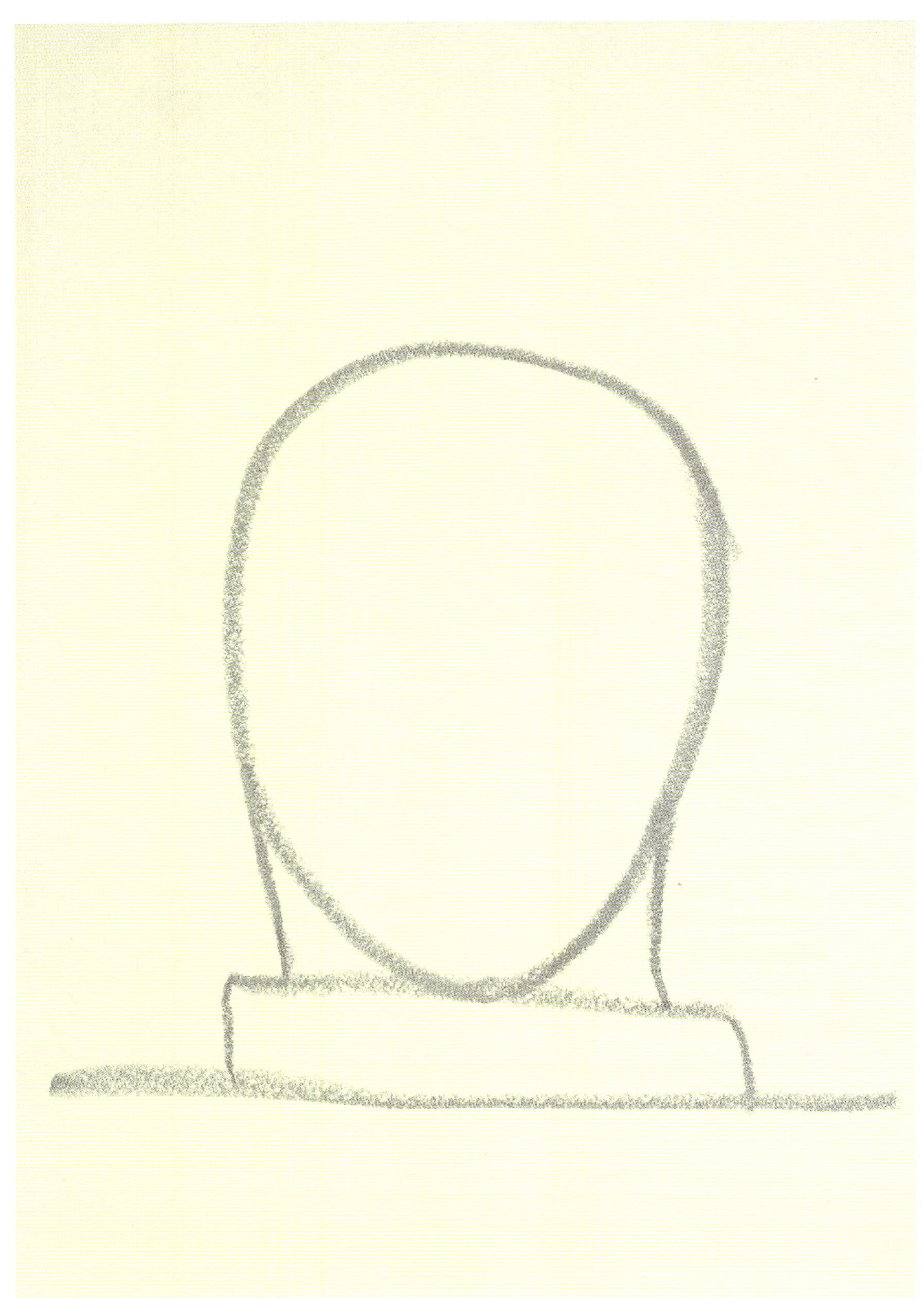

Taf. 138 **Kopf**, um 1997,
Wachskreide, 32 × 24 cm

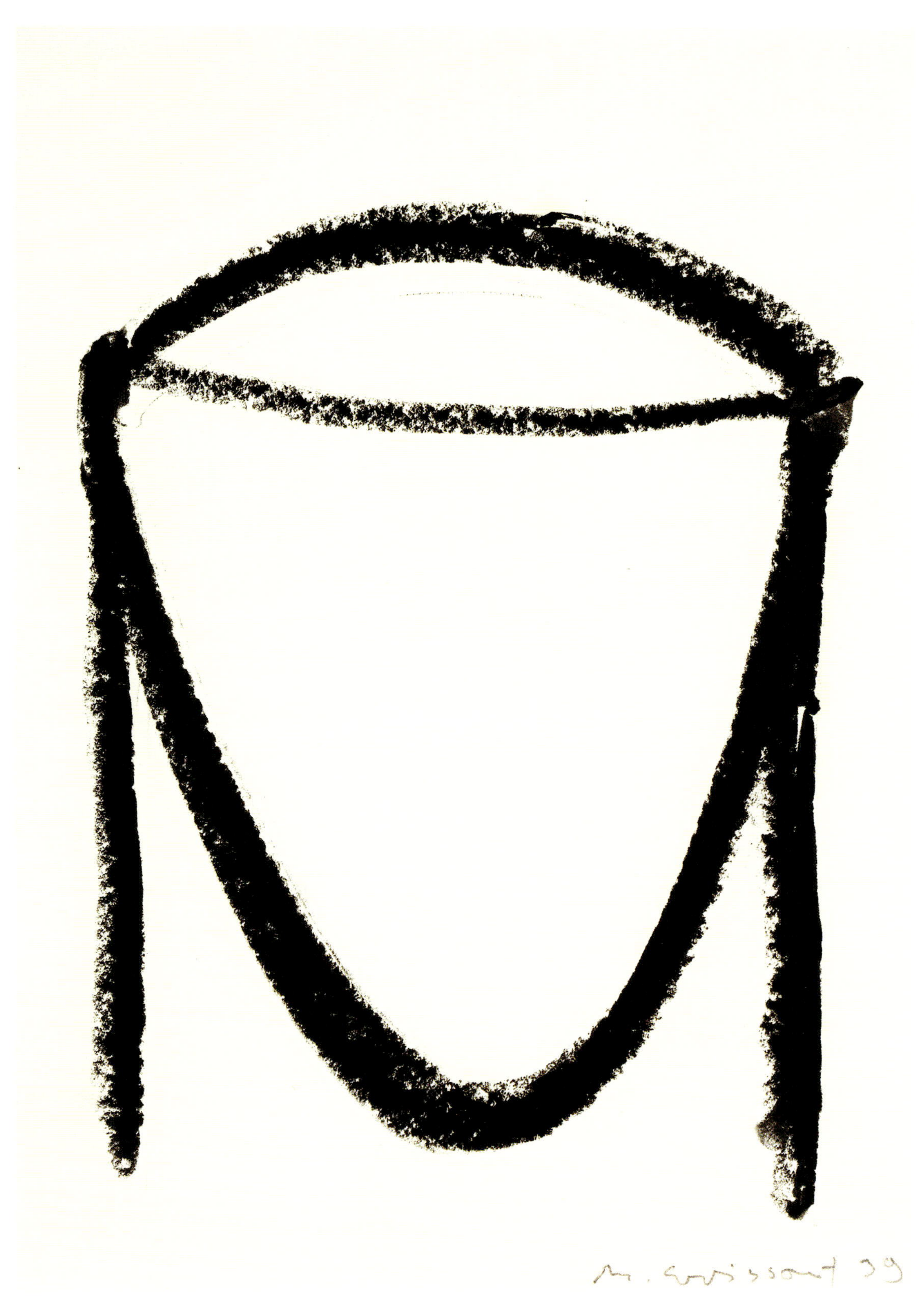

Taf. 139 **Kopf**, 1999,
Wachskreide, 29,5 × 21 cm

Taf. 140 **Großer Kopf**, 1991,
Kreide auf Kohle, 100 × 93 cm

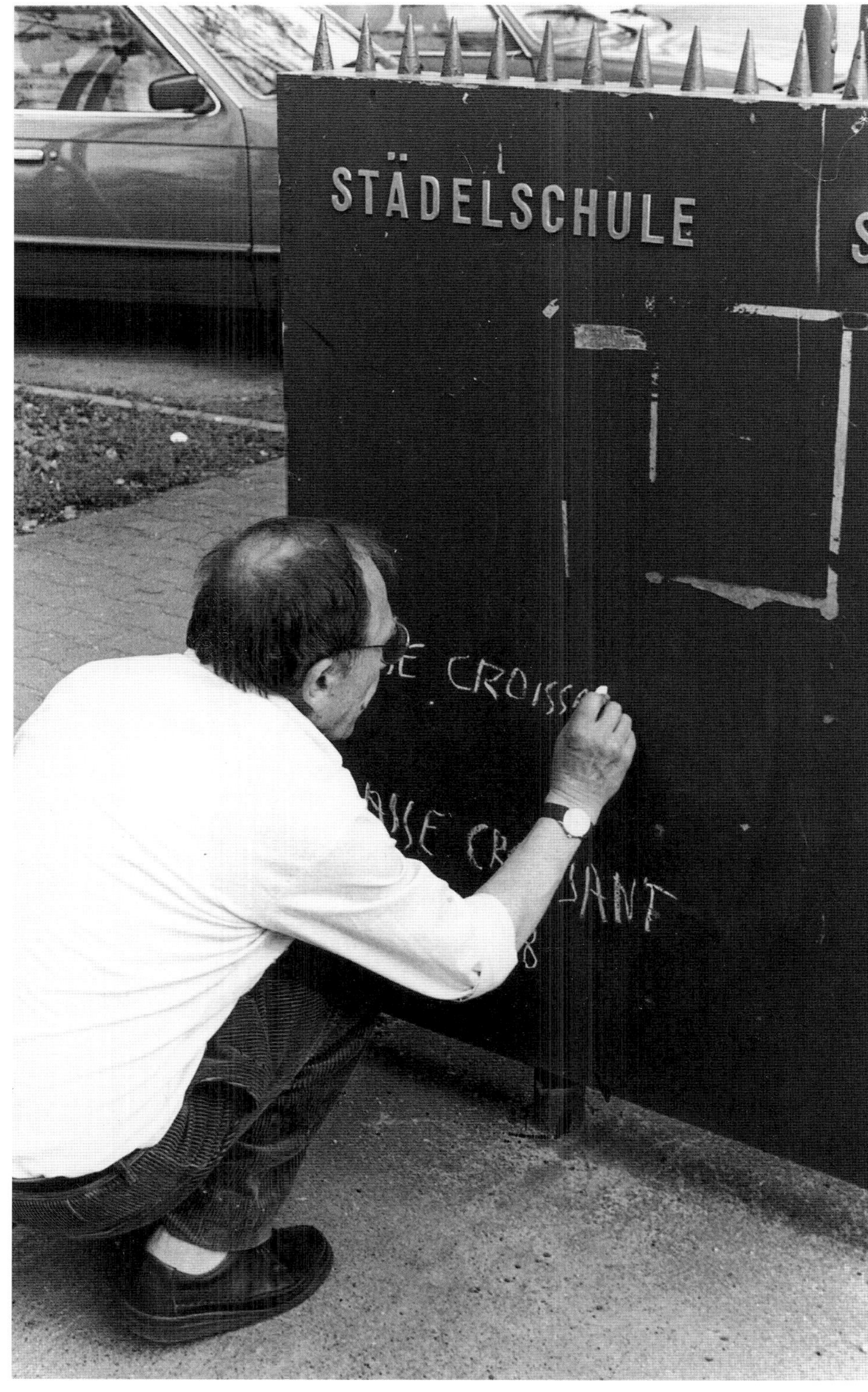

Michael Croissant anlässlich einer Ausstellung seiner Studenten an der Städelschule Ende der 1980er Jahre

BIOGRAPHIE

1928	in Landau geboren
bis 1934	in Berlin
bis 1938	in Wien, anschließend wieder in Landau/Pfalz
1942	Steinmetzlehre in Landau/Pfalz
1943–1945	Schule des deutschen Kunsthandwerks in Kaiserslautern
1946–1948	Private Kunstschule, München
1948–1953	Studium an der Akademie der Bildenden Künste in München bei Toni Stadler
1953	Heirat mit Christa von Schnitzler
1953–1966	freischaffend arbeitend in München
1955	Stipendium vom Kulturkreis der deutschen Industrie
1960	Pfalzpreis
1963	Darmstädter Kunstpreis
1965	Förderpreis der Stadt München
1966	Hans-Purrmann-Preis
1966–1988	Professor an der Städelschule in Frankfurt/M.
seit 1972	Mitglied der Bayerischen Akademie der Schönen Künste, Mitglied der Darmstädter Sezession, des Deutschen Künstlerbundes sowie der Neuen Gruppe, München
1978	Kunstpreis des Landes Rheinland-Pfalz
1985	Reinhold-Kurth-Kunstpreis der Stadtsparkasse Frankfurt/Main für das Gesamtwerk
1993	Bundesverdienstkreuz 1. Klasse
1994	Max-Lütze-Medaille, Stuttgart
1991–2002	lebte und arbeitete Michael Croissant in München.

AUSSTELLUNGEN

EINZELAUSSTELLUNGEN (AUSWAHL)

1963 Galerie Günther Franke, München

1964 Kunsthalle Darmstadt

1965 Galerie Appel und Fertsch, Frankfurt/M.

1971 Galerie Appel und Fertsch, Frankfurt/M.

1972 Städtisches Museum Simeonstift, Trier

1974 Galerie Günther Franke, München

1976 Galerie Appel und Fertsch, Frankfurt/M.
Forum Kunst, Rottweil

1977 Galerie Marion Grcic-Ziersch, Wuppertal
Galerie Rothe, Heidelberg

1978 Galerie Appel und Fertsch, Frankfurt/M.
Karmeliterkloster, Frankfurt/M.
Landesmuseum Kassel, Neue Galerie
Galerie Rothe, Heidelberg

1979 Galerie Biedermann, München

1982 Galerie Ohse, Bremen
Kunstverein Bremerhaven
Kultur- und Fremdenverkehrsamt, Regensburg
Galerie Marion Grcic-Ziersch, Regensburg
Kunstverein Ludwigshafen
Galerie Appel und Fertsch, Frankfurt/M.

1983 Galerie Rothe, Heidelberg
Galerie Wentzel, Köln

1984 Galerie Biedermann, München
Galerie Wentzel, Köln

1985 »forum« Stadtsparkasse, Frankfurt/M.

1986 Galerie Dorothea van der Koelen, Mainz
Galerie Rehklau, Augsburg

1987 Galerie Appel und Fertsch, Frankfurt/M.
Galerie Wentzel, Köln

1988 Galerie Biedermann, München
Muramatsu Galerie, Tokio
Galerie Pels-Leusden, Berlin
Galerie Rothe, Heidelberg

1989 Galerie Schneider, Freiburg
Galerie St. Johann, Saarbrücken
Institut für moderne Kunst, Nürnberg

1990 Frankfurter Kunstverein, Frankfurt/M.
Pfalzgalerie Kaiserslautern
Skulpturenmuseum Glaskasten, Marl
Kunstverein Ludwigshafen
Galerie Wack, Kaiserslautern

1991 Kunstverein München
Galerie Ohse, Bremen

1992 Galerie Appel und Fertsch, Frankfurt/M.
Galerie Rehklau, Augsburg

1993 Galerie Wack, Kaiserslautern

1994 Galerie Orangerie-Reinz, Köln

1995 Galerie Biedermann, München
Kunstverein Ludwigshafen

1996 Galerie Orangerie-Reinz, Köln
Galerie Valentien, Stuttgart

1997 Galerie Rolf Ohse, Bremen
Arte Noah, Kunstverein Würzburg

1998 Galerie Appel und Troschke, Frankfurt/M.

1999 Galerie Biedermann, München

2000 Darmstädter Stadtkirche
Galerie Orangerie-Reinz, Köln
Galerie Pels-Leusden, Berlin
(mit Max Ackermann)

2001 Galerie Wack, Kaiserslautern

2002 Galerie Appel, Frankfurt/M.
Galerie Biedermann, München

2003 Georg-Kolbe-Museum, Berlin

2004 Schloß Waldthausen (Sparkassenakademie), Budenheim
Rathausgalerie, München
Galerie Meyer-Ellinger, Frankfurt/M.
Galerie Orangerie-Reinz, Köln
Galerie Ohse, Bremen

2005 Galerie Rehberg, Mainz

2005 Museum Lothar Fischer, Neumarkt i.d.OPf.

2006 Galerie Orangerie-Reinz, Köln
Galerie Koch, Hannover

2009 Galerie Rothe, Frankfurt/M.

GRUPPENAUSSTELLUNGEN (AUSWAHL)

1958 Galerie Günther Franke, München; mit Karl Bohrmann, Maria Reuter, Christa von Schnitzler

1969 Galerie Günther Franke, München; mit Maria Reuter

1979 *Dimensionen 79*, Stadtmuseum München; 12 Künstler zu Gast im Völkerkundemuseum, München

1983 *Die Familie Croissant*, Kunstverein Speyer; *Kunst nach 45* aus Frankfurter Privatbesitz, Frankfurter Kunstverein, Frankfurt/M.

1984 *Skulptur – Michael Croissant, Leo Kornbrust, Herbert Peters, Christa von Schnitzler,* Museum Villa Stuck, München
Figura docet, Die Gestalt des Menschen in der Handzeichnung deutscher Bildhauer nach 1945, Saarland-Museum, Saarbrücken
Forum Kunst, Rottweil

1985 *Skulpturenallee Heilbronn: Natur – Figur – Skulptur,* Städtische Museen Heilbronn

1986 *skulptur aktuell II*, Bielefeld,
Bodenskulptur, Kunsthalle Bremen;
Kunsthalle Mannheim

1988 *Drei Bildhauer aus der Bundesrepublik Deutschland – Franz Bernhard, Michael Croissant, Erwin Wortelkamp,* Ausstellungszentrum am Fernsehturm, Berlin (Ost)

1989 *Figur – Abstraktion – Idol,* Landesgartenschau, Bietigheim-Bissingen

1990 *Bis jetzt*, Plastik im Außenraum der Bundesrepublik, Hannover-Herrenhausen

1993 *Stahlplastik in Deutschland,* Staatliche Galerie Moritzburg, Halle/Saale

1994 *Figur und Körper – Das Menschenbild in der zeitgenössischen Skulptur*, Deutsche Bank Luxembourg S.A.

1997 *Blickachsen, Skulpturen im Kurpark*, Bad Homburg

2006 Galerie Netuschil, Darmstadt (zusammen mit Gerd Winter und Hermann Nitsch)

2007 Galerie Galerie Biedermann (zusammen mit Toni Stadler, Herbert Peters und Lothar Fischer)

2008 Galerie Wack, Kaiserslautern (zusammen mit Turi Simeti und Gerhard Wittner)

2009 Galerie Koch, Hannover (zusammen mit Karl Bohrmann und Hans Steinbrenner)

2011 Galerie Wack, Kaiserslautern (zusammen mit Alan Reynolds)

BIBLIOGRAPHIE

Michael Croissant – Träger des Kunstpreises der Stadt Darmstadt 1962, Ausstellungskatalog Kunsthalle Darmstadt 1964

Doris Schmidt, *Kunstpreisträger im Blickfeld* in: Die Kunst und das schöne Heim, München 1964

Michael Croissant, Ausstellungskatalog Galerie Appel und Fertsch, Frankfurt/M. 1966

Kritik und Kunst. Münchner Kritiker stellen Münchner Künstler vor, Ausstellungskatalog Kunstverein München 1975

Michael Croissant – Skulptur und Plastik 8, Ausstellungskatalog Galerie Appel und Fertsch, Frankfurt/M. 1978

Zum Thema Skulptur, Ausstellungskatalog Galerien Maximilianstraße, München 1979

Zeichnungen 6, Ausstellungskatalog Städtisches Museum Leverkusen, Schloß Morsbroich 1980

Michael Croissant – Plastiken und Zeichnungen, Ausstellungskatalog Kunstverein Bremerhaven; Kultur- und Fremdenverkehrsamt der Stadt Regensburg und Galerie Marion Grcic-Ziersch; Kunstverein Ludwigshafen 1982

Kunst nach 45 aus Frankfurter Privatbesitz, Ausstellungskatalog Frankfurter Kunstverein, Frankfurt/M. 1983

Skulptur – Michael Croissant, Leo Kornbrust, Herbert Peters, Christa von Schnitzler, Ausstellungskatalog Museum Villa Stuck, München 1984

Bildhauerzeichnungen der Gegenwart, Ausstellungskatalog Forum Kunst, Rottweil 1984

Figura docet – Die Gestalt des Menschen in der Handzeichnung deutscher Bildhauer nach 1945, Ausstattungskatalog Moderne Galerie des Saarland-Museums Saarbrücken 1984

Skulpturenallee Heilbronn: Natur – Figur – Skulptur, Ausstellungskatalog Städtische Museen Heilbronn 1985

Gottlieb Leinz, *Michael Croissant,* in: *Figurative Plastik in Deutschland nach 1945,* Ausstellungskatalog Wilhelm-Lehmbruck-Museum Duisburg 1985

skulptur aktuell II, Ausstellungskatalog Stadt Bielefeld 1986

Stadtbildhauer 1986, James Reineking, Michael Croissant, Klaus Simon, Schloß Philippsruhe, Hanau 1986

Ludwig Rinn und Peter Anselm Riedl, *Michael Croissant – Plastiken, Zeichnungen, Collagen,* Frankfurt/M. 1987

Drei Bildhauer aus der Bundesrepublik Deutschland – Franz Bernhard, Michael Croissant, Erwin Wortelkamp, Ausstellungskatalog Ausstellungszentrum am Fernsehturm, Berlin (Ost) 1988

Thomas Wagner, *Michael Croissant – Skulpturen und Zeichnungen*, in: Das Kunstwerk, Zeitschrift für moderne Kunst, Heft 4/5, 1988

Michael Croissant. Retrospektive 1958–1989, Ausstellungskatalog Frankfurter Kunstverein, Steinernes Haus am Römerberg, Frankfurt/M.; Pfalzgalerie Kaiserslautern; Skulpturenmuseum Glaskasten, Marl; Kunstverein Ludwigshafen 1990

Michael Croissant, Ausstellungskatalog Galerie Scheffel, Bad Homburg 1991

Michael Croissant – Plastiken und Zeichnungen, Ausstellungskatalog Kunstverein München 1991

Michael Croissant – Skulpturen, Ausstellungskatalog Galerie Orangerie-Reinz, Köln 1994

Ludwig Rinn, *Der Bildhauer Michael Croissant – Plastik als Existenzfigur,* in: Weltkunst, Nr. 8, 1995

Michael Croissant – Plastiken und Zeichnungen 1990–1995, Ausstellungskatalog Kunstverein Ludwigshafen 1995

Marion Jentzsch, *Studien zu Michael Croissant,* Magisterarbeit, Universität Heidelberg 1995

Inge Herold, *Zum Werk Michael Croissants,* in: Pantheon, Internationale Zeitschrift für Kunst, München 1995

Blickachsen, Skulpturen im Kurpark, Ausstellungskatalog Bad Homburg 1997

Ole-Christian Koch, *Michael Croissant*, Modern Art Studies, London 1998

Michael Croissant – Skulpturen, Ausstellungskatalog (zusammen mit Max Ackermann) Galerie Pels-Leusden, Berlin 2000

Klaus Waldschmidt (Hg.), *Michael Croissant, Plastiken*, München 2000

Birk Ohnesorge, *Bildhauerei zwischen Tradition und Erneuerung. Die Menschenbilddarstellung in der deutschen Skulptur und Plastik nach 1945 im Spiegel repräsentativer Ausstellungen*, Münster 2001

Peter Anselm Riedl, *Zur Kunst Michael Croissant*, in: Michael Croissant, hg. von Klaus Waldschmidt, München 2002, S.7–31 (**Croissant 2002**)

Josephine Gabler und Birk Ohnesorge (Hg.), *Der Bildhauer Michael Croissant (1928–2002). Mit einem Werkverzeichnis der Skulpturen*, Stiftung für Bildhauerei, Berlin 2003 (**Croissant 2003**)

Werkschau von Michael Croissant, im Verbandsbericht des Sparkassen- und Giroverbandes Rheinland-Pfalz 2002/03, S. 48f.

Peter H. Feist, *Der Bildhauer Michael Croissant* (zum Werkverzeichnis der Skulpturen), in: Journal für Kunstgeschichte, Regensburg 2004

Michael Croissant, Ausstellungskatalog Galerie Orangerie-Reinz, Köln 2004

Michael Croissant, Figuren und Köpfe, Ausstellungskatalog Pfalzgalerie Kaiserslautern, 2008

Simone Fechner, *Michael Croissant – das frühe Werk*, Magisterarbeit, Universität Düsseldorf 2010

ABBILDUNGSNACHWEIS

Abb. 6 (WV80) Rita Strothjohan, München

Taf. 30, 58, 72 Frank Pusch, Bremen

WV 73, 88, 104, 193, 264, 416, 521, 611a, 1267
Nachlass Michael Croissant

Alle anderen Abbildungen Walter Bayer, München